虚无主义批判
译丛

刘森林　主编

Nolen Gertz

Nihilism and Technology

虚无主义与技术

［荷］诺伦·格尔茨 著

张红军　译

华东师范大学出版社
上海

华东师范大学出版社六点分社 策划

总　序

　　虚无主义是现代性的精神本质。

　　按照尼采的说法,虚无主义是一位站在现代社会门口的"最神秘的客人",也应该是"最可怕的客人"。长期以来,这位神秘客人已多次来敲门,我们或听不见她起初并不大的声响,或不知晓这位神秘客人的来意,因而听不出敲门声的寓意,判断不出它的来源,也推敲不出它在现代时空中能传到多远,能有怎么样的影响与效果。直到它以猛烈的力量推开现代性的大门,制造出忧人的声调,刺激甚至伤害着我们的身心,危及我们的各项建设,我们才不得不仔细聆听着它奇怪的声调,不得不严肃认真地开始凝视它。

　　她起初是一位来自现代欧洲的神秘客人。随着现代文明的世界性传播,她的幽灵游荡于世界的角角落落。时隐时见,久而久之,她俨然像个主人似的,开始招摇过市、大摇大摆,甚至开始被视为见怪不怪的存在。然而,面目似乎熟悉的她,其身世、使命、影响、结局,我们都还不甚清楚。至于其来源、发展脉络、各种类型、表现形式、在各国的不同状况,甚至在中国的独特情况等,我们了解得也明显不够。要看清她的面目,了解她的身世,明白她的使命,周遭可用的有效信息甚少。翻译外文文献,对于深入研究这一思潮应当是一项必需的基础性工作。因为随着中国现代化成就的不断取得，现代性问题的日益展现，虚无主义在当今中国受到的关注不断提升，新世纪以来更是如此。但中国学界对其研究显然不足。原因之一应该就是资料和资源的短缺。

现代虚无主义思潮是外来的，作为现代性问题伴随着现代化沿着亚欧大陆由西向东传播而来。按照我的理解，现代虚无主义尤其对于后来、因为外部原因被迫启动现代化的国家至关重要，这些国家在急迫引入的现代文明与原有传统之间感受到了明显的张力，甚至剧烈的冲突，引发了价值体系调整、重构所产生的动荡、空缺、阵痛，促使敏锐的思想家们作出艰辛的思考。这样的国家首先是以深厚思想传统与西方现代文明产生冲突的德国与俄国，随后是日本与中国。德国思想家从 1799 年雅各比致费希特的信开始（起初个别的法国思想家差不多同时），俄国思想家从 19 世纪上半叶开始，日本和中国思想家从 20 世纪初开始，英美思想家从 20 世纪特别是二战结束之后开始，哲学维度上的现代虚无主义问题的思考积累了大量的思想成果，值得我们予以规整、梳理和总结。

人们关注现代虚无主义问题，首先是因为它带来的价值紊乱、失序、低俗。它表现为尼采所谓"上帝之死"，诺瓦利斯所谓"真神死后，魔鬼横行"，德勒兹所谓"反对超感性价值，否定它们的存在，取消它们的一切有效性"，陀思妥耶夫斯基笔下伊凡·卡拉马佐夫所谓"既然没有永恒的上帝，就无所谓道德，也就根本不需要道德，因而就什么都可以做"，或者艾略特的"老鼠盘踞在大厦底"、"穿着皮衣的暴发户"，加缪的"荒诞"，穆齐尔的"没有个性的人"。但是，现代虚无主义是诞生于自由主义的平庸和相对主义，还是源自于关联着全能上帝的人的那种无限的意志创造力量？现代虚无主义是存在于平庸、无聊、僵化的制度中，还是存在于撇开既定一切的无限创造之中？现代技术、机器、制度之中蕴含着一股虚无主义力量，还是蕴含着遏制、约束虚无主义发生的力量？人们对虚无主义忧心忡忡，对如何遏制虚无、避免虚无主义结局殚思竭虑，重心该放在哪里?

　　然而,现代虚无主义问题不仅仅是意味着价值体系的危机与重构,同时也伴随着哲学思考的转型,伴随着思维方式的调整。如果说,以前人们对世界和自身的思考是基于完满之神,人的使命及其所面对问题的解决在于模仿这种神灵,那么,在"上帝之死"的背景下,基于大地的"现实的人"的思考如何合理地展开?使"现实的人"成为"现实"的"现实"包含着哪些规定性?"存在"、"大地"、"天空"、"内在现实"如何在其中获得自己的地位?形而上学死了,还是需要重构?什么样的"形而上学"死了,什么样的"形而上学"必须重构?甚至于,"上帝"真死了吗?能真死了吗?什么样的"上帝"会死,而且必死无疑?什么样的"上帝"并没有死,反而转化为另一种方式活得挺滋润?上帝之死肯定是一个积极事件吗?如果是,我们如何努力确保将其推进成一个积极事件?

　　自从现代中国遭遇虚无主义问题以来,我们已经对其进行了两次思考。这两次思考分别发生在刚经历过的两个世纪之初。20世纪初是个理想高扬的时代,在那个靠各种"主义"、理想的张扬消解苦闷的时代,现代虚无主义问题多半并不受重视,反而很容易被埋没。这"埋没"既可以采取朱谦之那样视虚无主义为最高境界的少见形式,也可以采取鲁迅兄弟隐而不露的隐晦方式,更可以采取不予理睬、以多种理想覆盖之的常见形式。在那一次思考中,陈独秀立足于经日本中介的俄国虚无党和德国形而上学,并联系中国传统的"空"、"无"对中国虚无主义的分析思考就显得较为宝贵。这种宝贵因为昙花一现更加重了其分量。如果说现代中国初遇虚无主义问题的第一次思考先天不足,那么相比之下,进入21世纪,中国再次思考在中国现代化成就突出、现代性问题凸显的时代应该是一个更好的展开时机。早已经历了道德沦陷、躲避崇高、人文精神大讨论、现代犬儒主义登台之后,经历了浪漫主义、自由主义的冲击以及对它们的反思之后,思考、求解现代虚无主义的中国时刻已经到来。现代虚无主义的中国应对方案,将在这个时刻被激活、被孕育、被发现。伴随着现代虚无主义问题的求解所发生的,应该是一种崭新文明的建构和提升。

希望本译丛的出版有助于此项事业。

作为编者、译者,我们满怀期待;

作为研究者,我们愿与同仁一起努力。

刘森林

2019 年 6 月 9 日

于泉城兴隆山

目　录

前　言

　　本书是我在特温特大学工作的成果，也是我对于虚无主义体验的成果。就前者来说，本书来自我在特温特大学能够接触到的关于技术的各种视角。在工业设计、欧洲公共管理、传播学、科学哲学、技术哲学和社会哲学等多个院系进行的模块教学，让我能够与具有广泛背景和专业知识的师生们讨论并发展我的想法。能够亲眼看到特温特大学的师生们是如何既可以彻底诊断技术在过去和当下造成的危险，还能如此乐观而一贯地描述新技术的发展，以及用以避免这种危险在未来出现的新技术政策的发展，是特别具有启发性的。

　　我们是生活在技术世界中的技术性存在者，这一点很少受到质疑，相反，师生们试图回答的主要问题都是如何让我们的技术世界变得更好。正是在回应乐观主义（我们需要这样一种关注技术解决方案的单一焦点——我再次发现，即使来自非常不同的背景和专业领域，人们也都坚持这样的观点）的过程中，我开始质疑自己与技术的关系。因为即使我教授的是像马丁·海德格尔、雅克·埃鲁尔（Jacques Ellul）和刘易斯·芒福德（Lewis Mumford）这样的思想家的技术悲观主义，但我还是选择了通过使用 PPT、Word 文档、谷歌（Google）、黑板——也就是通过使用技术——来

vii　进行这样的教授。因此,我越来越赞同这样的观点,即技术对做人意味着什么来说是基础性的,技术调节着我们自己和世界的关系,为了塑造技术而不仅仅被技术所塑造,我们应该考察技术的调节。

　　然而,也许是因为我在社会研究新学院接受的训练,所以无法不怀疑这种技术乐观主义中一定有什么问题。虽然我在个人和职业生活中越来越依赖技术,但仍然对自己与技术的关系不感到乐观。我不喜欢依靠视频软件 FaceTime 来和我的兄弟姐妹联系。用推特(Twitter)来尝试跟踪时事,通常就像在做一件苦差事。我对自己决定使用 PPT 幻灯片没有信心,这些幻灯片充满了以谷歌图像为基础的流行文化引语,以便于与学生互动。这些技术在我的日常生活中无处不在,但这种无处不在的感觉与其说是一种受欢迎的发展,不如说是一种不可避免的生活事实。我并不喜欢技术。我并不讨厌技术。我只是默认了一种与技术共存和借助于技术的生活。

　　与此同时,我发现自己越来越致力于让我的儿子远离技术,尽可能地让他到户外去,让他喜欢森林而不是《冰雪奇缘》(Frozen),喜欢游乐场而不是《狗狗巡逻队》(PAW Patrol)。我知道儿子喜欢技术,而且无法阻止他使用技术。我也知道,熟悉技术只会有助于他在我们这个技术世界中的发展。但他有点太想使用技术了。当我把它们拿走时,他显得非常难过。他可能有点太专注于自己所使用的技术了。对我来说,求助于技术来解决育儿问题往往感觉有点太容易了。换句话说,我不希望我的儿子像我一样依赖技术。

　　多亏了这些相互冲突的经历,我开始意识到,我对技术乐观主义的忧虑,无关于我们是否错在寻求通过技术解决我们的问题,而关乎我们是否错在把生活中的很多事情视为问题。因为,把一种体验视为一个问题,就需要寻求一种解决方案,一种关于这种体验的解决方案,一种有助于我们避免再次拥有这种体验的解决方案。

此外,把一种技术视为这样一种解决方案,就是把这种技术视为一
种避免某些体验的方法,一种避免被视为有问题的体验的方法。
而一旦发现技术可以帮助我们避免这些有问题的体验,我们就很
难不进一步发现技术还可以帮助我们避免不喜欢的体验。于是,
我们最终发现,技术甚至可以帮助我们根据自己的欲望定制体验。
通过这种方式试图解决一个问题,一个比如不想坐公交车去上班
的问题,变成了试图为一家致力于扰乱通勤并展望一个无人需要
再坐公交车的世界愿景的初创公司筹集资金。

乍一看,这样的愿景,这样的扰乱,这样的问题—解决思维模
式似乎没有什么错。但问题是,这种模式何以会把我们引向技术
乌托邦主义,而不是自我发现,不是问自己为什么我们会发现像乘
坐公共汽车这样的体验从一开始就是一个问题。寻求解决问题的
办法,就是不仅能够避免问题再次出现,而且能够避免反思,因为
如果我们不再有某种体验,就不会再问关于这种体验的问题。于
是,试图利用技术创造一个无问题的世界,一个我们可以避免各种
成问题的、不喜欢的体验的世界,也可以被视为试图利用技术创造
一个不需要反思的世界,一个我们可以避免各种成问题的和不喜
欢的问题的世界。

换句话说,我关注的不是技术,而是人性,是研究我们为什么
会被问题—解决模式如此吸引,以及这种模式为什么会被技术如
此吸引。激起这些关注的是这样的认识,即问题—解决模式不仅
可以把我们引向技术乌托邦主义,还会引向技术虚无主义。从哲
学和词源学角度看,这并不奇怪,因为乌托邦主义和虚无主义——
或无地方性(no－where－ness)和无物性(no－thing－ness)——
是同一枚硬币的两面。想要一个完美的世界,就是既想要一个不
同于我们生活于其中的世界的世界,又发现我们生活于其中的世
界是如此不完美,需要被取代。

正是由于这个原因,我写了这本书,而这本书之所以求助于尼

采,是为了分析人—技术的关系,正如尼采的分析所揭示的那样,虚无主义既可以导致悲观主义和反乌托邦主义,也可以导致乐观主义和乌托邦主义。多亏了尼采,我们可以看到一个病态的人和一个快乐的人会有相同的否定现实的态度,他们的区别只不过是以相反的方式表达这种态度罢了。虽然尼采分析的是这种虚无主义态度与道德、宗教的关系,而不是与技术的关系,但我认为尼采的分析同样可以应用于技术。一种尼采式的技术哲学之所以可能,不仅是因为我们通过技术追求道德目标,因为技术培养了使用者的宗教信仰和献身精神,更一般性地说,是因为尼采在问题—解决模式的核心诊断出了否定生命的虚无主义,这种模式也存在于基督教道德世界,就像存在于我们这个技术道德世界一样。

　　这本书并不是对尼采的注解,而是受尼采启发,就我们与技术的关系发展出一种批判性的尼采式视角。之所以对尼采的虚无主义观进行解释,是为了发展我自己的虚无主义观,而不是为了提供一种明确的尼采"解释"。同样,应该注意的是,我通篇使用"我们"这个词,不是为了主张我正在描述对人类、西方人或英语世界的人来说是普遍性的趋势和体验,而是为了避免使用"我"和"他们"可能导致的混乱。我更希望读者认为我所描述的是我相信他们会与我及无数其他人("我们")共有的趋势和体验,而不是认为我所描述的是我相信只适用于我("我")或除我以外的所有人("他们")的趋势和体验。当然,"我们"一词的使用仍然有导致混乱的危险,但我相信这样做的好处会大于成本(当然,如果你如此幸运地拥有一种没有虚无主义的生活,那就欢迎你把自己排除在"我们"之外)。套用尼采的话来说,本书既为每个人而写,又不为任何人而写(也就是说,不为任何特定的学术或文化群体而写)。

致　谢

　　如果没有我在特温特大学哲学系的同事和学生们的慷慨支持，本书是不可能出版的。特别是作为彼得－保罗·维尔比克研究小组的成员，我从中受益匪浅，该研究小组曾诚恳地邀请我在过去两年里举行的各种研讨会上介绍本书中的章节。我从彼得－保罗·维尔比克、西亚诺·艾丁、迈克尔·纳根伯格、梅利斯·巴斯、乔恩·霍克、奥利亚·库迪纳、巴斯德布尔、菲利普·布雷、玛丽安·博恩克、迈克尔·库勒、史蒂文·多雷斯蒂恩和其他许多人那里得到的批评性反馈自始至终都非常有帮助。我的研究助理安娜·费尔南德斯·英瓜佐和安娜－卡罗莱纳·祖德杜因在本书写作过程早期与我合作确定了可行的分析技巧，而我的研究助理埃米尔斯·伯卡夫斯帮助我完成了这个项目。我必须特别感谢大卫·道格拉斯、梅利斯·巴斯、巴贝特·巴比奇、乔恩·格林纳威和米兰达·内尔，感谢他们如此慷慨地阅读了每一章，并为我提供了如此有价值的反馈。

　　本书的部分内容已经在各种会议和讨论会上发表，地点不仅包括特温特大学，而且包括法兰克福会议（TEDx），剑桥大学慈善学会，都柏林三一学院 ADAPT 中心，利物浦大学机器学习研讨会，哲学、工程和技术论坛（fPET），科学社会研究学会（4S）和欧洲

xi　科学技术研究协会(EASST)联席会议,文化、技术、交流讨论会
(CaTaC),以及乌得勒支大学的托马斯·莫尔暑期学院。我要感
谢马克·科克尔伯格、约瑟夫·萨维里穆图、韦塞尔·里杰斯、詹
姆斯·迪金森、凯文·麦克米兰、斯德扬·维克蒂克和斯蒂芬妮·
伊贡博尔,感谢他们邀请我在他们的机构介绍我的著作。我还受
益于向两家公司(这两家公司要求我签署保密协议)陈述我的著
作。作为伦理与技术中心风险、安全和安保特别工作组的四大理
工大学(4TU)的协调员,我能够在各种研讨会和小组讨论中进一
步介绍与这本书相关的工作。

　　人们通常认为,教学和研究是学术生活的两个截然不同甚至
可能对立的方面,但对我来说,教学和研究是相辅相成的,因此,我
的教学对我为本书进行的研究来说是至关重要的。在过去两年
里,来自这项工作的许多观点都进入了我的演说中,因此,很感谢
特温特大学的学生们,他们中的很多人在课堂上和作业中都和我
一起讨论过这些观点。特别感谢那些要求我作为他们的导师或考
试委员会成员与他们一起撰写硕士论文的学生们。与安娜·费尔
南德斯、克里斯蒂安·保利、彼得·西格斯、杰拉尔德·芒特、德布
尔·巴顿、安娜·梅尔尼克、塞伦·埃伦、萨曼莎·埃尔南德斯和
丹尼斯·奥普登·坎普的亲密合作,不仅令人愉快,而且合作探讨
他们的论点也非常有助于发展我自己关于技术的哲学观点。我还
受益于三组学生(西蒙·卡西拉吉和鲁斯·德容;安娜·梅尔尼克
和克里斯·弗莱斯;塞伦·埃伦、阿兰·霍特和乔纳斯·林德曼),
他们在哲学实验班 PSTS 课程中根据本书的一些章节撰写了
论文。

　　多年来,许多人为我提供了宝贵的指导和灵感,比如我以前的
教授杰伊·伯恩斯坦、詹姆斯·多德、西蒙·克里奇利、尼古拉
斯·德·沃伦、艾格尼丝·海勒、伊尔米亚胡·尤维尔、詹姆斯·
米勒和詹姆斯·威尔逊—奎尔。我也很感激(没有什么特别的顺

序)迈尔斯·麦克劳德、多米尼克·本克、梅利·梅滕斯、约翰尼·苏拉克、艾米·范·温斯伯格、萨斯基亚·内格尔、兰茨·弗莱明米勒、勃兰特·范德加斯特、马哥斯·冈萨雷斯·沃格、斯蒂芬·安妮·高蒂尔、路易莎·马林、斯特凡·科勒、罗伯特一简·吉尔茨、埃里克·米拉姆、佩特拉·布鲁斯玛、阿达·克鲁舒普、简·内里森、萨宾·罗泽、斯文·尼霍尔姆、鲍勃·布雷彻、伊尔娜·范 德·莫伦、克里斯蒂娜·库西内卢、玛琳·诺沃尼、马修·比尔德、米斯科夫斯基、纳斯塔兰·塔瓦科利·法尔、以法莲·罗森鲍姆、墨菲、布里塔·洛夫图斯、麦克斯蒂尔斯、斯科特·斯蒂芬斯、罗伯特·罗森伯格、克里斯塔·托马斯森、菲利普·劳布林、阿尔布雷希特·弗里茨、查尔斯、汤姆·弗鲁克斯、香农·弗兰奇、斯蒂芬妮·卡文、约翰·亚当斯和玛丽娜·亚当斯。我也要感谢伊泽贝尔·考珀一科尔斯、娜塔莉·林·博尔德斯顿、斯文·奥夫·汉森，以及所有来自罗曼和利特尔菲尔德出版社为我提供支持和帮助的人。

　　很感谢我的家人，尤其是我的祖母西尔维娅，她可能是第一个激励我关掉电视到户外去的人。感激我的兄弟贝尼特(还有凯蒂、迪伦和伊森)和我的姐妹琳恩(还有迈克和泰勒)一直陪伴在我身边。我的搭档米兰达不仅在本书的写作过程中提供了宝贵的反馈意见，而且是一个伟大的激励者、对话人和合作伙伴。我的儿子扎卡里一直都是我的灵感来源，既因为他快速掌握任何技术的可怕能力，也因为他让即使是最黑暗的时刻也显得滑稽可笑得令人敬畏的能力。如果本书是为哪个人而写，那就是为他而写的。

第一章　尼采与放松

一、作为解放的休闲

一家人在他们的客厅里一起游戏。妈妈和女儿躲在一个沙发垫做成的堡垒里,而爸爸马上就要入侵这座堡垒。女儿高兴地看着家里的狗,它也忙着一边咬着玩具,一边守卫边界。伴随这个幸福的家庭在他们幸福的家里幸福的地毯上幸福地游戏的,还有一个坐在地板上像冰球一样大的机器。黑色的机器与周围明亮的阳光形成了鲜明的对比。这台机器的功能并不明显,但其目的很清楚,因为我们可以看到,正是这台机器使这个家庭显得如此幸福,而且由此我们可以进一步得出结论,如果没有这台机器,幸福就会消失。

我所描述的不仅是一个为智能机器人鲁姆巴(Roomba)①做的广告,而且是为一种技术设计的趋势做的广告,这种趋势已经变得如此普遍、如此具有支配性、如此无处不在,以至于广告商只需要稍微暗示,我们就会立即明白,那要卖给我们的不是技术,而是

① Steve Dent,"The Roomba 960 Is iRobot's Cheaper App-Driven Robot Vacuum", *engadget*,August 4,2016,https://www.engadget.com/2016/08/04/ irobots-roomba-960-is-its-cheaper-app-driven-robot-vacuum/.

一种生活方式,但只有广告里的技术才会使这种生活方式成为可能。鲁姆巴的广告不需要文本,因为图像已经告诉了我们需要知道的一切。黑色大冰球正在角落里工作着,所以我们不必再工作,所以我们可以游戏,所以我们很幸福,所以我们可以成为人类。

　　我称这种技术设计中的趋势为作为解放的休闲(leisure-as-liberation)。这一趋势背后的观念非常简单:技术扮演的角色,是将我们从阻碍我们享受休闲时光的家务活儿中解放出来,而为了成为一个人,我们需要这样的休闲时光。这种观念,我们不仅可以在鲁姆巴广告中看到,还可以在网上购物、声控助手、预测算法以及自动驾驶汽车、自主式机器人和无人机的开发中看到。技术可以为我们搞卫生,为我们买卖东西,为我们查看天气,为我们写短信,为我们开车,为我们做体力劳动,甚至为我们去杀戮。

　　技术可以为我们做这么多的事情,以至于我们开始想要知道生命留给我们的任务——如果有这样的任务的话——到底是什么。换句话说,虽然很明显的是技术正在以令人难以置信的速度进步,技术正变得越来越有能力执行之前分配给人类的任务,但并不清楚的是人类必然也在进步,人类正变得越来越有能力,而不仅仅限于更依赖于技术的能力。然而,随着技术变得越来越有能力,它们在我们的日常生活中也变得越来越根深蒂固,我们因此越来越难以确定技术在哪里结束,而我们又从哪里开始。于是,认为技术可以独立于人类而进步,或者人类可以变得依赖于技术,这可能是个错误,因为人类与技术的区分可能只是我们更传统的二元论思维方式的遗留物。

　　当代对技术的思考——无论是设计,还是哲学——表明,我们不应该区分人类和技术,而是应该认识到技术在人类生活中一直扮演着塑造性的角色。我们不应担心技术会把我们变成《机器人总动员》(Wall-E)中描述的那种无助的团状物,而应该意识到我们不能成为没有技术的存在者,正如电影《2001:太空漫游》(2001:

1

A Space Odyssey）所表现的那样，我们可以为这些技术画一条直线，从我们前人类祖先对工具的发现，一直到我们今天的外太空探索。正如技术一直是人类发展的一部分，我们不应该担心它们在对我们做什么，而应该努力了解它们，在对它们的设计中扮演更积极的角色，因为技术一直并将继续是人类发展的一部分，不管我们喜欢与否。

这种对技术的当代思考并不是为了支持技术狂热症（technophilia），而是为了让我们远离被视为对技术恐惧症（technophobia）适得其反的担忧。一些当代思想家——如彼得-保罗·维尔比克（Peter-Paul Verbeek）、香农·瓦洛尔（Shannon Vallor）、卢西亚诺·弗洛里迪（Luciano Floridi）和布鲁诺·拉图尔（Bruno Latour）——可能会认为他们只是技术现实主义者，认为爱技术或恨技术都不如研究技术有用，都不如与开发人员接触并积极参与设计过程有用。然而，这样的研究、接触和参与必然需要我们投入大量的时间和精力来思考技术。换句话说，似乎我们必须开发能够解放我们的技术是为了有闲暇，为了思考技术，为了有充足的时间去开发能够解放我们的技术，如此等等。

然而，对于过去的技术恐惧思想家——如雅克·埃鲁尔、马丁·海德格尔、赫伯特·马尔库塞和刘易斯·芒福德——来说，问题不在于技术是否在人类的发展中扮演某种角色，而在于现代技术思维的为—了—某某用（in-order-to）模式是否会妨碍人类的发展。现代技术表现出的作用不是帮助我们实现目的，而是为我们决定目的，为我们提供我们必须帮助技术实现的目的。因此，鲁姆巴的所有者必须根据鲁姆巴的移动需求来安置他们的家，就像智能手机的所有者必须根据智能手机的电力和数据消费需要来安置他们的活动一样。当然，我们购买这样的设备是为了满足我们的需要，可一旦购买，我们就会如此沉迷于这些设备，以至于我们会开发新的需要，比如保持设备工作状态以便设备让我们持续着迷的需要。

　　除了为我们提供目标和塑造我们的行动之外，技术还可以影响我们的价值观和塑造我们的判断。效率和客观性的价值导致我们必然会判断技术优秀于人类，因此我们不仅喜欢技术给我们的问题提供的解决方案，还会越来越倾向于认为人类无能、充满偏见和有问题——应该被更值得信赖和可靠的技术所替代。同样，对社交媒体的使用会让我们不断重新定义隐私和友谊的价值，以至于我们会认为脸书（Facebook）只是另一种形式的沟通，和任何其他形式一样都有优点和缺点，而不会认为它是侵入式的和使人疏远的，而它侵入和使人疏远的方式，在它出现之前是不可想象的。

　　正如当代的思想家们不会把自己视为技术狂热者，而是视为技术现实主义者一样，这些过去的思想家也不会把自己视为技术恐惧者，而是视为技术现实主义者。事实上，这些较早的思想家可能会暗示，技术恐惧症的标签本身就是现代技术施加给我们的影响的症状，因为挑战所谓技术的积极好处，就会被视为一个勒德分子（Luddite）①，一个忘恩负义的人，或一个偏执的阴谋论者。换句话说，当代思想家指控过去的思想家不理解成为技术性的意味着什么，而过去的思想家则会指控当代思想家不理解做人意味着什么。

　　重要的是要认识到，这两种视角之间的对立并不仅仅是一种深奥难解的理论争辩。如果我们确实能在决定技术如何影响我们方面发挥积极作用，那么把技术公司当作敌人，就是在冒险让技术公司决定这些对我们的影响，而不是和我们一起决定这些影响。或者说，如果技术在以我们无法认识到的方式扭曲我们的目标、价值观和判断，那么我们越是尝试与技术公司合作，就越将冒险陷入根深蒂固的技术思维模式，从而也越来越难以对技术采取批判立

---

①　译注：勒德分子指的是 19 世纪英国工业革命时期因机器替代人力而失业的技术工人，他们通过有组织的抗议活动来表达对现状的不满，并希望回到工业革命之前。现在通常指的是持有反机械化、反自动化观点的人。

场。因此,找出这些视角中哪一种是正确的,对于确保技术为我们提供一种作为解放形式的休闲,而非作为非人化形式的休闲来说,是至关重要的。

二、从技术到谱系学

我们的实践正在使我们获得解放还是变得非人化,正在使我们变得更自由还是更受欺骗,这个问题不仅仅是由涉及技术的实践所产生的问题。在 19 世纪,卡尔·马克思试图回答这个与资本主义相关的问题,而弗里德里希·尼采试图回答这个与基督教相关的问题。对马克思来说,资本主义意识形态让工人们相信,只要他们工作足够努力,任何人都可以致富,而实际上,工人们被富人剥削,并与他们自己、其他工人和他们的人性相异化。① 然而,因为富人不仅从工人那里还从其他富人那里设法保持利润,马克思认为富人们将不可避免地互相争斗,训练工人对抗他们的竞争对手,从而通过无意中彻底改变工人阶级而摧毁了自己。② 换句话说,他们的竞争对手越是通过品牌宣传对我们撒谎,我们就越应该学会不信任广告,不信任品牌,不信任资本主义意识形态。

对尼采来说,马克思预测的革命并没有发生,我们也没有不信任资本主义甚至品牌,相反还发展了品牌忠诚度,认同品牌,在品牌战争中选边站,选择摧毁自己而不是资本主义,这一切都不令人奇怪。不同于马克思认为我们被意识形态分心和欺骗,被外部影响阻止我们了解自己处境的真相,而一旦了解了,这真相便会立即导致我们团结起来并反抗,尼采认为我们之所以被分心和欺骗,是

①　Karl Marx, "Alienated Labor", in *Karl Marx*: *Selected Writings*, ed. Lawrence H. Simon (Indianapolis: Hackett, 1994), 61—64.

②　Karl Marx, "The Communist Manifesto", in *Karl Marx*: *Selected Writings*, ed. Lawrence H. Simon (Indianapolis: Hackett, 1994), 166—167.

因为我们想被分心和欺骗。根据尼采的观点，我们不应该关心危险的外部影响，而应该关心危险的内部影响，比如，我们倾向于将生活视为痛苦的来源，而不是迫使我们适应和成长的挑战的来源。这种倾向导致我们反对生命，拥抱从生活和意识形态中分心的机会——无论这样做是多么痴心妄想——这种机会承诺我们一条通往更好生活的道路，即使这样的生活只有通过死亡才能找到。

　　从尼采式的视角来看，我们需要认识和对抗的不是剥削，而是虚无主义。因为只要我们的虚无主义——我们反对生命的倾向——让我们宁愿被剥削，也不愿自由，不愿负责任，不愿成为人，我们就永远不会反抗对我们的剥削。换句话说，马克思理所当然地认为，我们想成为自己的老板而不是被老板发号施令，他不理解我们很可能喜欢拥有一个老板，一个我们可以埋怨是他导致我们痛苦的老板，能够告诉我们该做什么的老板，可以让我们无须面对自己作决定这种负担的老板。

　　在其哲学著作中，尼采诊断了我们反对生命的各种方式，我们分心和欺骗自己的各种方式，我们寻求休闲的各种方式，它们不是一种更人性化的方式，而是一种避免成为人的方式。对尼采来说重要的是，我们过着一种矛盾的生活，因为我们没有认识到我们的日常实践与生命相违背，相反还发展出了一个道德框架，后者稳定化了我们的反生命实践，把这样的实践规定为实现生命应该拥有的唯一目的——即成为善人（being good）——的途径。正是由于这个原因，尼采开始关注基督教，他把我们矛盾的价值体系——这个价值体系定义了一个不擅长做人而擅长道德的人——的谱系追溯至基督教对异教的胜利。借助于他的语文学专长，尼采表明，我们的道德价值观并非基于普遍的人类经验或由理性发现的纯粹概念，而是各竞争性价值体系相互斗争的产物，这种斗争很久以前就已经发生，而且结束得如此果断，以至于我们不再意识到还可能存在替代性的价值体系。

如果"善"可以有多种相互竞争的含义,那么"进步"也可以,因此尼采没有质问人类是否自基督教诞生以来已经取得了进步;他质问的是我们如何定义"进步",这个定义是否与做人意味着什么相符。正是由于这个原因,我相信尼采——尽管他并没有明确谈论过技术——仍然可以帮助我们解决技术进步是否与人类进步相符的问题。尼采尤其可以帮助我们避免把这种考察简化为技术是否使我们更道德的问题,我们可以看到,由于尼采,道德进步和人类进步之间的关系必须被质询而不应被视作理所当然。比如,通过转向尼采,我们不仅可以考察那监测和报告情绪变化的技术是否有助于拯救生命,①也可以考察什么样的"生命"能够通过使用这样的监控技术——这种技术可以激发情绪的变化,而它们被设计出来去监测和报告的,正是这种情绪的变化——来被拯救。

三、本书概要

本书旨在考察我们的虚无主义如何成为技术性的虚无主义,以及技术如何成为虚无主义的技术。这一考察的目标是让我们远离技术乐观主义者和技术悲观主义者就技术让我们变得更好还是更糟展开的无休止争论,去询问我们如何定义像"进步""更好"和"更糟"这样的概念,询问技术如何既塑造了这样的意识形态定义,又成为这些定义的结果。

本书第二章通过澄清虚无主义是什么,虚无主义意味着什么,以及为什么我们不应该低估虚无主义(认为它仅仅是享有过度特权的青少年们的苦恼)来开始这一研究。对像萨特这样的存在主

6

---

① Paul Biegler, "Tech Support: How Our Phones Could Save Our Lives by Detecting Mood Shifts", *Sunday Morning Herald*, November 12, 2017, http://www. smh. com. au/technology/innovation/tech-support-how-our-phonescould-save-our-lives-by-detecting-mood-shifts-20171106-gzfrg5. html.

义哲学家来说，虚无主义已经在日常生活中变得如此正常，以至于我们会理所当然地认为虚无主义只是那些声称不关心生活的人的体验，因此没有认识到我们所认为的"关心生活"可能正是虚无主义的。通过承认虚无主义在日常生活中的无处不在，我们可以更好地理解尼采关于虚无主义在欧洲历史（特别是基督教道德史）上的作用的观点。对尼采来说，虚无主义和道德在历史上是相互交织的，因此他要求我们去质疑我们价值的价值，这样就可以看到自我牺牲和自我否定的价值观是虚无主义的和自我毁灭的。我们虽然可能认为尼采的观点不再适用于我们今天生活于其中的技术世界，但通过考察超人类主义可以看到，对虚无主义的理解对于评价这场运动所支持的"后人类"的虚无主义基础有多么重要。

　　第三章从发展一种虚无主义哲学转向发展一种技术哲学。就像海德格尔的《关于技术问题》（The Question Concerning Technology）一文已经成为当代技术哲学家的一种入门仪式——人们必须批评这篇文本，以建立对自己不是技术恐惧决定论者的信任——我也从这篇文章开始。我的目的不是为了攻击海德格尔来减轻对我自己观点的恐惧，而是为了证明海德格尔的技术哲学是如何指向并脱离尼采的虚无主义哲学的。海德格尔对现代技术招致一个墨守成规的社会的担忧，可以被解读为关于虚无主义和技术之关系的一种观点。然而，就像马克思一样，又不同于尼采那样，海德格尔最终指责技术对人类的外部影响没有实现它的命运。基于这一原因，我从海德格尔转到唐·伊德（Don Ihde），因为伊德的技术哲学试图将海德格尔关于技术使用的有益洞见与他从哲学上看很成问题、从政治角度看很危险的关于人类命运的观点区分开来。伊德对他所谓人—技术关系的分析表明，我们可以将尼采的虚无主义哲学和伊德的技术哲学结合起来，并且考察所谓的虚无主义—技术关系。

　　在第二章和第三章中发展了这一计划的理论基础之后，第四章通过考察虚无主义—技术关系——我称之为技术催眠(techno-hypnosis)——开始应用这个理论框架。在讨论了尼采对"自我催眠"(self-hypnosis)的分析,对我们试图让自己处于睡眠状态的实践的分析,对冥想或醉酒这样的实践的分析之后,我证明了这种分析可以被应用于技术。尼采注意到的我们试图避免意识的负担,可以帮助我们认识到诸如电视、流媒体娱乐服务、增强现实和虚拟现实设备等技术的催眠吸引力。最后,我讨论了技术催眠的危险,例如,这些技术不只是帮助我们放松,也会使我们满足于现状,满足于盯着屏幕看的生活。

第五章集中讨论我称之为数据驱动活动(data-driven activity)的虚无主义—技术关系。尼采对"机械性活动"(mechanical activity)的分析,对我们试图逃避作决定的负担的实践的分析,对服从命令和惯例的实践的分析,有助于我们认识到如何利用技术让自己忙碌,让自己显得有条理。通过考察对乐活(Fitbit)、精灵宝可梦(Pokémon GO)的使用,以及对算法程序的日益依赖,我们可以看到这些技术如何不仅帮助我们避免作决定,还能替我们作决定。这种数据驱动活动的危险肉眼可见,比如,算法对我们的了解程度和我们对算法的了解程度之间的不平等越来越大,这一不平等要求我们不仅去相信机器学习,还要求我们的这种相信是盲目的。

第六章考察我称之为快乐经济学(pleasure economics)的虚无主义—技术关系。根据尼采的说法,在我们享受帮助他人的乐趣时,我们是在使用"小快乐"(petty pleasures)作为我们无能为力的一种补偿,因为在馈赠他人时,我们体验到某种权力,把他人贬低为他们的贫困的权力,以及通过我们成为馈赠者的能力提升自己的权力。这一分析可以应用于共享经济技术,从而帮助我们理解为什么会有这么多人在网上捐款,出租他们的房子,以及与陌生人一起乘车等。通过把 Kickstarter、爱彼迎(Airbnb)、优步

(Uber)等技术与 Tinder 等技术进行比较,我们可以看到它们如何共有一种贬低他人和提升自己的动力学。快乐经济学的危险也可以在对所有这些技术来说都必不可少的刷屏活动中看到,因为它们允许我们不仅享受慷慨的权力,也享受残忍的权力,特别是判断他人值不值得我们慷慨的权力。

第七章关注我称之为牧群网络(herd networking)的虚无主义—技术关系。对尼采来说,我们的"牧群本能"(herd instinct)引导我们与他人结合,部分原因在于人多力量大,但也在于我们有机会在人群中失去自我,从而逃避了不得不继续成为我们自己的负担。把这些见解应用到社交媒体技术,如民用无线电台(CB radios)、绘文字(emojis)和脸书,可以帮助我们看到社交网络为什么已经变得如此流行和普遍,因为这些技术不仅能够极大程度地满足我们与他人接触的欲望,还能从根本上重塑我们所认为的接触手段。牧群网络的危险表现在,社交网络平台不仅导致品牌像人一样行动,还会导致人像品牌一样行动,会根据平台诱导赢得和留住追随者的需要制作身份和生产内容(content),而这些追随者,我们不能确定他们是对内容以外的我们感兴趣,因为我们自己已经不再确定内容以外的我们究竟是谁。

第八章深入探讨由我称之为点击狂欢(orgies of clicking)的虚无主义—技术关系所创造的世界。尼采把他的人—虚无主义关系的第五种即最后一种——"感觉狂欢"(orgies of feeling)——与前四种区别开来,方法就是把这些狂欢性的虚无主义实践描述为"亏欠感",因为它们涉及爆发、被压抑冲动的释放、情绪爆炸,所有这些都是在试图体验逃避责任的负担的狂喜,而这种逃避导致的代价,我们后来必须偿还。然而,当技术提供了新的方式来纵容我们的狂喜欲望时,比如当技术允许我们发表匿名评论、形成快闪、成为网络义务警员时,我们的情绪爆发性倾向就会超越毁灭自我的亏欠,变成毁灭他人的羞辱。点击狂欢在网喷和快闪合并创建

羞辱运动时达到极点的危险——因为那些聚在一起嘲弄最新社交
媒体罪犯的人们本身也会被嘲弄，因为网喷会招致网喷，这又会导
致人肉搜索和反人肉搜索——会创造一个如此有毒的世界，以至
于羞辱运动和政治运动变得越来越难以区分。

　　通过前面的章节看到技术如何促进和扩大我们的虚无主义倾
向，如何让我们逃避思想的负担、作决定的负担、无力感的负担、个
体性的负担和负责任的负担后，最后一章试图回答的问题，是我们
应该如何应对虚无主义和技术之间的关系。为了进一步作出回
应，我首先转向尼采的"疯子"，他在《快乐的科学》(*The Gay Sci-
ence*)中宣称"上帝死了"。因为在游历了我们所创造的技术世界
的虚无主义底层之后，我们很难不体验到疯子所体验到的东西，即
一种方向、目标和确定性的丧失感。就像上帝曾经是引导我们的
恒星，没有它的引导，我们会迷失方向，这个世界会变得怪异可怕
一样，谷歌在今天同样扮演着引导者角色，我们依靠谷歌搜索寻找
答案，依靠谷歌地图确定方向，依靠谷歌 DeepMind 治愈我们的痛
苦。我们甚至指望谷歌来规定道德，因为"不要作恶"这样的话，肯
定比十诫更容易记住。

　　然而，谷歌并不能证明我们已经杀死并埋葬了上帝，也不能证
明我们已经承担了赋予我们生命意义的责任，即我们以前外包给
上帝的责任。相反，谷歌证明了我们还没有摆脱对意义的外部来
源的虚无主义依赖。因此，即使谷歌死了，也只会导致人们寻找下
一个谷歌来替代它的位置。正是出于这个原因，我们既不能责怪
技术，也不能试图逃避技术——好像关闭技术就会关闭技术对我
们的影响——而是努力找到方法来停止试图逃避我们自己，逃避
做人意味着什么。有一种方法就是从消极的虚无主义转变为积极
的虚无主义，从为了破坏而破坏转变成为了创造而破坏。不同于
消极的虚无主义导致我们把人类进步等同于技术进步，把成为技
术性的后人类当作人类进步的目标，积极的虚无主义可以让我们

9

对这样的目标采取更彻底的立场,去认识和批判这种技术—人类
进步观背后的禁欲主义价值观。虽然消极虚无主义可能不会导致
积极虚无主义,就像谷歌的死亡只会导致寻找新的谷歌,通过持续
考察虚无主义—技术关系,我们仍然可以设法激发积极虚无主义,
设法激发对新价值、新目标的思考,对"进步"究竟应该意味着什么
的思考。

第二章 求 ¯_(ツ)_/¯ 的意志

一、什么是虚无主义？

虽然"虚无主义"是一个有着漫长而复杂历史的哲学概念,[①]但在日常使用中,它的意思大致等同于这个表达:"谁在乎呢?"换句话说,当我们说某人是一个"虚无主义者"时,我们的意思是,这个人既是一个什么都不在乎的人,也是一个相信其他人通常情况下也什么都不在乎的人。

然而,什么都不在乎似乎是不可能的。尽管我们可能会经常说我们不在乎,以回答"你想做什么"或者"你想吃什么"这样的问题,但我们倾向于觉得,即使是在这些平凡的例子中,什么都不在乎的表达也是不真诚的。很明显,我们不能不在乎如何打发我们

---

① 即使仅仅在尼采的解释范围内,定义"虚无主义"的尝试也有一个漫长而复杂的历史。关于这一历史的讨论,参见 Babette Babich, "*Ex aliquo nihil*: Nietzsche on Science, Anarchy, and Democratic Nihilism," *American Catholic Philosophical Quarterly* 84, no. 2 (2010): 231—256;另参 Douglas Burnham, *The Nietzsche Dictionary* 中关于"虚无主义"的词条(London and New York: Bloomsbury, 2015),236—239,以及 Andreas Urs Sommer, "Nihilism and Skepticism in Nietzsche", in *A Companion to Nietzsche*, ed. Keith Ansell-Pearson (Oxford: Blackwell, 2006), 250—229。

的时间。很明显,我们不能不在乎我们吃进肚里的是什么。在这种情况下,"我不在乎"似乎表达的不是对世界的脱离,而只是尝试避免作决定。

不过,这两种表达之间存在着重要的相互关联。避免作决定,即使是一个看似微不足道的决定,就是去脱离这个世界。喜欢让别人为我们作决定——无论是因为我们想避免犯错或被追究责任,还是因为我们想避免必须思考或耗费精力——就是在切断我们自己与使我们生活有意义的东西的关联。通过宣称作决定的无意义性来为我们没有兴趣作决定辩护,这恰好意味着这种思维和行动方式是多么容易从平凡的转变为虚无主义的。或者换言之,我们对自己的虚无主义感到如此舒适,以至于甚至没有意识到它已经变得平凡、普通和常见。

二、萨特与虚无主义的常态

让-保罗·萨特尝试在他的哲学和戏剧作品中捕捉的,正是日常生活中的虚无主义。在《存在与虚无》(*Being and Nothingness*)一书中,萨特使用了各种寻常的例子来分析他所谓的"恶意"(bad faith)①,特别是其所采取的"方式"。对萨特来说,"恶意"是"将人类实在作为一个存在者来对待"的结果,这一存在者"是其所不是,不是其所是"。② 例如,萨特分析了一个男人突然抓住约会对象的手,让女人通过超越这一处境的事实,通过把自己提升至这些小问题之上降低这一处境的意义,来使自己与必须面对这一处境的事实保持距离。正如巴贝特·巴比奇(Babette Babich)所指出的那样,尽管萨特给了男人一个"免费通行证",但这种恶意是如

---

① Jean-Paul Sartre, *Being and Nothingness*, trans. Hazel Barnes (New York: Washington Square Press, 1992), 96.

② Sartre, *Being and Nothingness*, 100.

此普遍,以至于约会时的男女都在"跳同一种魂不附体(mind-a-bove-body)的舞蹈"。①

我们很难理解为什么像牵手这样的处境值得哲学分析,而不是把女人的反应简单看作对我们偶尔都会感到亏欠的行为的无辜的合理化。然而,我们没有看到这种合理化的可怕之处,认为花这么多时间来分析这样的处境似乎很愚蠢,这一事实本身正是萨特希望我们最终视作一个问题——或者是这个问题——的问题。与我们的处境保持距离,就是在忽视那定义着我们的自由。在任何处境中,在任何时候,我们都有能力作决定,并且在作决定时有能力做我们自己。

然而,这种自由是一种负担,一种我们往往不想承受的负担。承认对方在约会期间的行为可能充满意义,可能有着比它们看起来更多的意图,就是必须面对要么接受、要么拒绝这些意图的选择。承认对方可能想要的不仅仅是一顿晚餐,就是必须考虑这样一种可能性:在同意共进晚餐时,对方可能相信"更多的要求"也已 14
经被含蓄地认同了。当我们希望逃避这种认识时,就会——有意或无意地——寻求各种策略,比如,不思考当下,而是思考未来,或者会思考自己在未来回首并嘲笑当下这个时刻。这种思考的危险在于,生活是在当下而不是未来进行的,所以为了逃避当下而关注未来,本质上就是在逃避必须过自己的生活。在未来看当下这个过去,就是在让未来成为从未成为当下的过去。

这就是存在主义的座右铭:"存在先于本质(Existence precedes essence)。"②你是(存在),总是先于你是什么 。但是存在这

---

① Babette Babich, "On Schrödinger and Nietzsche: Eternal Return and the Moment," in Antonio T. de Nicolas: *Poet of Eternal Retur*n, ed. Christopher Key Chapple (Ahmedabad, India: Sriyogi Publications & Nalanda International, 2014), 171—72.

② Sartre, *Being and Nothingness*, 725. 另参 Jean-Paul Sartre, "The Humanism of Existentialism",in *Essays inExistentialism*,ed. Wade Baskin (New York: Citadel Press, 1965),34。

一事实,这一赤裸裸的事实,留给我们的是定义它的压力,是我们通过作选择来装扮它的压力。正如萨特所言,当这种压力变得太大时,我们就会试图使用"口是心非"①的策略来逃避我们处境的真相。但这并不是说这是一种欺骗。一个人要去欺骗,必须首先意识到真相,才能最好地隐藏它。如果事实如此,那么我们便可以就我们自己是谁和只是谁停止欺骗自己或他人。然而,就像尼采的洞见,即宽恕不需要忘记冒犯,而需要忘记人们已经忘记的东西,②这里,我们发现自己面对一个被欺骗的骗子,这种欺骗指的是一个人认为自己实际上是真诚的。

　　然而,是真诚的又意味着什么呢?正如萨特所指出的那样,"真诚表现为一种需求,因此不是一种状态"。③我们不能就是我们自己,就像侍者不能就是侍者一样。就像一个人通过像你一样行动扮演你那样,一个侍者也可以通过像侍者一样行动来扮演侍者。或者,正如萨特所写的那样,"他正在咖啡馆里玩做一名侍者的游戏。"④但是,我如果不是我自己,又是谁呢?这里的问题是,当我们试图理解这样一个问题所问的是什么时,我们犯了某种范畴错误。我们试图用回答"桌子是什么"这种问题的方式来回答这一问题。我们提供一种描述,给出一些细节,列出一堆事实,在这样做的过程中,我们让自己走进了一个可以这样描述的东西。我们觉得,就像桌子是一个由几条腿支撑的平面,一个用来放置物体的地方,我们也有一种本质,一种把我规定为我而不是你的东西。然而,我们越是试图提供这个定义,就越被诱惑只是指向自己,好像它应该告诉你需要知

①　Sartre, *Being and Nothingness*, 100.
②　Friedrich Nietzsche, *On the Genealogy of Morals and Ecce Homo*, trans. Walter Kaufmann (New York: Vintage Books, 1989), 39.
③　Sartre, *Being and Nothingness*, 100.
④　Sartre, *Being and Nothingness*, 102.

道的一切,就像一个孩子可能只是通过手指一张桌子告诉你什　15
么是桌子那样。可以说,这就是我们为什么开始害怕的原因,
因为我每天都在扮演自己,都在把自己当作我来呈现,而我打
心里相信,这个我不是我所是。此外,这也是别人可以告诉你
你"不是你自己"的原因,你们俩都认识到,这意味着你并不像
你自己一样行动。①

　　萨特要说明的是,我们是多么愿意关注"大局",而不必在意
"小节",从而忽略了这样一个事实,即大局不过是小节的积累。生
命就是一系列的现在(nows),每一个现在都是重要的,每一个现
在都是其他东西得以展开的必要条件。于是,我们不能去除任何
现在的意义而不去除其他现在的意义。然而,我们一直都在这样
做。这就是萨特关注寻常事件中的寻常小节的原因。"你现在在
干什么?"有人问你,而你会习惯性地回答:"没干什么。"而且,这种
反应并没有被认为是令人担忧、沮丧的,是对存在丰富的意义的虚
无主义还原,而被认为是完全正常的。或者,我们可以再一次说,
这种虚无主义的还原是正常的。

　　当虚无主义者通过说"谁在乎呢"来表达没有人在乎时,他已
经指出了虚无主义的常态化。这不是一个问题,而是一个挑战,一
个向正在倾听的、发现自己确实很在乎的人发出的挑战。正如这
一挑战所表明的那样,即使是那些看起来很在乎、看起来能作决定
并想要承担责任的人,也要么是不真诚的,要么就是不正常的。于
是,被认为是真诚和正常的,不是在乎,不是想作决定,也不是希望

---

① "一个做梦的杂货商会冒犯买家,因为这样的杂货商并不完全是杂货商。社会要
求他把自己的功能局限于做一个杂货商,就像行注目礼的士兵让自己变成一个士
兵一样地直视着的东西,他实际上什么也没有看到,他不再会看到,因为是规则而
非那一刻的兴趣决定了他必须把他的眼睛固定于其上的那个点('固定为十步远'
的视力)。为了把一个人束缚于他所是之中,确实有许多预防措施,就好像我们永
远生活在恐惧中,担心他会逃脱其所是,担心他会突然挣脱,逃离他的处境。"(Sar-
tre, *Being and Nothingness*, 102)

承担责任。这些都是负担，没人想要担负这些负担。而且正如萨特所表明的那样，虚无主义正是我们从做自己这一负担中解脱出来的表现。

日常生活中的虚无主义的危险在于，如果做人意味着要作决定、负责任，那么逃避作决定就是要逃避做人。但是，要理解这种试图逃避做人的人性，这种太过极端的人性（all-too-human），就需要从萨特转向尼采。由于萨特已经向我们介绍了虚无主义，虚无主义在日常生活中是什么样子，它如何在像约会这样的日常情境中起作用，我们现在可以更好地准备，看看尼采如何帮助我们理解虚无主义与日常生活乃至生活本身的关系，理解虚无主义来自哪里，虚无主义意味着什么，虚无主义都做了什么。

三、尼采与虚无主义的谱系

在《权力意志》第一章第一则笔记中，尼采写道：

> 虚无主义站在门口了，这位所有客人中最阴森可怕的一位来自何方呢？出发点：把"社会痛苦"或"生理退化"，或者更糟的是把腐败当作虚无主义的原因，都是错误的。我们现在的时代是最正直、最富有同情心的时代。痛苦，无论是灵魂、肉体还是智识的痛苦，其本身都不能产生虚无主义（即对价值、意义和可取性的彻底拒绝）。这种痛苦总是允许各种不同的解释。相反，有一种特殊的解释，即基督教道德的解释，它就是虚无主义的根源。①

---

① Friedrich Nietzsche, *The Will to Power*, trans. Walter Kaufmann and R. J. Hollingdale (New York: Vintage Books, 1967), 7.

虚无主义直视着我们，它不是来自内部，而是来自外部。然而，作为一个"客人"，它并不一定是不请自来的。这样的客人并不是一个陌生人，尽管它是最奇怪、"最阴森可怕"的客人，这个客人一到这里，就会让我们觉得自己好像不在家里了。但是，这样一个奇怪到让我们觉得在自己家里像陌生人的客人，到底是什么样的人呢？这位客人又是从哪里来的呢？

尼采几乎立刻就告诉了我们，这位客人是"对价值、意义和可取性的彻底拒绝"[①]，这种否定不是来自某种文化或身体的衰退，也不是来自某种"痛苦"的感觉，而是来自"基督教道德"对痛苦的解释。尼采说，虚无主义"植根"于这种解释，这表明在基督教道德中，我们将找到虚无主义的种子，还表明虚无主义从基督教道德中成长起来，并且一直在成长。

在随后的笔记中，我们发现越来越多的地方提到了虚无主义，提到尼采试图搞清楚什么是虚无主义，虚无主义究竟意味着什么。然而，这些笔记不是由尼采而是由编辑在他死后收集和出版的。不像几十年来学者们的争论试图确定这些笔记的意义甚至只是简单的顺序，我认为我们应该转向尼采《论道德的谱系》（以下简称《谱系》），这本书写作并出版于 1887 年，正是在他写下这些笔记中的大多数内容之后。

《谱系》是尼采最具系统性的作品，可以被视为对由这些笔记提出的问题所作的一次考察，而这些问题关注的是虚无主义的起源和发展，后者贯通整个欧洲历史，特别是基督教道德被欧洲人认为不是最好的道德而是唯一的道德时的那一段历史。因此，《谱系》通过寻求道德的起源和发展来寻求虚无主义的起源和发展，追问相互竞争的道德价值体系是如何产生基督教和虚无主义的。正是基于这个原因，尼采称这本书是一个谱系，它打算追溯的不是一

---

① Friedrich Nietzsche, *The Will to Power*, 7.

个民族家族的血统，而是一个概念家族——如"善""恶""亏欠"和"罪孽"等概念——的血统。因此，尼采并没有把这些概念看作普遍的真理，而是视之为各种竞争性的道德价值体系在生存斗争中的获胜者，在这种斗争中，基督教赢得了决定性胜利，以至于我们不再意识到其他道德也可能存在，就像在达尔文之前，我们没有意识到任何其他人类物种也可能存在。

　　尼采在《谱系》一开始就指出了道德被视为理所当然的本质，指出我们并不了解自己，因为我们已经接受而没有质疑过我们的道德价值。通过一个例子，尼采要求我们考虑，当我们认为一个被视为"善"的人必然对社会有益，而一个被视为"恶"的人必然对社会有害时，我们是否犯了错。① 只要我们把"善"人等同于做"好"事的人，把"恶"人等同于做"坏"事的人——却从不质疑"好"是否真的有益，"坏"是否真的有害——我们就永远不能确定这些价值判断本身是有益于还是有害于社会。然而，由于我们道德思维的循环本性，由于我们理所当然地认为"善"就是好的，"恶"就是坏的，去质疑这些价值判断就是去揭示，我们生命所依赖的道德的基础，只是信仰而非确定性。因此，正如尼采在《谱系》一开始时就指出的那样，我们并不认识我们自己。为了获得这样的知识，就必须质疑我们的价值的价值，②而根据尼采的说法，之前从未有人发起过这种质疑。

　　在《谱系》第一篇论文中，尼采利用他作为语文学家的训练把道德价值的词源学进化追溯至其前基督教根源，追溯到至少有两种竞争性价值体系——"主人"③道德和"奴隶"④道德——存在的时代。这篇论文的核心关注是试图弄清楚奴隶们的犹太—基督教

① Nietzsche, *Genealogy*, 20.
② Nietzsche, *Genealogy*, 20.
③ Nietzsche, *Genealogy*, 29.
④ Nietzsche, *Genealogy*, 36.

道德是如何打败主人的武士道德的,或者换言之,驯服者是如何继承这个地球的。根据尼采所言,答案在于生来软弱的奴隶被迫变得聪明,因此能够智胜而非战胜主人,而主人生来足够强壮,因此一直保持着愚蠢。

奴隶们打败了主人,让他们皈依犹太—基督教道德。实现这一点,是通过说服主人,让他相信人类有一个真正的但不可见的内在生命("灵魂"①),后者最终存在于一个真正的但不可见的来世("天堂"或"地狱"②),而且,为了避免被永罚入地狱,人们必须远离"恶"③(这里的"恶"就是主人定义的"善"④)。这种避免是可能的,只要他们像奴隶一样行事,只要他们变得"善良"⑤,变得"有教养"⑥,只要他们学会放弃基于自己本能的行为。

禁欲的主题贯穿了整个《谱系》,因为尼采把禁欲等同于这样一种价值,后者主导了基督教道德和虚无主义的兴起。在第一篇论文中,禁欲把强者变成弱者,把弱者变成有权力者,因为主人——抱着获得救赎的希望——选择放弃他们的"邪恶"方式,放弃他们"充满活力、自由而快乐的行为"⑦,从而创造了一个由弱者统治的世界。在第二篇论文中,禁欲被视为阻止基督教世界崩溃的原因,因为主人的本能——尤其是残忍的本能——从未消失,只是被压制,从而在每个人身上创造了一种需要被释放的本能能量的累积。

管理这种易爆情况是牧师的工作,他们通过发明"亏欠"⑧的

---

① Nietzsche, *Genealogy*, 46.
② Nietzsche, *Genealogy*, 47—49.
③ Nietzsche, *Genealogy*, 34.
④ Nietzsche, *Genealogy*, 28.
⑤ Nietzsche, *Genealogy*, 34.
⑥ Nietzsche, *Genealogy*, 42.
⑦ Nietzsche, *Genealogy*, 33.
⑧ Nietzsche, *Genealogy*, 65.

概念，一种我们可以快乐地体验的残忍——尽管这种残忍只是针对自己的残忍——成功转变了残忍的本能。通过惩罚我们"罪孽深重的"①本能，我们可以因为追求如"自我否定"和"自我牺牲"这样的"好"习惯而成为"有德之人"，②可以体验残酷地强迫自己否认我们的本能、牺牲我们的欲望的快乐。这些否认和牺牲当然不是以残忍的名义，甚至也不是以美德的名义，而是以"上帝"③的名义、以这样一个存在者的名义进行的，他知道我们所有罪孽深重的本能，并且通过死亡这一终极牺牲把我们从我们的罪恶中拯救出来，从而为我们提供了一笔永远无法偿还的债务，以及一种任何自我残忍都无法使之满意的亏欠感。

　　在第三篇论文中，禁欲以"苦行主义"的形式出现，或表现为自我否定和自我牺牲的提升，从一种个人手段提升为将破坏性本能转变成我们所有人都应该追求的理想生活方式。根据尼采的说法，苦行理想在欧洲文化的那么多不同领域都如此受重视，以至于现代生活已经成为一种虚无主义的"自相矛盾"。④尼采不仅关注宗教和道德，还关注艺术、哲学甚至科学，认为生活已经变得"悖谬"⑤，即我们按照否定生命的理想生活着。原因在于，弱者对强者的胜利并没有真正导致弱者变得强壮，因为弱者即使获胜，也仍然虚弱，仍然脆弱，仍然容易生病，仍然是有死的凡人，仍然像奴隶一样。

　　虽然奴隶们的胜利使生活变得更安全、更容易、更少危险——因为没有更多的主人来威胁我们——但也让生活变得无聊、自满、不那么有意义——因为没有更多的主人来激励我们。用自由换来

---

① Nietzsche, *Genealogy*, 92.
② Nietzsche, *Genealogy*, 88.
③ Nietzsche, *Genealogy*, 92.
④ Nietzsche, *Genealogy*, 117.
⑤ Nietzsche, *Genealogy*, 119.

平等,不仅导致一个基督教的道德世界,也导致了一个病态的世界,一个我们厌倦了做凡人、厌倦了做人类、厌倦了做我们自己的世界。正因为如此,尼采认为苦行主义的鼓吹者"苦行牧师"①扮演着保护基督教道德世界免受其所生虚无主义侵袭,社会免受被其致病之人侵袭的关键角色,因为苦行牧师是一个"改变怨恨方向"②的人。

　　"怨恨"③是尼采用于把握弱者本质特征的概念,它曾在过去驱使奴隶毁掉主人,又在现在驱使病人摧毁自己。奴隶不仅怨恨主人,且痛苦于自己生而虚弱、脆弱,而其他人生而强壮、健康,奴隶还仇恨主人,指责主人是主人,认为如果没有更多的主人挡他们的道,他们本可以也应该成为主人。仇恨和指责这种强烈的反应性感受就是尼采所谓的怨恨,这种感受并没有结束于主人之死,因为主人之死并没有导致奴隶之死;那些虚弱、脆弱的人仍然虚弱和脆弱。

　　随着主人的消失,胜利的奴隶变得越来越病态,因为不再有人被当作憎恨自己虚弱和脆弱的理由,不再有人被当作谴责自己软弱和脆弱的理由,只留下基督教道德世界本身可以被憎恨和谴责。因此,苦行牧师对于防止基督教道德世界的毁灭,对于我们管理我们的怨恨的方法,对于我们的怨恨不那么危险的目标来说,变得越来越有必要了。对尼采来说,重要的是苦行牧师并没有让病人健康,而是让病人"驯服"④,因为就像亏欠的发明一样,苦行牧师把我们的疾病内在化了,而不是让它向外排泄。因此,正如尼采所言,苦行牧师并非一个"医生"⑤,因为苦行牧师只是缓解了症状,

①　Nietzsche, *Genealogy*, 120.
②　Nietzsche, *Genealogy*, 126.
③　Nietzsche, *Genealogy*, 38.
④　Nietzsche, *Genealogy*, 126.
⑤　Nietzsche, *Genealogy*, 129—130.

却从没有试图治愈疾病本身。

换句话说,苦行牧师的目的不是与虚无主义作斗争,而是让虚无主义变得可以接受,是帮助患者忍受他们的痛苦,而不是让他们把痛苦传播给别人。尼采分辨出了苦行牧师用来实现这一目标的五种不同策略:自我催眠、机械性活动、小快乐、牧群本能和感觉狂欢。苦行牧师教导我们,应该冥想,应该保持忙碌,应该帮助有需要的人,应该加入他人,应该惩罚恶人。也就是说,放松、工作、慈善、社区和正义是由苦行牧师开出的所有形式的"祭司药物",对此,尼采提出了一个"根本性的反对",因为这些活动只是在抚慰而非治愈我们的虚无主义之痛。

当然,这些活动在我们看来并不是药物;我们认为它们是健康的、正常的,甚至是生活的必要组成部分。但尼采想让我们质疑的,正是这些活动的必要性、正常性,特别是它们的健康性。因为在每一种活动中,尼采找到的都不是生命意志,而是意愿生命自身毁灭的意志。对尼采来说,生命是"权力意志"①——不是求政治成功的意志,也不是求支配他人的意志,而是求意志的意志。求意志就是去奋斗,去追求,这既需要奋斗的对象和追求的目的,也需要实现目标所必需的能力,为达到目的而认识和执行手段的能力。因此,意愿不仅仅是想要;有许多我们想要的东西,但是由于缺乏得到它们的意志,这些东西仍然只是幻想的产物,而不是我们意愿创造的现实。

权力意志是为奋斗本身而奋斗,为追求而追求,除了能够持续意愿,别无其他目的。"权力"在这里意味着克服,克服障碍,克服限制,还有克服人自身,克服已经取得的成就和这些成就可能有的万有引力,后者将意志从权力中移走,转而专注于守成。但如果生活是权力意志,克服一切的意志,那么守成意志、维持现状的意志

① Nietzsche, *Genealogy*, 78—79.

就是反对生命的意志，就是反对意愿的意志，就是转向苦行主义的意志。

　　将生命定义为权力意志的尼采，发现那些被认为是正常和必要的活动是不健康的，因为它们旨在使意志违背自身。冥想、放松就是不行动，就是意愿不意愿。工作就是为别人工作，就是实现别人的意愿，就是让自己太忙而无法意识到自己的意志。帮助别人就是让自己感到强大，这不是通过愿意，而是通过让自己已经拥有的东西获得承认，让自己必须给予有需要者的东西获得承认。形成群体就是为了服务大多数人的意志而违背一个人的意志。惩罚就是发泄，以正义为借口，对他人施加自己的意志，作为对自己停止行使意志的补偿。

　　但是，我们不认为这些活动是不健康的，甚至认为是别人给我们开出的药方，因此我们可以正常地、必然地进行这些活动，而没有把我们如何过生活和如何感受生活联系起来。每一种这样的活动都让我们觉得好像在活着，好像在意愿，因此我们的基督教道德世界得以保存，即使保存这个世界就是在继续使我们变得更加病态。因为正如尼采所告诫的那样，人类不能没有目标而活着，即使这意味着我们"宁可意愿虚无，也不会不意愿"。[1]

　　尼采发现没有可与苦行理想竞争的理想，他在艺术、哲学、科学中发现的理想最终仍然关注的是保存这个世界而不是战胜它，因此都在为苦行主义服务，为抚慰而非治愈我们的虚无主义服务。正是因为尼采能够诊断出甚至发生在科学领域——最为对立于基督教道德世界的领域——的苦行主义，我相信尼采可以帮助我们探索技术领域，甚至能够帮助我们找到这些祭司药物在我们今天使用的技术中起作用的更新版本。通过对我们周围的技术进行尼采式的考察，我们可以看到技术如何影响虚无主义，虚无主义如何

_____

[1]　Nietzsche, *Genealogy*, 97.

影响技术,技术如何抚慰我们的虚无主义,以及虚无主义如何阻止我们认识到技术的潜能远非仅仅可以抚慰我们。

四、超人类主义与虚无主义的升级换代

在我们继续下去之前,需要应对两个关于这一计划的重要反对意见。首先,人们可能会问,如果之前没有人(甚至包括康德在内)能够看到"道德价值批判"[1]的必要性,为什么尼采能够成为第一个走上这一质疑路线的人。我们已经看到了尼采对这个问题的回答:虚无主义。对尼采来说,虚无主义既是能够质疑我们价值的原因,也是需要质疑我们价值的原因。虚无主义是"对价值、意义和可取性的彻底拒绝",因此,世界变得越虚无主义,就越容易发现我们的价值是可疑的而不是绝对的。然而,我们之所以需要对我们的价值提出质疑,恰恰是因为这个世界正变得越来越虚无主义。

正如尼采——在《权力意志》的另一则笔记里,写于和《谱系》相同的时间——所指出的那样,虚无主义可以被视为"含混不清的",既可以是"积极的"或"消极的",也可以是"精神不断增加的权力的标志"或"精神之权力的下降和衰退"。[2] 质疑我们的价值,就是去积极否定我们的价值被视为理所当然的本质,但我们的价值已经变得十分虚弱,以至于被视为需要质疑,正是因为我们长期以来都毫无疑问地消极接受着我们的价值。因此,积极虚无主义既可以被看作消极虚无主义的结果,也可以被看作防止消极虚无主义持续增长的一种方式。

消极虚无主义不仅会让我们质疑我们传统价值的价值,最终也会让我们质疑拥有任何价值的东西的价值,甚至质疑质疑本身

---

① Nietzsche, *Genealogy*, 20.

② Nietzsche, *Genealogy*, 17.

的价值。或者,正如尼采所说的那样:

> 不再攻击的疲倦的虚无主义;它最著名的形式是佛教;一种消极虚无主义,一种虚弱的标志。精神的力量可能已经耗尽,它是如此的衰竭,以至于以前的目标和价值都变得不相称,也不再让人相信;因此,价值和目标的综合(任何强大文化所依赖的基础)都解体了,各种各样的个体价值相互争斗:分崩离析——任何能使精神振作的、恢复元气的、平和的、麻木的东西,都以各种伪装,宗教的、道德的、政治的或美学的伪装,出现在前景中。①

正是在这里,我们可以开始问,技术是否会被尼采不仅视为虚无主义,还视为消极虚无主义的表现。技术似乎属于这份"各种伪装"——消极虚无主义就通过它们而"显现"——的清单,因为技术是能使我们今天许多人"精神振作的、恢复元气的、平和的、麻木的"东西。当然,也会有人反对,认为技术应该被视为积极虚无主义,被视为有力而不是虚弱的标志,精力充沛而不是疲劳厌倦的标志,因为如果今天还存在任何领域,我们可以在那里质疑传统价值和创造新的价值,那一定是技术领域。

在我们开始作出这样的决定之前,应该首先看看当前围绕"技术和做人意味着什么"这一问题的争论,因为第二个可能会被提出的反对意见是,尼采已经太过时了,与当代问题没有任何关联。我们可以觉得尼采会理所当然地认为,做人就是成为一种具身性的、容易受伤的、有朽的存在,而成为虚无主义者就是逃避我们的具身性、脆弱性和有朽性。但如果这种假设是错误的,或者至少是过时的呢? 如果具身性、脆弱性和有朽性不是人类的必然性特征,而仅

---

① Nietzsche, *Will to Power*, 18.

仅是历史性的偶然特征,这些特征属于人类的一个阶段,一个我们可能很快就会甩在身后的阶段,那又会怎么样呢?

这是受最近的技术创新启发的一场运动所提出的问题:超人类主义(transhumanism)。① 超人类主义是指追求在技术上修改人体以改进它(例如,凯文·沃里克[Kevin Warwick]把自己变成了一个"半机械人"[cyborg]②)。一个更极端的超人类主义版本追求的不是对人体的改造,而是用技术性身体取代人的身体(例如,雷·库兹韦尔[Ray Kurzweil]预言的"奇点"[singularity]③)。换句话说,超人类主义者想要通过技术进行升级换代,或是与技术融合。

虽然这些看起来是不同的目标,但两种形式的超人类主义的潜在视角则是十分一致的:人类的存在是不完美的,它可以而且应该被修理一番。超人类主义者认为,人类存在的不完美在于,他们有一个无限的意识,后者却被困在一个有限的身体中。这个想法

① 为了避免在这里出现潜在的混淆,应该区分"超人类主义"和后人类主义(posthumanism)。超人类主义者经常使用"后人类"(posthuman)这个概念来描述技术将允许人类变成什么样子。然而,也有一些技术哲学家用"后人文"(posthuman)概念来描述技术揭示关于做人意味着什么的人文主义概念中的意识形态前提的方式。因此,我们可以区分前者是后人类-主义者(posthuman-ists),后者是后一人文主义者(post-humanists)。凯文·沃里克、雷·库兹韦尔和尼克·博斯特罗姆(Nick Bostrom)应该属于后人类—主义者阵营。唐娜·哈拉韦(Donna Haraway)、凯瑟琳·海勒斯(N. Katherine Hayles)和罗西·布拉伊多蒂(Rosi Braidotti)则属于后一人文主义者阵营。因此,我对超人类主义和"后人类"概念的批评,应该被解读为对后人类—主义计划的批评。我感谢匿名的评论者,他建议我澄清这个问题。

② James Edgar, "Captain Cyborg': The Man Behind the Controversial Turing Test Claims", *Telegraph*, June 10, 2014, http://www. telegraph. co. uk/ news/sci-ence/science-news/10888828/Captain-Cyborg-the-man-behind-thecontroversial-Turing-Test-claims. html.

③ Lev Grossman, "2045: The Year Man Becomes Immortal", *TIME*, February 10, 2011, http://content. time. com/time/magazine/article/0, 9171, 2048299, 00. ht-ml.

当然并不新鲜,因为它就是所谓身/心二元论的基础。许多哲学家和宗教都有这种二元论的某种版本,后者认为,灵魂、心灵、思维物(*res cogitans*)、理性、智识、意识,所有这些不同名字所称呼的人类生命的思维部分,是纯粹的、无限的、不朽的,它被关在一个不洁的、有限的、有朽的身体里。

这种二元论观点不仅受到了尼采的攻击,也受到了现象学家、存在主义者、女权主义哲学家、种族哲学家、批判理论家、结构主义者和后结构主义者等等的攻击。一方面,这种观点已被证明是虚无主义的,它假设一个超越我们的世界、一个更好的世界的存在,我们可以通过死亡到达这个世界,无论是字面意义的,还是生命的死亡(例如,通过苦行放弃生活,佛教和基督教的僧侣都喜欢这样做)。另一方面,这种观点已被证明是意识形态性的,它为政治镇压那些被发现更冲动而非更理性、更情绪化而非更客观,从而更需要被控制而非控制的人(例如,女性、有色人种或更普遍意义上的任何人,只要不是一个富有的、异性恋的、白人男性基督徒)提供形而上学的理由。

然而,超人类主义只是通过如下断言回避了所有这些问题,即二元论不是一个理论,而是一个现实。这就是他们观点的可行部分之所在。这一观点的可行部分是与关注升级换代的超人类主义相关的生物医学技术领域的技术进步的结果,以及与关注融合的超人类主义相关的人工智能技术的技术进步的结果。允许我们延长人类生命的器官移植、蛋白质修饰和基因工程已经存在,这引发了不仅治愈疾病和损伤,而且治愈死亡本身的梦想。与此相似,允许技术理解我们、与我们交流、和我们竞争的机器学习已经存在,这又促成了不仅和人工智能共同生活,而且通过人工智能生活的梦想。

这一理论的应该(should)部分来自两种超人类主义共同的意识形态基础:对不完美的拒绝,对自然的拒绝,对(传统的)人类的

25

拒绝。正如尼克·博斯特罗姆(Nick Bostrom)在其文章《捍卫后人类的尊严》(In Defense of Posthuman Dignity)中所写的那样：

> 超人类主义者提倡这样一种观点，即人类的改进应该从各个方面展开，个人应该对哪种技术适用于自己有广泛的自由裁量权(形态学自由)，而父母通常应该决定在生育孩子时使用哪种生殖技术(生殖自由)。①

这里，超人类主义似乎只是一个关于自由和平等的主张。如果存在能够改善人类生命的技术，那么每个人——不仅仅是那些足够有钱、负担得起的人——都应该有机会获得这些技术。这并不是说每个人都应该得到改进，而是说每个人都应该自己决定是否使用改进技术。不过，虽然这一主张可能适用于"形态学自由"，但当应用于"生殖自由"时，它很快就会站不住脚，因为这种自由只存在于作出决定的父母，而不存在于作为决定结果的孩子那里。

健全至上主义(Ableism)相信存在"正常的"人类能力，而缺乏这些能力的人不仅是残疾的，而且是不正常的、低劣的、需要被修理、被做成人的。主张"生殖自由"，就是在揭示超人类主义的健全至上主义。正如梅林达·霍尔(Melinda Hall)所写的那样：

> 超人类主义者寻求消除或减轻依赖性和脆弱性，而缺陷权利的支持者则寻求从这些概念中吸取带有污名化的力量，并拥抱各种差异。当超人类主义者将所有人都归类为有缺陷者时，他们摆出了一种普遍化的姿态，但这一举动只是为了改

---

① Nick Bostrom, "In Defense of Posthuman Dignity", *Bioethics* 19, no. 3 (2005): 203.

变而非改善与缺陷有关的耻辱——从而维持甚至强化了健全
至上主义。①

26

　博斯特罗姆和超人类主义所假设的是，任何孩子都会希望得
到提升，没有提升的生命不值得活下去。②
　正是对"生殖自由"的断言，揭示了标准维度的超人类主义的
真正意义。正如博斯特罗姆继续说的那样：

　　　超人类主义者反驳说[为了回应博斯特罗姆所谓"生物保
　　守主义"]，大自然的礼物有时候是有毒的，不应该总是被接
　　受。癌症、疟疾、痴呆、衰老、饥饿、不必要的痛苦和认知缺陷，
　　都是我们应该明智拒绝的礼物。我们自己的特定物种本性是
　　许多完全不值得尊重和不可接受的东西的丰富来源——容易
　　患病、谋杀、强奸、种族灭绝、欺骗、滥施酷刑和种族偏见。无
　　论是一般意义上的自然的恐怖性，还是特殊意义上的我们自
　　己自然本性的恐怖性，都有充分的记录，以至于令人震惊的
　　是，像莱昂·卡斯(Leon Kass)这样的杰出人物在今天这个时
　　代仍然应该试图依靠自然的指导来确定什么是值得拥有的或
　　正常来说正确的。[……]超人类主义者不打算遵从自然的秩
　　序，而是坚持认为，我们可以根据人道价值观和个人愿望合法
　　地改进自己和自己的本性。③

---

①　Melinda Hall，*The Bioethics of Enhancement：Transhumanism*，*Disability*，*and
　　Biopolitics*（Lanham，MD：Lexington Books，2017），133.

②　比如，参见 Steve Fuller，"We May Look Crazy to Them，But They Look Like
　　Zombies to Us：Transhumanism as a Political Challenge"，*Institute for Ethics and
　　Emerging Technologies*，September 8，2015，https://ieet. org/ index. php/
　　IEET2/more/fuller20150909。

③　Bostrom，"Posthuman，" 205.

或者更直白地说:

　　如果大自然母亲是真正的父母,她就会因为虐待儿童和
谋杀而被判入狱。①

　　在博斯特罗姆列出的"有毒的"自然礼物(如"癌症""疟疾""痴
呆"和"饥饿")中,我们还发现了"衰老""不必要的痛苦"和"认知缺
陷"。在人类历史上的不同时期,癌症、疟疾、痴呆和饥饿都被看作
死刑判决,但今天却被视为已经或将被技术解决的问题。这份清
单对衰老、不必要的痛苦和认知缺陷的包括,明显是在暗示,这些
都仅仅是可以通过技术来解决的问题。而进一步的暗示是说,这
些礼物之所以是人类生命的一部分,并非因为这就是做人所意味
着的事情,而是因为我们把历史性地偶然存在的东西当成了必然
存在的东西。

　　但是,治疗癌症和治疗衰老真的有那么相似吗? 癌症是一种
异常,一种基因突变,可以由遗传或环境触发因素引起。然而,衰
老并不是一种异常,而是正常本身的可能性状况。自然就是变化、
生长、朽败。把衰老看作是"有毒的"和一种"恐怖",不是去看大自
然给予了什么,而是去看自然作为有毒的和恐怖是什么。同样地,
建议我们区分必要的和不必要的痛苦,区分认知完美和认知缺陷,
就是去判断现实违背理想,就是去谴责身体和思想是其所是,而不
是——在一个技术乌托邦中——应该所是。

　　当博斯特罗姆将"疾病"和"欺骗"与人性中"不值得尊重和不
可接受"的方面(如"强奸""种族灭绝""滥施酷刑"和"种族主义")
结合起来时,这种对身体和心灵的谴责就变得更加明显了。强奸、
种族灭绝、滥施酷刑和种族主义都是反人类罪。如果超人类主义

---

① Bostrom, "Posthuman," 211.

将衰老视为一种有毒的礼物,那么疾病同样被视为一种犯罪也就不足为奇了。然而,欺骗与其说是一种犯罪,不如说是一种禁忌,它打破了某些社会在某些时期存在的规范。此外,由于欺骗与规范的关系,欺骗只存在于那些将其视为禁忌的社会中。事实上,我们可以认为,欺骗是生活在具有特定结构的特定社会中的产物。博斯特罗姆似乎在暗示,欺骗、强奸、种族灭绝、滥施酷刑和种族主义就像疾病一样,是自然的产物,而不是社会的产物,所以能够通过技术被"治愈"。因此,博斯特罗姆认为,它们不属于做人意味着什么的一部分,不是个人性格和社会结构相互作用的产物,而是自然发生的反人类罪行,是"大自然母亲"因"虐待儿童和谋杀而被判入狱"的证据。

正如博斯特罗姆所提出的那样,超人类主义似乎恰好对他批评生物保守派所作出的错误判断负有责任。博斯特罗姆在这里用自然"来确定什么是值得拥有或正常来说正确的",尽管不是为了捍卫而是谴责自然。被视为自然的东西是被视为不值得拥有和错误的东西。超人类主义者发现世界上所有的错误都在大自然中,而不在人自己或社会那里。如果超人类主义者遭受痛苦,这痛苦不是被视为个人成长的机会,也不是被视为社会变革的动机,而是被视为超人类主义者被错误地弄得容易受痛苦影响的证据,被视为技术变革的动机。

就像超人类主义会指责生物保守主义之所以偏爱自然的东西而不是技术的东西,只因为它是自然的,超人类主义同样会被指责之所以偏爱技术的东西,只因为它是不自然的。超人类主义——甚至健全至上主义——走得更远。对于超人类主义来说,评判所有被判断之物的标准不是"正常的"人,而是"技术性的"人,这种人还不存在,但被视为人类能够而且应该努力成为的人。巴贝特·巴比奇写道:

28

我们根本不想成为人类。正如冈瑟·安德斯(Günther Anders)在其《人类的过时》(*The Obsolescence of Humanity*, 1956)中所指出的那样,我们希望克服我们的"普罗米修斯式的耻辱",希望成为像我们精确制造的物体那样的存在,有和它们一样的精确性、耐用性和可更换性。我们希望成为具有可更换部件、可无限升级的物体,因为科幻机器人故事一直在探索这些可能性。心脏很糟糕? 那就换一个心脏。眼睛不好? 那就用光学传感器替代它们,用机械战警看世界的方式来看——例如,在黑暗中穿透墙壁,用系统网络和自动对焦装置完成观看——也就是升级到半机械人的视觉。精神坏了? 也就是说,患上了流行"疾病"(即"抑郁症")? 有很多药丸可以帮助你解决问题。但是,我们想要的,至少我们认为如此的,是永生。①

正是在这里,我们可以看到尼采的相关性,他能帮助我们理解在超人类主义的表面下激发和运行的东西。博斯特罗姆没有像尼采那样说,"任何不能杀死我的东西都会让我更强大"②,相反,他实际上是在这样说,"任何不能杀死我的东西都揭示了一个需要在技术上治愈的弱点"。

看上去超人类主义似乎是在尝试实现尼采的"超人"(Übermensch)③,因为正如尼采所言:"不是'人类',而是超人才是目标!"④然而,我相信尼采会把超人类主义视为仅仅在继续着虚无主

---

① Babette Babich, "Nietzsche's Post-Human Imperative: On the 'All-too-Human' Dream of Transhumanism", in *Nietzsche and Transhumanism: Precursor or Enemy?*, ed. Yunus Tuncel (Cambridge: Cambridge Scholars Publishing, 2017), 122.

② Friedrich Nietzsche, *Twilight of the Idols*, trans. Duncan Large (Oxford: Oxford University Press, 1998), 5.

③ 比如,参见 Max More 和 Stefan Sorgner 收录于 *Nietzsche and Transhumanism: Precursor or Enemy?* (ed. Yunus Tuncel, Cambridge: Cambridge Scholars Publishing, 2017)中的文章。

④ Nietzsche, *Will to Power*, 519.

义,因为超人意味着克服。正如西亚诺·爱丁(Ciano Aydin)所言:

> 那种将超人作为超越性标志的详尽观点,试图表达这一
> 悖谬性的挑战。认识到人类存在中有一个无法被控制、被擅
> 用或被驯化的维度,是实现彻底自我转变的必要条件。根据
> 这种超越性维度,人类永远不能完全与他当前的状态保持一
> 致,这也是尼采的观点,即人类永远不能被完全确定。只有当
> 预期的理想无法简化为当前(和过去)对人类的自我理解时,
> 彻底的自我转变才有可能实现。声称人类能够完全设计自己
> 生活和命运的超人类主义者否认了这种超越性维度,并且必
> 然会在他们对理想人类的规划中将人类还原为当代的(人文
> 主义的)完美形象,还原为一个偶像。在他们看来,人类除了
> 自己,没有别的目标。①

对尼采来说,超人是人类发展的一个阶段,这个阶段只有在主
人的估价和奴隶的再估价之后才能发生②——如果真会发生的
话。③ 超人代表了重新估价的阶段,是价值判断的超越性阶段,想
要具体化价值而不是克服价值的超越性阶段。主人通过他们的行
动获得众神的爱,奴隶生来就被一个真正的上帝所爱,但超人——
即使这个名字让他看起来像一个"疯子"④——能够认真考虑"上
帝已经死了"⑤,认真考虑不存在超验的存在者或领域,我们可以

---

① Ciano Aydin, "The Posthuman as Hollow Idol: A Nietzschean Critique of Human En-
　 hancement", *Journal of Medicine and Philosophy* 42, iss. 3 (June 1, 2017): 322.
② Nietzsche, *Genealogy*, 33—34.
③ "超人不仅从未存在过,也永远不会作为特定的东西存在。[……]就其本质而言,
　 超人不能被概念化或被实现。"(Aydin, "Hollow", 312)
④ Friedrich Nietzsche, *The Gay Science*, trans. Walter Kaufmann (New York:
　 Random House, 1974), 181.
⑤ Nietzsche, *Gay Science*, 167.

于其上建立任何绝对而永恒的价值判断。

超人类主义者似乎是在再一次说"上帝已经死了",但实际上是在说"技术就是上帝"。尼采认为,科学似乎在挑战宗教,但只是通过用"对真理的信仰"取代"对上帝的信仰"①来使宗教延续,将真理定为一种没有"正当性"②的价值,理所当然地认为它应该指导我们所有的行为。超人类主义者以非常相似的方式用"技术"取代了"上帝"。在这个取代过程中,我们赋予我们价值的名称可能发生了变化,但这些价值所代表的东西及其所发挥的功能都没有发生变化。

我们一直梦想着在死亡中摆脱致命的漩涡,让我们的灵魂返回真正属于它们的地方。虽然我们可能相信世界正在变得越来越世俗化,特别是技术正在帮助开创一个新的无神论时代,但这个梦想仍然明显存在着。我们或许已经用云计算机天堂取代了充满云层的天堂——正如《黑镜》(*Black Mirror*)"圣朱尼佩罗"一集中所描述的那样——但它仍然同样是虚无主义的梦想。正是这个原因,让尼采的著作虽然历经一百多年,但仍然相关于当前,仍然需要重读,以便我们可以考察我们的虚无主义梦想,并尝试预见——如果不是阻止的话——我们即将陷入的虚无主义噩梦。

把我所谓尼采对人—虚无主义关系的分析与唐·伊德对人—技术关系的分析(我将在下一章予以讨论)放在一起比较,我们可以问是否技术在今天为我们忍受虚无主义提供着最好的帮助,是否这些技术的设计者们在今天扮演着苦行牧师的角色,后者不是在对抗虚无主义,而只是使其变得更容易接受。因为,如果事实确实如此,如果我们的技术和制造它们的设计者没有像我们通常认为的那样扰乱基督教的道德世界,那么他们可能会通过向我们提

① Nietzsche, *Gay Science*, 151.

② Nietzsche, *Gay Science*, 152.

供 2.0 版的传统道德价值观来帮助确保这一世界的存活。于是，就存在一种危险，即技术不是人类进步的标志，而是衰落的标志，它让我们变得更先进，但也变得更病态，更容易自我毁灭，更虚无主义。我将在接下来的章节中试图回答这样一个问题，即我们的技术是否并非创新的产物，而是苦行主义的产物，技术是否是让我们可以掌握的否定生命的理想。

31

第三章　众神之锤

一、何谓技术

　　当谈到技术时，人们通常可以采取三种不同的立场。首先，人们可以采取悲观的立场，将技术描述为一种主导力量，一种正在接管世界的力量，一种我们必须试图阻止的力量，如果阻止它甚至控制它是可能的话。其次，人们可以采取乐观的立场，将技术描述为一种解放的力量，一种修理世界的力量，一种我们必须努力扩大的力量，把技术带给尽可能多的人，用于尽可能多的地方，解决尽可能多的问题。第三，我们可以采取中立的立场，不是将技术描述为一种力量，而是将技术描述为一组特定的物体，它们就像任何其他物体一样，既不是积极的，也不是消极的，因为它们仅仅是人们达到目的的手段，而目的的选择，手段是积极的或消极的，这些都取决于人。

　　技术可以被视为破坏生命的东西、保护生命的东西或与生命毫无关系的工具。然而，声称这些立场中的任何一种在定义技术何所是，就会立即遭到持其他两种立场之一的人的批评，说他忽视了有关技术本质的关键性问题。悲观主义者举起苹果手机（iPhone），把它作为技术如何将我们变成毫无生气之人的例子，必须面对两种异议：一方面，苹果手机在让我们了解信息、娱乐消遣甚至保持政治活跃方面至关重要，但另一方面，苹果手机只是一个设备，它本身并没有力量，除非我们给予它力量。乐观主义者支持自动驾驶汽车，将其作为技术如何为我们赋能的例子，也必须面对两种异议：一方面，自动驾驶汽车只是另一种偷走我们工作的技术，但另一方面，一辆由编程驾驶的汽车仍然是一辆由人类驾驶的汽车。中立者指出即使是互联网，也不是一种好或坏的力量，而仅仅是一个复杂的设备组合，这同样要面对两种异议：一方面，互联网如何把我们变成了侏儒，但另一方面，互联网又是如何把我们变成众神的。

二、海德格尔与技术

在马丁·海德格尔 1955 年的演说《关于技术问题》中，他试图通过提供对技术"本质"①的分析来解决看似棘手的技术定义问题。海德格尔认为，只有通过这样的分析，我们才能从对技术的先入之见中解脱出来，从而"在它自己的范围内体验技术"。海德格尔继续说道：

> 技术的本质绝不是任何技术性的东西。因此，只要我们仅仅去表象和追逐技术性的东西、忍受或逃避技术性的东西，就永远不会经验到我们与技术之本质的关系。无论在任何地方，我们都没有自由，都被技术束缚，无论我们热情地肯定或是否认它。但是，当我们把它看作某种中立的东西时，就会以最坏的方式听任它的摆布；因为这个我们今天特别喜欢对它

---

① Martin Heidegger, "The Question Concerning Technology", in *The Question Concerning Technology and Other Essays*, trans. William Lovitt (New York: Harper & Row, 1977), 3.

表示敬意的关于技术的概念,使我们对技术的本质完全盲目
无知。①

　　海德格尔在这里不仅清楚地表明,他在技术方面是一个悲观
主义者,而且还进一步表明,我们在技术方面的处境是如此可怕,
以至于我们是悲观还是乐观的都无关紧要。相反,根据海德格尔
的观点,我们应该关心的是中立的立场——他认为大多数人都采
取这一立场——因为正是中立让我们面对技术的本质时变得最脆
弱、最"盲目无知"。

　　具有讽刺意味的是,中立立场的盲目性是中立主义者将技术
"正确"②地定义为工具时的结果,对于海德格尔来说,一个正确的
定义不等于一个真实的定义。虽然一个正确的定义具有相关性,
但它并不像真理那样具有启示性,因此它只是提出了一个答案的
一部分来代替答案整体,比如将某人的身份简化为他的国籍。基
于这一原因,海德格尔从询问技术的本质是什么,转移到询问工具
的本质是什么,就像苏格拉底一样,这种转移通过询问仅仅是正确
的问题,来达到最终的真理。通过这种方式,海德格尔发现了技术
的真理,它是关于技术的启示,即技术本身就是一种解蔽(revea-
ling)方式。正如海德格尔所言:"如果我们一步一步地询问,技术
作为手段代表什么,实际上是什么东西,那么我们就会达到解蔽状
态。所有生产性制造业的可能性都在于解蔽。"③

　　生产,制造,就是让某样东西显现,让物质材料、技术概念和
文化实践如何聚集在一起以创造一个产品的过程变得可见。这
个产品可以被使用、被判断,并可以变得很重要,这样就可以被识
别为它本来打算成为的产品。海德格尔认为,技术以这种方式通

---

① Heidegger, "Question", 4.

② Heidegger, "Question", 5.

③ Heidegger, "Question", 12.

36

过"带出"（bringing-forth）①模式解蔽，也就是不仅通过将潜在的东西变成实际的东西，而且通过显示自然和人类能够做的事情，显示彼此对对方意味着什么，彼此能为对方做什么。或者说，至少古代技术是这样的，因为正如海德格尔所认为的，虽然现代技术仍然是一种解蔽方式，但它却以"挑出"（challenging-forth）②的方式解蔽。

古老的风车和古老的桥梁帮助人们看到风的力量和水的力量，风和水是一种需要被考虑、被尊重、被命名、被尊敬甚至被神化的力量。今天的风车和桥梁仍然把风和水向我们解蔽为力量，但那被解蔽的不是需要被尊重的力量，而是需要"被储备"（stock-piled）③、被包装、被存储的力量，被弄得适合于按需提供的力量，比如电池，或海德格尔所谓"持存"（standing reserve）。④ 把自然从神一样的力量还原为可控的能源，是海德格尔所认为的现代技术的明确特征，它导致人类把自己视为一种神一样的力量，对于这样一种存在者来说，不仅技术，就连技术开采、收割和存储的自然世界，也被仅仅视为工具，视为达到我们目的的手段，其存在仅仅是为了满足我们的需求。

然而，海德格尔指出，这正是中立立场的危险所在，因为把技术作为工具，为我们的工具，等于无法看到我们也在工具主宰之下，我们也成为工具，为技术的工具。现代技术把自然还原为按需提供的能源，我们可以控制的能源，这并不意味着我们自己就是这一还原和从属过程的主人，因为我们同样被还原为并从属于持存，我们必须变得可用于按需提供，只为了控制和利用这些按需提供的被需的能源。换句话说，现代技术不仅挑战了自然，把自然解

37

---

① Heidegger, "Question", 13.
② Heidegger, "Question", 14.
③ Heidegger, "Question", 15.
④ Heidegger, "Question", 17.

蔽为一种需要存储的能源,而且首先且最重要的是挑战了人类,把人类解蔽为一种进行存储的能源。

　　当然,指出某种按需求提供的东西,某种被需要的可用的东西,是在暗示这些需求和需要都是人类的,因此即使是人,也被弄成从属的东西,从属于其他人的需求和需要。这样,我们试图反对海德格尔的悲观主义,认为即使我们作为个人无法控制工具,但人类必定最终仍然控制一切,必定仍然高于工具的水平。现代技术可能缩减了自然,但自然是为人类才被如此缩减了。至少我们的处境显示给我们的就是这样的。然而,海德格尔希望我们看到的是,虽然我们可能在工业——由人拥有和运营的工业——的服务下工作,但这些工业运营的逻辑不是一种旨在满足人的需求和需要的人道逻辑,而是一种现代技术逻辑,它旨在满足现代技术的需求和需要。

　　海德格尔认为,推动人类为现代技术服务的因素本身并不是什么技术因素,而是推动现代技术的"挑出"的一部分。那位于工具逻辑之下挑战人类和技术的东西,是海德格尔所谓"集置"(Ges-tell 或 Enframing)①,后者是对一个德国词(Ge-stell)的重新挪用,旨在明确人类和技术如何都被聚在一起(Ge-)并被迫以持存的模式解蔽自己(-stellen)。海德格尔以伐木工人为例,指出伐木工人和他的祖父都可以穿过同一片森林,但他们不会出于同样的原因以同样的方式穿过森林。② 今天森林里的伐木工人之所以站在那里,是因为他被付报酬要去砍柴,以便生产纸张,制作报纸和杂志,向公众出售产品和意见。伐木工人看上去是在为林业工作,但林业本身就在为工业中的工业工作,因此,伐木工人最终是在为——了—某某用逻辑、集置逻辑内工作。

---

①　Heidegger,"Question",19.

②　Heidegger,"Question",18.

这里海德格尔特别关心的是，虽然集置揭示了我们能对自然做些什么——我们可以利用现代技术把树木变成公共舆论的塑造者——但集置同时也遮蔽了我们看到自然不仅仅是我们能用它做什么的东西的能力，从而遮蔽了我们也可以不再作为自然的操纵者而存在的可能性。技术本身并不让海德格尔担心——"危险的不是技术"①——海德格尔认为真正的危险在于技术的"命运"②成为建基于现代技术中的挑出。海德格尔特别关注的是，技术的历史如何在我们被集置、被工具、被挑出所吸引，从而失去对古代技术所解蔽的带出的非工具性可能性的洞见中达到顶点。由于这个结果已经呈现为存在于古代技术中的一种可能性，呈现为从带出变成挑出的命运，海德格尔并没有简单地主张回归古代技术，因为今天在集置的主宰下，我们除了把古代技术看成现代技术的原始形式，看成原始的工具之外，没有其他能力。

海德格尔认为，一旦工具成为唯一的解蔽模式，从而成为一切事物显现给我们的唯一方式，我们将不再意识到解蔽正在发生，一种特殊的观看世界的方式正在被解蔽给我们，导致无蔽和遮蔽本身自己被遮蔽。正是在这一点上，人类真正达到了仅仅是持存的水平，只会通过工具、通过为一了一某某用逻辑看待世界、上帝和我们，信赖正确的现实描述足够有效，以至于我们不再探讨真理，而探讨本身也不再被追求，除非为了满足一种需求。然而，海德格尔认为，只要探讨是可能的，只要我们能质疑技术的本质，那么我们就能从集置的控制中解放出来。但是，要进行这样的质疑，我们需要一些能够再次促动和激发我们好奇心的东西，而海德格尔在艺术中发现了这种动机和灵

39

---

① Heidegger，"Question"，28.
② Heidegger，"Question"，24.

感的可能来源。因为艺术"类似于技术的本质",又"根本上不
同于它"①——根据海德格尔的说法,古希腊人因此把艺术和技
术都称为技艺(technē)——所以艺术有一种解蔽力量,一种可
以匹敌现代技术的遮蔽力量的解蔽力量。

　　关于海德格尔的演讲还有很多可以说,但就我们的目的而言,
这一概述应该足以说明海德格尔如何能够帮助我们尝试搞清楚技
术的含义。海德格尔显然对我们所处的技术世界持悲观态度,他
自始至终都认为,我们已经被技术和现代技术所解蔽的看待世界
的工具性方式所奴役。然而,重要的是,要注意他对人类并不悲
观,因为他也自始至终都在主张,我们不是那些做过奴役的人。根
据海德格尔的说法,人类的历史不是去责怪我们的困境,而更像是
存在的历史,解蔽的历史,存在的解蔽的历史,其中人类扮演着至
关重要的角色,但不是主要的推动者。

　　正如我们已经看到的那样,即使当海德格尔批评那些对技术
持中立立场之人时,他仍然把中立主义者描述为已经"听任"这种
立场"摆布"的人。同样地,当海德格尔开始通过质疑工具的含义
来考察中立主义者的立场时,他从工具走到因果关系,再走到亚里
士多德的"四因说"。② 海德格尔此举是为了证明我们今天已经把
因果关系缩小为一个原因,缩小为"效果因"(causa efficiens),缩
小为这样一个原因,我们典型地把人类在因果关系中扮演的角色
置于那里,这种缩小标志着工具和因果关系的关系,标志着手段/
目的思维接管了原因/效果思维。为了挑战这一观点,海德格尔不
仅认为我们需要回到亚里士多德并重视其他三个原因的作用,还
认为我们之所以需要回到亚里士多德是为了看到我们首先错在把
人视为效果因。海德格尔写道:"最后,由第四个参与者负责完成

40

---

① Heidegger, "Question", 35.
② Heidegger, "Question", 7.

的祭器摆在我们面前准备使用,也就是银匠——但根本不是因为他在工作中,带来了完成的祭祀酒杯,好像这是制造的效果;银匠不是效果因。"①

　　银匠并没有创造银杯,而只是参与了创造,与其他三个原因分享了创造的"责任",也就是质料因(*causa materialis*)(银)、形式因(*causa formalis*)(圣餐性)与目的因(*causa finalis*)(仪式)。说这三个原因为圣杯负责,是说圣杯为它的存在而"感激"这些原因。然而,银匠的责任似乎属于不同的秩序,因为对海德格尔来说,银匠对圣杯"负责"(responsible),似乎是说银匠有回应(respond)的能力,他响应了前三个原因的召唤,将它们聚集在一起以带出圣杯。海德格尔这里的想法似乎与米开朗基罗(Michelangelo)在他的一首十四行诗中对雕塑的描述相似,其开头是:

> 最好的艺术家没有思想可显示
> 躲在多余的壳里的粗糙石头
> 不包括在内:打破大理石的咒语
> 服务于大脑的手能够做到。②

　　雕刻家并不是从虚无中创造出雕塑,而是对存在于石头中的东西作出回应,解蔽已经存在于那里的东西。然而,海德格尔扩展了这种想法,似乎要使之适用于任何我们通常会描述为人类创造性的活动,甚至适用于柏拉图,正如他所言:"柏拉图没有带来这一事实,即从柏拉图时代开始,那真实的东西已经在理念之光中显示自身。思想家只不过是在回应那向他说出自己的东西。"③

---

①　Heidegger, "Question", 8.
②　J. A. Symonds, "Twenty-three Sonnets from Michael Angelo", *The Contemporary Review* 20 (1872): 513.
③　Heidegger, "Question", 18.

人类的角色就是回应存在的呼唤,做存在的见证者,让存在的真理自身解蔽,这种观念可以在海德格尔的哲学中随处可见。① 然而,如果海德格尔技术哲学的目的是认为我们需要质疑集置,如此便可获得一种与技术的"自由关系",那我们就不清楚通过赢得对技术的自由将获得什么,如果我们看上去并不比在我们与存在的关系中做一个被动观察者更自由的话。正如海德格尔所言:"无论人们在哪里开启耳目,敞开心灵,投入冥想和奋斗、塑造和工作、祈求和感恩,他都会发现自己已经被带入无蔽者中了。"②集置遮蔽了存在之真理,阻止我们服务于我们的目的,但如果我们的目的仅仅是服务,仅仅是感恩已经被带入"无蔽者中",那么集置呈现给我们的自由的"幻觉"似乎最终可能比海德格尔希望我们能恢复的真实更受欢迎。事实上,即使海德格尔在明确讨论自由时,他仍然设法使自由显得似乎有些消极和没有吸引力,例如,他这样写道:"人只是一个自由的管理员,也就是说,他只能让给予他的自由存在,以这样一种方式,通过人,自由整个的偶然性变得可见。"③

虽然海德格尔经常被描述为一个存在主义的现象学家,但他显然反对已经与存在主义联系在一起的自由观点。海德格尔在其《关于人道主义的书信》(Letter on "Humanism")中陈述了这种反对立场,那里他明确地远离萨特,特别是作为萨特"基本信条"的"存在先于本质",④后者将人类定义为本质上没有本质,定义为本

---

① 关于海德格尔思想中这一主题的连续性,参见 François Raffoul, *The Origins of Responsibility* (Bloomington and Indianapolis: Indiana University Press, 2010)。正如 Raffoul 所言,为了让这一主题在他的作品中更明确,"《存在与时间》之后,此在将越来越被称为'被召唤者'(der Gerufene),他必须回应存在的每一次开放和给予,成为它的'守护者'"(Raffoul, *Origins of Responsibility*, 244)。

② Heidegger, "Question", 18—19.

③ Martin Heidegger, *The Essence of Human Freedom*, trans. Ted Sadler (London and New York: Continuum, 2002), 94.

④ Martin Heidegger, "Letter on 'Humanism'", in *Pathmarks*, ed. William McNeill, trans. Frank A. Capuzzi (Cambridge: Cambridge University Press, 1998), 250.

质上是自由的,可以自由地为自己定义自己的本质。与此相反,海
德格尔写道:

> 人是被存在本身"抛"入存在之真理中的,这样他就可以
> 以这种绽出地生存(ek-sisting)的方式守护存在之真理,以便
> 存在者可以作为它所是的存在者在存在之光中显现。人类并
> 不决定存在者是否显现,如何显现,上帝和众神或历史和自然
> 是否及如何进入存在之澄明中,是否及如何到场和离开。存
> 在者的到达在于存在之命运。但对人来说,发现对应于这一
> 命运、符合人类本质的东西,始终是一个问题;因为根据这一
> 命运,作为绽出地生存的人必须守护存在的真理。人是存在
> 的牧羊人。①

做人,就是在一个特定的历史时期发现自己,这一历史时期不是由
人类而是由存在决定的,存在给予我们我们的命运,守护和引导存
在的命运。然而,作为存在的守护者和牧羊人,我们仍然在塑造存
在方面不起任何作用,在决定存在、存在者甚至历史如何显现或消
失方面不起任何作用。还有,如果技术阻碍我们意识到这是我们
的命运,但又呈现给我们自由的幻觉,那我们如此拥抱技术,就不
显得奇怪了。

　　海德格尔并没有无视这个问题,正如他自己在《书信》中所担
心的那样,如果我们被技术所奴役、所异化,那么我们肯定需要用
伦理学而不是存在论来应对,用关注人类而不是关注存在来应对。
海德格尔写道:

> 随着人的明显的困惑状态上升到不可估量的高度,不亚

---

① Heidegger,"Letter",252.

于人的自我隐藏的困惑状态时,对一种伦理学的愿望就越来越强烈地要求满足了。当技术性的人任由大众社会摆布,只能以与技术相应的方式收集和安排他们所有的计划和活动才能获得可靠的稳定时,那最严重的关切必然会投向伦理学的约束。

然而,海德格尔继续说:

谁能无视我们的困境?难道我们不应该维护和保障现有的约束,即使他们如此无力地且仅仅在当下把人类联系在一起?当然应该。但是,这种需要是否曾经把思想从思考仍然主要有待思考的东西——即作为先于所有存在者的存在,是存在者的保证者和真理——的任务中解脱出来过?进一步说,当存在已经隐藏在长期的被遗忘状态中,同时又在世界历史的当下时刻通过对一切存在者的连根拔起而昭示自己,思考还能拒绝思考存在吗?①

海德格尔在这里从伦理学回到了存在论,试图表明即使面临像由技术所呈现的伦理学危机,我们也仍然应该继续关注存在论。伦理学危机并不会自动把我们从我们的"任务"中"解脱"出来,我们不能"拒绝"这一任务,存在论的任务,思考存在而不仅仅是思考人类的任务。海德格尔接下来开始融合伦理学和存在论,认为"那样一种思想,即把存在之真理思考为绽出地生存着的人的原初要素的思想,本身就是始源性的伦理学"。② 但是,海德格尔最终得出结论,这种思想"既不是伦理学,也不是存在论",因为

① Heidegger, "Letter", 268.
② Heidegger, "Letter", 271.

这种思想"既不是理论性的,也不是实践性的",因为它"没有结果",也"没有效果",只是"对存在的追忆,而非其他"。① 换句话说,我们的任务是关注存在,这样做不是为了任何伦理学甚至存在论的利益,而只是因为这是我们的任务,因为这就是做人所意味着的东西。

我们现在可以看到,海德格尔对技术并不是特别感兴趣,甚至对人类也不是特别感兴趣,而只对存在特别感兴趣。因此,海德格尔只从存在的角度,以及从他所认为的人类在存在命运中所扮演角色的角度来思考技术与人之间的关系。然而,我们必须要问,人类会有一种命运吗? 人类是否从属于这样一种命运? 对海德格尔来说,这样的质疑是对思想的虔诚,这样的质疑让我们走上了存在之路。对尼采来说,这样的质疑是对虔诚的思想,这样的质疑让我们走向虚无主义之路。在《权力意志》——一则以"反对决定论和目的论"②开头的笔记——中,尼采写道:

> 一旦我们想象出要对我们的存在负责的东西(上帝,自然),从而把我们应当如此的生存、幸福或不幸这样的意图赋予它,我们自己就玷污了生成的无辜。然后,我们就会有某个想通过我们并和我们一起实现某个目标的某种东西。③

换句话说,像海德格尔那样关注存在而不是生成,关注人的命运而不是在"命运"概念背后操作的人,就会犯下这样的错误,即没有"停止寻找世界背后恶的起源"④,尼采在《谱系》中告诉我们,他

---

① Heidegger, "Letter", 272.
② Nietzsche, *Will to Power*, 297.
③ Nietzsche, *Will to Power*, 299. 另参 Nietzsche, *Will to Power*, 59—60,那里尼采批评叔本华屈服于"19 世纪",它寻求"这样的理论,后者对自己屈从于实际事物的宿命论感到心安理得",寻求"决定论",寻求"对作为'效果因'的意志的否定"。
④ Nietzsche, *Genealogy*, 17.

"很早就已经学会了"避免这个错误。虽然尼采主张反对"神学偏见",反对导致我们从世界的上面或后面寻找我们问题答案的思想,但我们可以把这个主张应用于我们称之为海德格尔的"存在论偏见"上来,指出我们不应该从下面或里面查看这个世界,因为我们必须有意愿查看自己。

　　具有讽刺意味的是,海德格尔不仅质疑技术的本质,也质疑"虚无主义的本质"。① 两个问题是如此相互平行,以至于我们似乎可以用"权力意志"取代"集置",以便揭示两个讲座——彼此仅相隔六年——是同一个论证的两个方面。然而,正是它们这种相似性成为了问题,因为即使在他分析尼采和虚无主义时,海德格尔仍然把虚无主义变成一种"历史性运动",一种"在西方民族的命运中几乎尚未得到认识的正在进行的基本事件",以及"被拉入现代之权力范围中的全球诸民族的世界历史性运动"。② 海德格尔由此将尼采变成了一个海德格尔式的人,变成了一个思考存在的思想家,而不是思考生成的思想家。

　　如果我们因此不同意海德格尔而站在尼采一边,那么就会不认同海德格尔的观点,即人类拥有一种命运,它要求思考存在,而是同意尼采的观点,即人类没有一种命运,只有对"命运"思考的偏见,这一偏见要求我们考察生成。我们仍然可以保留海德格尔关于技术对人类经验意味着什么的洞见,关于技术解蔽和遮蔽世界的方式的洞见,但我们这样做时不必保留海德格尔从这些见解中得出的决定论式结论。对海德格尔的这样一种尼采式的③重新挪用,正是我们在唐·伊德的技术哲学中所发现的东西,他将该哲学

① Martin Heidegger, "The Word of Nietzsche: 'God is Dead'", in T*he Question Concerning Technology and Other Essays*, trans. William Lovitt (New York: Harper & Row, 1977), 53—112.

② Heidegger, "Question", 62—63.

③ Don Ihde, *Technology and the Lifeworld* (Bloomington and Indianapolis: Indiana University Press, 1990), 224.

命名为后现象学。

三、伊德与技术

后现象学集中于伊德所谓的"人—技术关系"。[1] 这些关系并非注定只能被理解为人类和技术如何相互影响,如最新版本的主/客二元论,而是可以理解为通过这些关系,人类和技术如何成为他们现在的样子。因此,后现象学的考察是对共同构成(co-constitution)的考察,[2]是对技术世界里的技术性存在者如何在彼此中、通过彼此、为了彼此而获得意义的考察。

设备不是迟钝的工具,我可以拿起、使用和丢弃,因为在拿起、使用甚至丢弃一件设备时,我必须已经与设备形成一种有意义的关系,以至于可以识别它、操作它并对它感到厌倦。这件设备必须已经在我的世界里有了一席之地,并且必须已经有能力塑造或调节[3]我对这个世界的经验,以便让我知道它是一个设备。

一把餐叉不仅仅是一根金属棒,其末端是三根较小的金属棒,它还是一种吃的能力,一种手段,可以还将一盘食物变成一顿饭,变成一口一口被需要或欲求的营养。也许在一个人的婴儿期,一把餐叉最初可能被视为可以拿来玩、扔、刺或敲的金属棒,但它很快就变得与饥饿相关,以至于这些曾经的婴儿餐叉游戏作为升华我们因吃不到想吃的东西而沮丧的方式,又只能恢复成我们后来和餐叉玩的游戏,几乎就像我们认为餐叉本身和我们一样沮丧。

说餐叉是"沮丧的",听起来像是对泛灵论的呼吁——暗示物

---

[1] Ihde, *Technology and the Lifeworld*, 21.

[2] Peter-Paul Verbeek, *What Things Do*, trans. Robert P. Crease (University Park: Pennsylvania State University Press, 2005), 129—130.

[3] Ihde, *Technology and the Lifeworld*, 44—46.

体即使无生命也是活生生的——或者是对心理投射的呼吁——暗示物体是它们的人类使用者赋予它们的任何欲望、感觉和情感的容器。然而，在任何一种情况下，我们都回到了后现象学想要超越的主/客二元论。在泛灵论中，餐叉可以被看作一个模仿人类主体性的主体，而在心理投射中，餐叉可以被看作一个人类主体可以在心理上操纵的客体，就像一个主体可以在物理上操纵一个客体一样。相反，我们必须看到的是，对于在游戏里把餐叉视为参与者的孩子，或在一顿饭里把餐叉视为参与者的成人来说，不存在一把独立于特定的人—技术关系的餐叉（它参与了这种关系），就像不存在独立于同样的参与关系的孩子或成人一样。

　　正如维特根斯坦在其《哲学研究》（*Philosophical Investigations*）中试图揭示的那样，我们很容易被语言欺骗而持有某些哲学立场，即使我们没有意识到这一点。因此，"餐叉"这个名字似乎向我们暗示了世界上存在一个对象，它是被预先定义的、预先确定的，而且它的确定定义在我们可能找到的任何合适的使用中都被保持着。换句话说，一把餐叉叉着食物，而且不管我们在任何给定的时刻试图进行任何特定的叉的动作，一把餐叉总是叉着食物。从这个角度来看，用餐叉刺人就是滥用餐叉，因此我们可以且经常责备别人错误地使用餐叉，用一种不符合正确使用方式的方式使用餐叉。

　　然而，从后现象学的角度来看，用餐叉刺伤某人就是把餐叉等同于一场谋杀情节的参与者。把餐叉看作一种谋杀别人的方式，不仅是把餐叉视为一种潜在的武器，更重要的是同时也把我自己视为一个潜在的杀人犯。我→餐叉→谋杀之间的意向性关系共同构成了作为谋杀者的我自己，和作为武器的餐叉，以至于在这种关系中，不存在外在于其武器性之外的"餐叉"，不存在外在于其谋杀性的"我"。不同于上述确定性的视角，对后现象学家来说，这里不是说餐叉可以被视为武器，而是说武器可以被视为一个"餐叉"，就像它不是说一个人可以被视为杀人犯,而是说杀人犯可以被视为一个"人"。换句话说,不存在餐叉,不存在我,只存在意向性的关系。

通过后现象学,我们达到了一个不是基于主体和客体,而是基于意向性关系的存在论,这个存在论也许是胡塞尔终其一生都在使现象学成为一门没有预设的意向性科学的尝试最真实的实现。这样的存在论不是基于笛卡尔的"我思故我在",甚至不是基于"我意向故我在",而是基于更激进的主张:"意向性存在者意向,故意向性存在者存在。"回到上述餐叉的例子,我们现在可以说,在我→餐叉→谋杀的关系中,有一个意向性存在"我"和意向性存在"餐叉",但只有通过关系"→谋杀","我"和"餐叉"才存在,而且更具体地说,是分别作为"谋杀犯"和"武器"存在。换句话说,说"我是个杀人犯"就是在说"我,作为一个与有意向成为武器的存在者和有意向成为受害者的存在者有意向性关系的人,是个杀人犯"。

与海德格尔的恐惧相反,后现象学并不认为我们与技术的关系是错位的或决定论的,而这正是因为人—技术关系的共同构成本质。后现象学家通过提及技术的"多稳态性"(multistability)①来指出——正如前面的餐叉例子所显示的那样——因为技术没有外在于意向性关系的内在存在,所以不可能存在对技术的内在恐惧或决定。就像"鸭兔"光学错觉一样,技术没有稳定的本质,只有各种稳定性,或各种被相关的方式,而这些都不能说是"真"或"假","对"或"错"。这并不能保证人—技术关系必须是有用或有益的,反而直接反驳了这样的主张,后者基于就使用者将如何与技术相关给出的先天声明,或者与海德格尔相反,基于任何关于技术是什么的声明。

然而,这种相关的技术观并非起源于伊德,而是来自海德格

① Ihde, *Technology and the Lifeworld*, 144.

尔,来自《存在与时间》(*Being and Time*)中的海德格尔,来自"积极的"[1]海德格尔,伊德引用他,是为了挑战《关于技术问题》中的海德格尔的"消极的"观点。但是,在后一本著作里,海德格尔关注的是古代技术和现代技术之间的区别,目的在于阐明带出和挑出之间的区别,而在前一本著作里,海德格尔关注的则是区分正常使用的技术和失灵的技术,目的在于阐明"在—世界—中—存在"[2]和主/客二元论。虽然在这两本著作中海德格尔主要关注的是存在,以及人类在与存在的关系中扮演适当角色的需要,但在《存在和时间》中海德格尔探索的则是特定技术在特定情况下的使用,他没有就我们生活于其中的特定历史时期如何必然决定我们与任何技术在任何背景下的关系作出声明。[3]

这种探索最著名的例子就是海德格尔关于使用锤子的讨论。[4] 根据海德格尔的说法,当用锤子敲击时,我们与世界有一种更"原始"的关系,因为我们并不注意锤子,而只是简单地使用它。在锤击中,锤子不是锤子,而是一个"为—了—某某用",我们将其作为我们的工件,我们关注的只是工件,这个工件才是锤击的"用于—此"(toward-this)。海德格尔这里表达出来的主要洞见——伊德从中发展出了他的技术哲学——是,为了在锤击中起到"为—了—某某用"的作用,锤子必须"脱离"[5]我们的注意,只有这样,我们才可以做我们的工件,我们工件的"用于—此"才能占据我们的注意。

这一洞见有助于解释为什么在锤击时我们会如此频繁地敲中我们的拇指,因为在锤击中,既非锤子也非我们自己的身体是我们

---

① 　Don Ihde, *Technics and Praxis* (Dordrecht: D. Reidel, 1979), 125.

② 　Martin Heidegger, *Being and Time*, trans. John Macquarrie and Edward Robinson (New York: Harper & Row, 1962), 78.

③ 　关于海德格尔早期和后期著作的区分,可另参 Verbeek, *What Things Do*, 80。

④ 　Heidegger, *Being and Time*, 98.

⑤ 　Heidegger, *Being and Time*, 99.

操心(concern)的焦点。然而,当我们使用锤子时,当我们敲到拇指时,某种意外的事情发生了,我们的注意力突然从工件上移开,只放在锤子上,然后我们发现它不再是一个"为——了—某某用",而只是一把锤子。或更准确地说,我们在这种发生故障的情况下看到的东西不是锤子,而是锤子的为—了—某某用—性(in-order-to-ness)。正如海德格尔所写的那样:

> 但是,当一次作业过程被扰乱时——当某样东西不合用于某种目的时——这个作业就变得突出醒目了。当然,即使现在,它还没有成为一个突出醒目的存在论结构;但它已经因为遭遇工具损坏的谨慎而在存在者层次上变得突出醒目了。当针对某个特定的"用于—此"作业被如此谨慎地唤起时,我们就会一下子看到这个"用于—此"本身,以及与之而来的与这个工件有关的一切——整个"工作车间"——那是操心总已经逗留于其中的地方。设备的背景被照亮了,不是作为之前从未见过的东西,而是作为事先已经在谨慎中不断看到的整体。然而,随着这个整体,世界也就宣告了自己的到来。[1]

与能量守恒定律一样,海德格尔认为人类有一种类似于注意力守恒定律的东西,也就是说,我们可以操心工作,或者我们可以操心世界,但不能同时操心两者。世界作为一个考察整体,作为包含每一个"为—了—某某用"和"用于—此"的整体,只会在我们的工作被"扰乱",我们工作的实践模式被剥夺,从而只能采用理论模式——紧接着出现的是突然明显的考察链,以便弄清楚什么东西出错了——时,才会"宣告自己的到来"。

---

[1] Heidegger, *Being and Time*, 105.

没有遵循海德格尔——从存在者层次到存在论层次,从锤击的日常性到存在的意义——伊德仍然停留在存在者层次,把后现象学建成探索日常生活中人—技术关系的研究计划,后者旨在避开海德格尔存在论的"负面"结论。伊德由此将海德格尔关于锤击的分析变为如何进行关于人—技术关系的分析的典型,这种分析引导伊德超过海德格尔的例子,扩大了人—技术关系的领域,导致对四种类型关系的分析:"具身性关系"[1]"解释性关系"[2]"他异性关系"[3]和"背景性关系"[4]。

当一种技术对使用者像身体的部位一样起作用,它能够扩大和延伸使用者的体能,以至于使用者能够体验自主性而不需要体验支持自主的技术时,具身性关系就发生了。具身性关系的典型例子——除了海德格尔的锤子之外——就是戴眼镜,因为眼镜可以增强视力,同时又从视线中消失。眼镜越好,戴眼镜的人就越不可能注意到它们,所以我们会说"我看到你了",而不是说"我的眼镜和我看到你了"。我们在日常谈话中没有提及眼镜,是因为"我"已经包括了眼镜。为了让这种关系显得更加明确,伊德如此形式化这种具身性关系:

(我—技术)→世界[5]

我们通过具身性技术来感知世界,但正如海德格尔所描述的那样,这种感知是通过这样的技术实现的,它离开我们的操心,这样我们就可以操心这些技术帮助我们解蔽了的世界。尽管这样的

---

[1]　Ihde, *Technology and the Lifeworld*, 72.

[2]　Ihde, *Technology and the Lifeworld*, 80.

[3]　Ihde, *Technology and the Lifeworld*, 97.

[4]　Ihde, *Technology and the Lifeworld*, 108.

[5]　Ihde, *Technology and the Lifeworld*, 86.

技术可以很容易地列出——如双筒望远镜、耳塞、麦克风、锤子和鞋——但因为技术的多稳态性，关键是要认识到，我们可以潜在地体验到与几乎任何技术的具身性关系，比如当我们用一本书作为锤子或当我们使用智能手机去移动触及范围之外的东西时。因此，用以定义一种具身性关系的东西，不是哪一种特定的技术，而是这一特定技术以放大我们的感知并减少我们对技术调节我们感知的意识为形式揭示和退隐的动力学。①

　　当一种技术像译者一样为使用者服务，扩大和延伸使用者的解释能力，以至于使用者觉得自己很有学问而不去考虑支持这种学问的技术时，解释性关系就发生了。解释性关系的一个例子是阅读一本书，因为一本书传达着信息，而构成字母的线条、构成单词的字母和构成句子的单词，都被阅读的经验吞没了。再说一次，书写得越好，读者就越不可能注意这些线条、单词和句子，所以我们会说"我读了一个故事"，而不会说"我读了一大堆各种各样的线条，它们结合起来形成了一个故事"。伊德将解释性关系形式化为：

　　　　　我→（技术—世界）②

　　我们通过解释性技术了解到的世界，是一个我们只能通过解释性技术才能进入的世界，这些技术与我们正试图了解的世界相融合，使得技术和世界变得难以区分。再一次，由于多稳态性，这里重要的不是参与解释关系的某种特定技术——无论它是工艺品、地图、网站，还是一个应用程序——而是特定技术以我们被允许进入的世界的在场和我们对技术调节我们进入世界的意识的缺

50

---

①　Ihde, *Technology and the Lifeworld*, 76.
②　Ihde, *Technology and the Lifeworld*, 86.

席为形式揭示和退隐的动力学。①

当一种技术像一个他者、一个人或动物那样服务于使用者,其行动独立于使用者,扩大和延伸了使用者的互动能力,以至于使用者体验到一个似乎自治的存在的在场,又没有想到是技术使自治的外表成为可能时,他异性关系就发生了。他异性关系的一个例子是对着电脑玩游戏,因为电脑对手挑战我们,娱乐我们,导致我们在失败时感觉不如电脑,在胜利时又感觉优于电脑,好像电脑对手面对我们也同样会感到自卑或优越。再一次地,游戏设计得越好,使用者就越不会注意到在电脑对手背后运行的程序,所以我们会说"我打败了电脑",而不是"我打败了决定电脑动作的程序"。伊德将他异性关系形式化为:

我→技术—(—世界)②

与具身性关系和解释性关系不同,他异性关系将我们的注意力集中在技术而不是世界上。然而,随着我们不再操心世界,我们也不再操心特定技术的本质,这让我们觉得我们处于一个活生生的存在者的在场中,而不是由活生生存在者创造、用以模仿活生生存在者之行为的技术的在场中。多稳态性在这里再一次起了作用,以至于某种特定的技术——无论是玩具、机器人、游戏,还是苹果手机智能语音助手(Siri)——并不重要,重要的是特定技术以伴随技术的活泼性的魅力和对世界的遗忘为形式揭示和退隐的动力学。③

---

① Ihde, *Technology and the Lifeworld*, 84. 虽然伊德讨论了"解释性在场"的概念,但他并没有明确地将其与"缺席"概念进行比较,所以这种配对是我对他的分析的解释。

② Ihde, *Technology and the Lifeworld*, 107.

③ Ihde, *Technology and the Lifeworld*, 103. 这里同样,当伊德讨论"魅力"概念时,他并没有明确将其与"遗忘"概念进行比较,所以这种配对是我对他的分析的解释。

当一种技术像环境的一部分那样服务使用者,不被注意地起着作用,扩大和延伸着使用者的专注能力,以至于使用者可以关注世界而不必关注在幕后工作、令使用者的关注成为可能的技术时,背景性关系就发生了。背景性关系的一个例子是冰箱,因为冰箱为我们保存可食用的食物,而我们不需要理解这个保存过程,我们可能也不愿意去想这个过程。因此,冰箱质量越好,我们就越不太可能想到冰箱,所以我们会说"这食物很好",而不会说"这在冰箱里保鲜的食物很好"。伊德并没有形式化背景性关系,但是我们可以想象,如果他有,它将看起来如下:

我→世界—(—技术)

于是,背景性关系与他异性关系相反,因为我们的注意力集中在世界而不是技术上,尽管与他异性关系一样,我们关注的焦点是由于技术的自动性,以及技术在没有我们参与的情况下工作的能力。然而,从我们意识中消失的技术仍然是我们世界的重要组成部分,所以我们在背景性关系中关注的世界是一个不完整的世界,那里事物以一种被视为理所当然的方式运转着。正因为如此,多稳态性甚至在背景性关系中也起着作用,让特定技术——如照明、供暖、供水、电力或 WiFi——显得不那么重要,重要的是特定技术以技术的缺席性在场和世界的在场性缺席为形式揭示和退隐的动力学。[①]

继海德格尔之后,伊德不仅关注了在理想情况下人—技术关系中起作用的揭示、退隐动力学,还关注了这种动力学是如何在不理想情况或"崩溃"[②]情况下起作用的。具身性技术有能力赋能我

52

---

① Ihde, *Technology and the Lifeworld*, 109. 这种概念配对就像前两个一样,是我的发明,一个基于我对伊德分析的解释的发明。

② Ihde, *Technology and the Lifeworld*, 32—33, 86—87.

们，也有能力贬低我们，这揭示了当技术坏掉时我们对它们的依赖程度到底有多深。解释性技术有能力启发我们，也有能力背叛我们，这揭示了当技术误导我们时我们对它们投入了多少信任。他异性技术有能力娱乐我们，也有能力激怒我们，这揭示了当技术阻碍我们时我们在技术上投入了多少情感。背景性技术有能力让我们活跃，也有能力使我们失能，这揭示了当技术出现故障时，我们已经变得多么依赖技术。

对伊德来说，这些崩溃情况表明，海德格尔虽然正确地指出了我们与技术不仅仅是工具性的关系，但也错误地认为我们与技术只有一种决定论式的关系。伊德写道：

> 技术在扩展身体能力时，也改变了它们。从这个意义上说，所有正在使用的技术都是非中立的。它们已经改变了基本情况，无论这种改变是多么微妙，多么轻微；但这是渴望的另一面。欲望同时也是对改变现状的渴望——居住在地球上，甚至是在地球之外居住——而有时又那么不一致地、秘密地希望这种运动能够没有技术的调节而存在。[……]在希望中仍然存在着矛盾：使用者既想要又不想要技术。使用者想要技术所提供的东西，但不想要限制，即技术性扩展的身体所暗示的转变。对于人类创造的属于我们自己的世俗工具，我们有一种基本的矛盾心理。①

技术调节我们对世界的经验，并调节我们对自己的经验。这种调节以一种"非中立"的方式发生，这并不意味着技术决定着我们的经验，而是技术给我们实际想要的东西，满足我们"改变现状的渴望"。伊德认为，问题在于，我们虽然想要技术能够提

---

① Ihde, *Technology and the Lifeworld*, 75—76.

供这样的情况变化，但并不一定想要必须为我们提供这些变化的 53
技术。

四、尼采与虚无主义—技术关系

技术揭示了我们是谁，而最重要的是，技术揭示了我们对技术有一种"基本的矛盾心理"，也就是说，我们同时既想要技术，又不想要技术出现在我们的生活中。我们知道我们想要技术做什么，也知道我们不希望技术做它们做的事情，至少就技术揭示了我们想要并且经常需要技术来做我们自己无法做到的事情这一点而言。不同于海德格尔担心我们被技术所奴役，伊德更关注的是，我们并非盲目地听任技术的摆布，而是虽然清楚知道技术在做什么，技术在对我们、为我们、和我们一起做什么，但仍然继续使用技术。我们必须予以考察的，就是这个"仍然"。

如果少关注些存在，而多关注些资本主义，就能看到我们是如何以海德格尔认为不可能的方式意识到技术的。技术不仅在我们的日常生活中越来越流行，而且在对它们的日常使用过程中也越来越有可能会出现崩溃、误导、妨碍和故障等情况。尽管在海德格尔的时代，锤子彻底崩溃的可能性极小，人们也很难经历在这样一种崩溃情况中体验锤子在我们的经验中扮演的角色，但是在今天，锤子或任何一种技术的彻底崩溃，都不会令人惊讶。由于通过生产成本最小化来实现利润最大化的动机驱动，大规模生产和廉价材料已经与技术结合起来共同包围了我们，这些技术并非经久不衰，而是不断被取代，这为我们提供了充足的机会来发现技术在我们日常生活中扮演的角色。

正是在这里，我们开始看到虚无主义在人—技术关系中扮演的角色。我们继续使用那些永远有可能贬低我们、背叛我们、激怒我们、使我们失能的技术，而且这种继续使用并非盲目的，而是自

愿的。或者更准确地说，我们自愿无视这些可能性，把它们视为理
所当然，把它们仅仅视为我们被赋能、被启示、被娱乐、被活跃所必
须付出的代价。技术并没有像海德格尔所预测的那样，让我们觉
得自己是宇宙的主人，而是让我们觉得自己更接近中层管理者。
我们永远在与技术进行谈判，将其当作糟糕关系中的伙伴，试图让
自己适应这样一种观念，即即使技术并不总是对我们有好处，我们
似乎也不能没有它们。于是，我们勉强接受我们所拥有的，我们享
受好的一面，并试图忽略坏的一面，同时等待着一个更新的、更年
轻的模式出现，希望后者能够提供给我们正在丢失的东西。

　　就这样，通过我们对技术的矛盾心理，我们继续越来越接近海
德格尔的决定论。我们与技术相关，好像它们就是我们的命运，好
像我们看不见它们对我们的影响，好像我们没有改变我们处境的
自由。通过把尼采和伊德结合在一起来考察这种与技术相关的方
式，我们可以发现一种新型的人—技术关系，一种我称之为虚无主
义关系的关系。虚无主义的关系可以形式化为：

　　技术→世界—（—我）

　　在他异性关系中，世界从我们的操心中消失；在背景性关系
中，技术从我们的操心中消失；而在虚无主义关系中，我从我们的
操心中消失。换句话说，在虚无主义关系中，从我们的操心中消失
的正是我们的操心，每当我们使用技术又尝试向我们隐瞒使用技
术的危险时，这种情况就总是会发生，所以我们会说"我不相信自
己居然一整天都花在电脑上"，而不会说"我不相信我居然不能为
自己一整天都花在电脑上负责"。

　　就像伊德所定义的人—技术关系一样，多稳态性在这里也起
着作用，使得卷入一种虚无主义关系的某种特定技术不如这种特
定技术的揭示和退隐动力学重要。然而，这种动力学可以采取多

种形式,正如尼采在他对我所谓人—虚无主义关系的考察中所指出的那些形式那样。为了考察我们对技术的矛盾心理,我们必须将来自尼采对人—虚无主义关系的分析的洞见与来自伊德对人—技术关系的分析的洞见结合起来,并开始一个新的研究项目,研究我所谓虚无主义—技术关系。

55

　　接下来的章节中,我将通过提供各种技术案例研究,试图显示如何进行这项研究,并明确说明为什么应该进行这项研究。这些案例研究将不仅探索我们日常生活中的技术是如何被虚无主义地使用的,还将探索虚无主义地使用技术是何等危险。而在最后一章,我将证明这些危险最终把我们引向的,不是海德格尔式的悲观主义,不是对存在之命运的决定论观点,而是尼采式的乐观主义,后者关注的是对"做人意味着什么"这个问题的理解,不再相关于上帝之死,而是相关于谷歌之死。

56

第四章　瞧,这个葫芦

一、自我催眠

尼采描述过的第一种人—虚无主义关系是"自我催眠":

> 人们在跟那种支配性的无趣作斗争时,其第一个手段就是把基本的生命感觉降到最低点。如果可能的话,意志和欲望被完全废除;所有会产生感动和"血"的东西都会被避免(少吃盐:苦行牧师的养生之道);无爱;无憎;无动于衷;无怨;不求财富;不劳动;乞讨度日;如果可能的话,不近女色,或尽可能少近女色;在精神问题上,适用于帕斯卡的原则"要自令鲁钝"(il faut s'abêtir)。其结论,用道德心理学术语来表示,就是"无私""成圣";用生理学术语表达就是:催眠——试图为人类赢得接近于某些动物的冬眠、许多热带植物的夏眠的状态,后者指的是在没有真正进入意识的情况下,生命仍然因为有最低的新陈代谢而得以维持。人类已经为此目的消耗了惊人的精力——难道这是徒劳的吗?[1]

---

[1]　Nietzsche, *Genealogy*, 131.

　　根据尼采的说法，我们花了很多时间和精力试图让自己入睡。这种自我催眠是为了避免不得不有感觉，因为感觉会让我们变得脆弱，会让我们接受担心、遗憾和恐惧的经验。看、闻、听、尝、触、渴望、关心，所有这些经验都会成为负担，我们试图在不同时间以不同方式避免的负担，但这样做总是带着相同的目标：把我们喜欢的那部分生活与我们讨厌的那部分生活分离开来。换句话说，我们投入了大量的血、汗和泪，就是为了不去经历血、汗和泪。

　　我们最有兴趣去避免的那部分生活就是痛苦。我们可能会花很多时间谈论死亡，谈论我们有多害怕死亡，然而，正如一些古希腊哲学家所指出的那样，我们并没有经历过死亡。或者不管怎样，除了间接地通过他人的死亡或通过痛苦，我们并没有经历过死亡。我们确实会直接地经历痛苦。痛苦是对无力感的经验。痛苦有点死亡的味道。痛苦是指我们认识到我们不是不可战胜的，我们不是不朽的，我们不是众神。因此，痛苦不仅会使我们遭受身体上的折磨，还会使我们遭受存在论意义上的折磨。

　　尼采在人们对佛教日益增长的文化兴趣和对身/心二元论持久不衰的哲学兴趣中发现的，正是这种通过逃避任何使我们容易受到痛苦伤害的经验而对痛苦的逃避——这种逃避最终又需要逃避经验本身。冥想就是试图清空心灵，试图失去自己，试图与万物合一，这样人就会变成虚无。二元论试图清空身体的意义，试图把身体孤立为人自己不必要的部分，试图把人真正的自我等同于不朽的灵魂，而有朽的身体被还原成我们必须逃离的监狱。于是，对尼采来说，佛教和二元论的共同之处在于，它们不仅逃避痛苦和感觉，而且逃避做人意味着什么的问题。正是出于这个原因，尼采将自我催眠归类为虚无主义的一种形式，作为我们如何厌倦做人、如何试图治愈自己这种疾病的一个例子。

二、从自我催眠到技术催眠

技术催眠是我用以描述我们越来越转向技术手段进行自我催眠这一现象的名词。这种对我们的人性的逃避、对我们的脆弱的逃避、对我们的有限性的逃避，今天仍然与我们同在，并且与尼采的预言相一致，只是相较于尼采时代变得更加严重而已。今天我们也许不太感兴趣佛教的精神层面或形而上学的二元论层面，但仍然对自我催眠非常感兴趣，并且赋予自己大量的技术手段来让自己入眠，以达到今天我们可能描述为拖沓（procrastination）或更常见的"发呆"（zoning out）状态。

利用技术来达到发呆状态的想法可能与看电视最有关。电视最初作为一种奢侈品可能旨在娱乐观众、传播信息，最重要的是向观众宣传产品，但现在已经稳步发展成一件普遍存在的家具，我们打开它并且让它在那里开着，就像一盏灯那样，我们可能使用也可能不使用。

一觉醒来，打开电视，一片除了寂静和你的思想以外一无所有的空间，立刻被声音、某些东西或任何东西所占据。关掉电视，离开。回来，重新打开电视。在这期间，你还可以在公交车、火车、飞机、商场、广告牌、电脑、手机甚至手表上看电视。

这个世界充满了屏幕。从尼采式的角度来看，这并不是一种令人震惊的发展。屏幕占据了我们的时间、我们的空间、我们的思想和我们的感受。也许令人震惊的是，我们虽然已经意识到了盯着屏幕看的僵尸效应，但还是会继续花几个小时一直盯着屏幕。长期以来，我们一直嘲笑电视是"笨蛋匣子"和"白痴盒子"，嘲笑电视观众是"沙发土豆"，但这并没有阻止我们到处放置屏幕，尽可能多地盯着它们看。事实上，固定播出的当地晚间新闻节目通常是关于看电视对我们有害的故事，而这种讽刺并没有让我们关掉电视。

如果有什么要说的话，那就是我们之所以会喜欢屏幕，恰好是因为它们的僵尸效应。我们筋疲力尽——无论是因为我们的工作、我们的孩子，还是我们的政治领袖——因此，我们认为对着屏幕发呆几小时是我们应得的东西，它既是一种权利，也是一种特权。换句话说，我们知道看电视就是逃避现实，而这正是我们喜欢它的原因。

我们知道技术可以催眠我们，而我们认为这种催眠不仅令人愉快还很正当，这一点对于理解技术催眠设备、网站和应用程序的激增来说很重要。我们完全有能力——由于技术的多稳态性——将几乎任何技术变成技术催眠的工具，不管它是否有意被这样使用。然而，由于技术催眠并不是我们羞于承认的一种追求，所以设计师们可以将技术催眠视为其创造物的一种特征，而不是缺陷。

"网飞与放松"（Netflix and chill）一开始是一种委婉的说法，但很快就变成了一个梗。① 网飞公司最初并没有把自己作为一种约会工具来推销，但当这个梗走红后，网飞充分利用了这一新获得的成功，把这个梗变成了一场营销运动。对强调潜在用户的网飞公司来说，重要的不再是其光盘出租库的大小，而是流媒体服务的算法能力，后者可以发现你想看什么，继续为你提供这样的服务，并且尽可能少地干预用户，这样你就可以"放松"了。

于是，"刷剧"（binge-watching）现象就诞生了。再一次地，就像在"白痴盒子"前的"沙发土豆"，这个描述听起来很消极。不间断的流媒体电视，一集接一集，一小时接一小时，这让人想起"酗酒"（binge-drinking），一种老式的自我催眠，它会导致呕吐、昏迷和死亡。当然，如果有人批评另一个人是沙发土豆时，这种批评隐含或明确的建议是，他应该出去走走，见见人，说说话，或者去酒吧。于是，这种批评关心的并不是一个人正在进行自我催眠，而是一个人

① 译注：关于这个俚语的意思及其产生与发展过程，参见 https://www.zhihu.com/question/38166800。

在进行错误的自我催眠，他应该让他的自我催眠更具社交性些。

　　这种不是对发呆而是对纯粹的发呆的批评，有助于解释为什么流媒体服务和刷剧会变得如此流行。再一次地，屏幕无处不在。由于屏幕的普遍存在，我们可以在一个屏幕上观看流媒体服务，同时又在另一个屏幕上发布对我们正在观看的内容的推特评论。看电视不再是一种孤独的逃避现实的消遣，因为流媒体服务和社交媒体一起把发呆变成了一种社交性的参与活动。

　　这里人们可能会说，如果看电视已经成为一种社交性的参与活动，那么它就不应该被视为发呆、技术催眠或虚无主义，而是生活中有意义的一部分。当然，人们也可以这样谈论佛教。然而，在这两种情况下，重要的都不是人们是否从该活动中获得了意义，而是该活动是否可以被用作一种逃避现实的形式。

　　的确，对尼采来说，自我催眠之所以是虚无主义的，正因为我们从逃避现实中获得了意义。我们从追求涅槃和网飞刷剧中发现的意义，指出了我们贬低自己生活于其中的世界和重新授予另一个世界价值的能力，我们创造的这个虚构的世界，让我们不再必须成为我们所是。

三、油管人生

　　在特奥多·阿多诺（Theodor Adorno）1954 年的文章《怎样看电视》（How to Look at Television）①中，他明确了"分析电视的含义和机制"——特别是电视的"伪现实主义"——的重要性，因为电

---

① Theodor Adorno, "How to Look at Television," in *The Culture Industry*, ed. J. M. Bernstein (London and New York: Routledge Classics, 2001), 158—177. 关于对阿多诺有关"文化工业"的观点的评论，以及把这些观点应用于当代技术如油管（YouTube），参见 Babette Babich, *The Hallelujah Effect: Philosophical Reflections on Music, Performance Practice, and Technology* (Farnham: Ashgate, 2013)。

视可以对社会产生"极坏的影响"。① 阿多诺特别关心的是，一方面，"流行文化"如何因为其不断增加的消费各种形式文化和影响所有社会阶层的能力而变得流行，另一方面，电视媒介如何倾向于生产顺从的循规蹈矩者。

通过关注他所认为的电视的基本特征，如持续使用长期存在的类型（genres）和众所周知的情节（tropes），阿多诺认为电视节目在本质上是可预测的。这种可预测性允许观众不仅因为电视节目生产的缺乏张力（例如，主人公永远不会真的死去，这就是"红衫"②被赋予的特征）而在观看时感到放松，还引导观众同情电视节目中的人物和处境，从而达到这样的效果，即观众的"生活经验能力可能会变得迟钝"③。在回应人们对看电视会让人变得暴力的担忧时，阿多诺认为电视的"伪现实主义"已经渗入我们的日常生活，从而使我们开始通过电视镜头看世界，这不仅塑造了我们的行为和价值，甚至还塑造了我们的期待。

我们应该讨厌我们的老板，但还是要继续工作，同时对同事发表刻薄的评论。我们应该让有魅力的人无所事事。我们应该虐待丑陋的人，因为他选择成为丑陋的，而如果足够努力，任何人都可能有魅力。我们应该怀疑外国人。我们应该知道，在角落里闲逛的青少年不是好人。我们应该认识到空仓库可能就是犯罪的巢穴。我们应该认为，一个好战且没有吸引力的男人被一个迷人且专横的妻子所爱是正常的。我们应该期待最终一切都会好起来。我们应该期望社会保持基本稳定，同时也应该为它是稳定的而感到高兴。

63

---

① Adorno, "Television", 158. 关于这一点，可另参 Günther Anders, "The World as Phantom and as Matrix", *Dissent* 3, no. 1（Winter 1956）: 14—24。

② TV Tropes, "Red Shirt", *TV Tropes*, http://tvtropes.org/pmwiki/pmwiki.php/Main/RedShirt.

③ Adorno, "Television", 171.

换句话说,根据阿多诺所言,电视教我们如何成为好公民,崇拜现状的公民,试图用幽默和性——或情景喜剧和成人情景剧——来解决伴随现状的任何问题,而不是做任何颠覆现状的事情。而且,当然,如果我们不能自己得到信息,电视就会提供音乐性的暗示和欢笑的轨迹,以确保我们能够感受到电视应该让我们感受到的东西,后者如果不是真正的幸福,至少也是快乐和满足。通过这种方式,面向大众的娱乐创造了一个大众社会,那里个体性变得站不住脚,因为每个人都应该在看所有其他人在看的东西,而每个人都应该在谈论其他人在谈论的东西,尤其是因为我们在电视上看到的人物也在做同样的事情。

在回答这样一个想象中的问题(即是否电视被有意设计成这样,是否电视节目的创造者或"作者"有意生产观众的墨守成规)时,阿多诺认为电视产生的效果更多来自媒介而非制造商。阿多诺写道:

> 虽然作者的动机肯定进入了人工制品,但它们绝不像通常认为的那样具有决定性……这里的总体性体制往往会限制艺术家完全投射自己的机会。那些生产接下来所需材料的人,常常抱怨要遵循无数的要求、经验法则、设定模式和控制机制,这些都必然会将任何一种艺术自我表现的范围缩小到最低限度。大多数大众传媒的产品都不是由一个人生产的,而是由集体合作产生的——目前为止讨论的大部分例证恰好都在说明这一点——个人只是导致这种普遍流行状态的一个贡献性因素。从作者的心理角度来研究电视节目,几乎就等于根据对已故福特先生的精神分析来研究福特汽车。[1]

---

① Adorno,"Television",168.

　　对阿多诺来说，电视节目并不像是从流水线上下来的汽车。大规模生产、按计划生产、根据一个公式生产，而且根据委员会而非个人制定的公式生产，这些势必决定电视不仅要在观众中生产墨守成规，还要在创作者中生产墨守成规。 64

　　这样的分析当然可能会招致批评，因为阿多诺实际上是在请求读者玩"比烂"（whataboutism）游戏，并想出许多电视节目和电视节目创作者的例子来反驳阿多诺的分析。事实上，在阿多诺写这篇文章的时候，美国最受欢迎的节目是《我爱露西》（I Love Lucy），这个节目是如此独特和富有创意，以至于需要聘请著名的电影摄影师卡尔·弗罗伊德（Karl Freund）才能播出。[①] 然而，阿多诺很可能会指出，这些例子只会强化而非削弱他的观点。任何电视节目，包括《我爱露西》，都迅速从"突破性"转变为"类型鲜明"，因为成功的节目元素会被其他电视节目重新包装和再利用，从而扩大而非破坏了电视的公式化和可预测性。此外，即使是那些独特而有创意的电视节目，仍然在一集又一集地重新包装和再利用自己的成功元素，赋予节目自己的公式化和可预测性。

　　于是，2005 年出现的油管网（YouTube）受到欢迎并直接获得巨大成功，也就不足为奇了。因为，如果观众想看节目而不按节目单来，如果创作者想制作节目而不变成流水线工人，那么一种新的节目播放媒介，一种不受大规模生产需求束缚的媒介就是必要的，而这正是油管这一媒介呈现给观众和创造者的机会，在那里观众可以是创造者。

　　油管于 2005 年由贝宝（PayPal）的三名同事创立，他们试图找到在网上分享视频的方法，但惊讶地发现这种方法并不存在。最初在旧金山的一个车库里运营这个网站的史蒂夫·陈（Steve Chen）、查德·赫尔利（Chad Hurley）和贾韦德·卡里姆（Jawed

---

① Ted Eldrick, "I Love Lucy," *Director's Guild of America Quarterly*, July 2003, https://www. dga. org/Craft/DGAQ/All-Articles/0307-July-2003/I-LoveLucy. aspx.

Karim)，将他们的"自己动手"理念直接引入网站，使得后者不仅可以免费使用，而且没有"侵入性广告"。正如理查德·阿莱恩（Richard Alleyne）在他于 2008 年为《每日电讯报》（Telegraph）撰写的油管网简介中写道：

> 需要购买功率越来越大的电脑硬件，这超出了创始人信用卡的支付能力，他们寻求外部投资者的支持。
>
> 但他们决心按照自己的条款来做，并坚持认为他们的网站上不会有侵入性广告。
>
> 最终，这是一个天才的举动，立即将他们与羽翼未丰的竞争对手区分开来，这些竞争对手的网站由赞助商、弹出式广告和小广告主导。
>
> 有一次，他们在网站上发布的一个通知用户的小文本广告中开玩笑地道歉说，他们需要现金来修理办公室的水槽。
>
> 用户们蜂拥到他们的网站上，认为它是一个反建制且独立的网站。①

油管的"反建制且独立"性质使其受到难以置信的欢迎，以至于需要有更多的资源，而这三位创始人自己却无法提供，所以在 2006 年，他们以 16.5 亿美元的价格将油管卖给了谷歌。

然而，只是在谷歌收购它并把它变得"由赞助商、弹出式广告和小广告主导"后，油管才开始更受欢迎。油管于 2005 年 2 月 14 日推出。到 2005 年 8 月，拥有 280 万用户，到 2006 年 8 月，拥有 7200 万用户。② 而截至 2017 年 8 月，油管已经拥有 15 亿活跃用

① Richard Alleyne, "YouTube: Overnight Success Has Sparked a Backlash", *Telegraph*, July 31, 2008, http://www. telegraph. co. uk/news/uknews/ 2480280/ YouTube-Overnight-success-has-sparked-a-backlash. html.

② BBC News, "Google Buys YouTube for ＄1. 65bn," *BBC News*, October 10, 2006, http://news. bbc. co. uk/1/hi/business/6034577. stm.

户，成为仅次于脸书的第二大最受欢迎社交网络。① 这些用户确实是活跃的。2017 年 2 月 17 日，油管工程副总裁克里斯托斯·古德罗（Cristos Goodrow）在官方博客上发帖说："现在全世界的人每天都在观看油管 10 亿小时的令人难以置信的内容！"②为了帮助人们"正确看待这一点"，古德罗进一步指出，这相当于油管用户每一天消费的内容累计达"10 万年"！

油管取得爆炸性成功的关键确实在于它的自由，但不是创造的自由，而几乎是盗窃的自由。它为人们提供了一个免费上传和免费观看各种来自电视、电影、音乐视频和体育节目的授权内容的平台，为油管带来了数百万用户，但也带来了大量来自内容所有者的诉讼。谷歌的回应是与内容所有者合作，把他们也变成油管用户。整合了现有广告平台和新收购视频平台的谷歌多年来创造了各种方式，通过广告让油管为自己和内容提供者赚钱。③ 其中一种方式就是"油管合作伙伴计划"，通过分享油管广告收入以换取向油管上传流行内容的资格，这个计划 2007 年开始时还仅限于邀请，但到 2009 年时，任何人都可以参与，只要你的内容能定期上传并长期受欢迎。

对于媒体公司来说，将油管货币化意味着油管从对其收入的威胁变成了获得新收入的机会。但对个人来说，将油管货币化意味着油管从一个对抗媒体公司权力的地方变成了一个人们可以尝

---

① Statista, "Most Famous Social Network Sites Worldwide as of September 2017, Ranked by Number of Active Users (in Millions)," *Statista*, https:// www. statista. com/statistics/272014/global-social-networks-ranked-by-numberof-users /.

② Cristos Goodrow, "You Know What's Cool? A Billion Hours", *YouTube Official Blog*, February 27, 2017, https://youtube. googleblog. com/2017/02/youknowwhats-cool-billion-hours. html.

③ YouTube, "History of Monetization at YouTube", *YouTube 5 Year Anniversary Press Site*, https://sites. google. com/a/pressatgoogle. com/youtube5year/home/history-of-monetization-at-youtube.

试成为媒体公司的地方。油管合作伙伴计划允许个人用户将为油管创造内容变成一种职业,这个职业可能会带来数千甚至数百万美元的广告收入。正如杰斐逊·格雷厄姆(Jefferson Graham)在2009年《今日美国》(USA Today)的一篇文章中所描述的那样:

> 你也可以靠为油管制作视频谋生,但你需要花大量时间(大约每周75个小时)制作视频并传播信息。你必须通过那些在你的作品下面留下的评论与社区保持联系。
>
> 而且,一旦你完成了视频,就需要在上面加另一个视频。再加另一个视频。另一个。
>
> 麦基维说:"你只需要和你的上一个视频一样好,但在传统电视世界里,你制作一个试播节目,等着卖掉,然后在将近一年后首播。在油管模式中,你可以制作一个视频,发布它,并立即收到你的观众的回复。你会得到即时反馈。对于制片人来说,这肯定让人上瘾。"①

换句话说,油管已经成为电视的挑战,它采用的方法不是让观众和创造者免于大规模生产的约束,而是扩大可能会受到大规模生产需求约束的人的数量,所以现在不仅播音室可以生产可预测的墨守成规的内容,而且个人也可以这样做。事实上,油管明确表示,作为加入合作伙伴计划的要求,作为通过广告将内容货币化的要求,内容必须"对广告商友好",不仅必须避免"暴力""不恰当的语言"和"性暗示内容",还必须避开"有争议和敏感的事件"。②

---

① Jefferson Graham, "YouTube Keeps Video Makers Rolling in Dough," *USA Today*, December 16, 2009, https://usatoday30. usatoday. com/tech/news/ 2009-12-16-youtube16_CV_N. htm.

② YouTube, "Advertiser-Friendly Content Guidelines", *YouTube Help*, https:// support. google. com/youtube/answer/6162278? hl = en&ref_topic = 1121317.

　　类型化和情节化的内容可能已经在从电视到油管的改变中发生了变化，但对类型化和情节化形式的依赖，对生产内容——这种生产内容可以被定期安排，并且对广告商和观众来说足够流行——的公式化的依赖，并没有在从电视到油管的改变中发生变化。[①] 观众数量和观众评论不仅在油管上公开，还会被立即放置在内容中，让每个人——包括创作者和那些想要成为创作者的人——都非常清楚什么内容在油管上受欢迎，内容的哪些特定元素受欢迎。这种"即时反馈"邀请创作者专注于重复让观众快乐的东西，并邀请其他人复制那些创作者正在重复的东西，这样他们就可以收获属于自己的快乐观众。因此，油管不存在一个能够远离电视生产流水线模式的避难所，相反，它本身就是这样一个完美模式，因为它已经成为一个流水线内的流水线世界，那里每个人都可以成为一条建立在自己身边的流水线，同时也为油管这条全球性的流水线工作。

　　与《我爱露西》别无二致，油管也是"突破性的"，但后来也变得"类型鲜明"，只是现在这种类型没有情景喜剧那么独特，而是流行文化本身的类型，阿多诺发现正是这种类型位于伪现实主义的核心。因为如果说是相同情节中的相同角色帮助电视节目创造了观众顺从的循规蹈矩，那么人们就再也找不到比油管能够发现更多相同角色和相同情节的地方了，那里人们只需要一个相机和一个互联网链接来上传他们的生活，以满足别人的偷窥式消费。这方面最著名的例子是菲利克斯·杰尔伯格（Felix Kjellberg）——更以网名 PewDiePie 为人熟知——他关于自己玩游戏的视频，让他不仅在油管上拥有最多的用户，而且由于油管合作伙伴计划，成为

---

① 　关于油管的类型化、情节化和伪现实主义的更多评论，参见 Dan Olson，"Vlogs and the Hyperreal"，*Folding Ideas*，July 6，2016，https://www.youtube.com/watch? v = GSnktB2N2sQ。

油管第一个百万富翁。[1]

    这种被称为"让我们玩吧"的视频,现在是油管的主打产品,这种类型有它自己的情节、自己的程式、自己的制作室和自己可靠的回头客,这些数量达百万之多的观众一个小时接一个小时地看着别人玩电子游戏。据说,让 PewDiePie 和其他"让我们玩吧"的玩家如此受欢迎的,是他们在玩电子游戏的同时提供的"通常不正经而烂俗的"[2]评论,以及他们与粉丝互动的时间。事实上,杰尔伯格的评论是如此"不正经和烂俗",以至于他经常被迫为他的评论道歉,这些评论通常是歧视女性、种族主义和反犹主义的,但这些被太过严肃对待的东西经过他的辩护后都变成了笑话。以恶意评论闻名的油管网,[3]把一个以恶意评论著称的人变成了百万富翁。换句话说,油管上最流行的消费内容是通过屏幕(油管)观看别人(PewDiePie),同时恶意评论(用户的评论)那个通过屏幕(视频游戏机)观看别人(视频游戏虚拟形象)并恶意评论(PewDiePie 的评论)的别人。在油管上最流行的消费内容,就是观看一个油管用户是一个油管用户。

    但是,为什么我们可以在油管上看到的所有内容中,在油管上可获得的数量惊人的内容中,最想要的是观看我们自己呢?答案似乎与阿多诺的电视分析及尼采的自我催眠分析相一致,那就是观看我们自己是最令人舒适的事情。这种舒适表现在两个方面。首先,观看我们自己之所以令人舒适,是因为它证实了我们的生活方式是正确的,因为如果我们看到人们在电视上看电视,看到人们在油管上用油管,那么我们花那么多时间看电视或用油

---

①   Christopher Zoia, "This Guy Makes Millions Playing Video Games on YouTube", *The Atlantic*, March 14, 2014, https://www. theatlantic. com/ business/archive/2014/03/this-guy-makes-millions-playing-video-games-onyoutube/284402/.

②   Zoia, "This Guy".

③   参见第八章。

管就肯定没有错,而且维持现状——我们驯顺地服从的形状——也没有错。其次,观看我们自己之所以令人舒适,是因为它可以让我们放松,帮助我们避免去感受,帮助我们只去感受那不是太极端、太出乎意料的东西,只向我们提供不太刺激的刺激,不太新奇的新奇。换句话说,我们看着自己看自己,这样我们就可以对花费在观看上的生活而非因为感到不舒服以至于停止观看的生活感到舒适。

69

四、刷剧人生

2016 年 3 月,咨询公司德勤(Deloitte)发布了一份新闻稿,宣布完成其第十次年度"数字民主调查",该调查报告的开头如下:

> 在视频内容消费方面,美国是否已经成为一个马拉松式的国家? 有迹象表明,答案为"是的"。根据德勤第十次"数字民主调查",70％的美国消费者现在平均一次刷剧达 5 集,近三分之一(31％)的美国消费者每周都刷剧。除了刷剧之外,近一半(46％)的美国人现在都订阅了流媒体视频服务,年龄在 14 至 25 岁之间的千禧一代花在流媒体视频内容上的时间远比电视直播多。①

油管迎来了一个娱乐时代,后者不仅关注舒适,关注看电视的最大化舒适,关注我们自己为自己制作的消费内容,关注让我们相信把观看作为生活方式没有错的消费内容,还关注能够实现想看

---

① Deloitte, "70 Percent of US Consumers Binge Watch TV, Bingers Average Five Episodes per Sitting", *Deloitte Press Releases*, March 23, 2016, https://www2.deloitte. com/us/en/pages/about-deloitte/articles/press-releases/digitaldemocracy-survey-tenth-edition. html.

什么就看什么,想什么时候看就什么时候看,想在哪里看就在哪里看的最大化舒适。通过这种舒适的最大化,我们摆脱了传统的不要过多看电视的告诫的束缚,而是发展出了一种永不停歇地观看的精神。我们现在经常看到,这种精神被宣传新产品和新数据计划的广告自豪地支持着,它使我们不停地观看着视频,在远离客厅的地方,在户外,在工作场所,在公共汽车上、飞机上,甚至满是汽车的大街上,而由于是自动驾驶,那些司机也可以继续观看。

设计出自动驾驶的汽车,让我们永远不必停止观看,这种观念与设计出可以自动播放以至于我们永远不必停止观看的流媒体服务的观念相似。油管、网飞和葫芦(Hulu)等网站不仅可以推荐视频,还能自动播放视频,一集接一集、一个接一个地播放视频,如果播放内容的使用期限允许,可以持续播放到观看者已经丧失观看能力为止。在经典的《迷离时空》(*Twilight Zone*)"最后足够的时间"那一集中,戴眼镜的书呆子亨利·贝米斯很高兴地发现,当他在银行金库里安全地读着书时,人类被消灭了,留下他一个人,以至于他终于可以读书了,当然,这种情况一直持续到他不小心打碎了眼镜。从油管、网飞和葫芦的角度来看,这一集的教训不是我们需要意识到我们多么需要其他人,而是我们需要更好的眼镜、更可靠的技术来调节我们的娱乐。

我们虽然很清楚为什么试图通过流媒体视频服务盈利的公司想要让我们尽可能长、尽可能多地看广告,但并不清楚是什么动机促使我们想要这些流媒体视频服务让我们持续观看。除非我们真的都像亨利·贝米斯,不把他人当人,而只当作让他心烦意乱的东西,后者影响了我们对独自一人的娱乐愤世嫉俗的追求,似乎那条要求永不停歇地观看的命令——再一次由这些视频服务、产品和数据计划引起,骄傲地在广告中支持的这条命令——会让我们担心,而不是让我们高兴。在流媒体视频时代,像大卫·克罗伯格(David Cronenberg)《录像带谋杀案》(*Videodrome*)和约翰·卡彭特(John Carpenter)《极度空间》(*They Live*)这样的电影,似乎不像是关于娱乐业复合体崛起的可怕警告,而更像是娱乐业复合体必须提供给所有人的广告。今天,一台可以告诉我们该做什么的电视不会被视为恐怖,而会被视为聪明,就像"服从"不再是我们需要破译的隐秘信息,而是一个更短的命令:"网飞与放松"。

"网飞与放松"由梗变营销的过程表明,在流媒体服务和观众之间存在一种交换关系,在那里我们支付流媒体内容一定费用,以换取能够"放松"——不管是按最初的意思指独自一人的放松,还是按已经开始有的意思指"约会"。① 这种观念的字面意义本来是看网飞来放松,靠自己放松,现在却开始意味着完全相反的东西,确实令人奇怪。"网飞与放松"最初指的是亨利·贝米斯喜欢的那种独自一人娱乐、不需要外出见他人的兴趣,但是现在,这个短语的意思已经变得相反,指的是渴望与别人在一起,不再把使用娱乐作为目的,而是作为实现目的的手段。我们仍然想要独处,但我们想要一起独处,就像我们仍然想要观看,但我们还想做比观看更多的事情。

想要一起独处,想要做的不仅仅是观看,这两者都代表了我们当前的刷剧文化。"预约电视"的理念很大程度上已经被"竞争电视"的理念所取代,因为我们现在在自己选择的时间和地点浏览电视节目,而不是围绕每周的节目规划来安排我们的生活。葫芦最初是由全国广播公司(NBC)和福克斯(FOX)组成的合资企业,一度比网飞更顽固地抵制刷剧观看模式。然而,尽管葫芦保持着传统,每周发布自己的内容,而网飞同时发布了所有季的内容,但葫芦上仍然有很多季的内容可获得。随后,电视网络也纷纷效仿,开始创建自己的流媒体服务,为用户提供可以刷剧的多季新旧内容。

71

---

① 　Kevin Roose, "'Netflix and Chill': The Complete History of a Viral Sex Catchphrase", *Splinter*, August 27, 2015, http://splinternews. com/netflix-andchill-the-complete-history-of-a-viral-sex-1793850444.

因此，与传统电视相比，电视节目与油管有越来越多相同的审美敏
感性也就不足为奇了。

　　油管内容的创造，是基于对观众不太可能坐在家里电视机前
沙发上观看的理解。内容被设计得短小又简单，可以在任何设备
上任何时候快速而简单地观看，一个视频接一个视频，无穷无尽。
考虑到网飞和葫芦等流媒体服务是在油管崛起后开始的——很可
能是为了回应油管的崛起——电视节目越来越被设计得可以狂
刷。流媒体服务不仅让整季整季的电视可以一次性播放完，而且
电视剧本身也越来越倾向于按照满足观众一次性观看多集的期望
来生产。当然，这并不令人意外，因为流媒体服务不仅为观众提供
内容，还为电视制作室提供了研究观众内容消费习惯的新手段。
在 2016 年全球用户的一项调查中，网飞发现那些"极快的刷剧手"
只需"4 天"可刷完一季电视剧，平均每天观看时间达"2 小时 30 分
钟"，而那些"稍微慢一点的刷剧手"看完一季需要"6 天"时间，平
均每天看"1 小时 45 分钟"，这让网飞得出结论，即"刷剧模式是观
众想要的"。①

　　独立完整的电视剧，曾经是电视节目规划的标准，现在已经变
得罕见。相反，流媒体时代的电视节目规划越来越关注系列弧
（series-long arcs）中的季节弧（season-long arcs），利用讲故事的
设备，让观众不愿一次只看一集。多个角色和多个情节线索被引
入和解释进很多集和很多季内容中缓慢流淌的信息里。每一集、
每一季都以扣人心弦的情节结尾，这些扣人心弦的悬念往往没有
完全解决，而是根据需要重新返回，给剧集一种由戏剧性策划者创
造的感觉，同时又具有束缚观众的潜在效果。因此，刷剧性的节目

72

————————

① John Koblin，"Netflix Studied Your Binge-Watching Habit. That Didn't Take
Long"，New York Times，June 8，2016，https://www.nytimes.com/2016/06/
09/business/media/netflix-studied-your-binge-watching-habit-it-didnt-takelong.
html.

规划将肥皂剧永远无法解决的情节节奏、角色发展与油管永远不会结束的内容可用性和算法管理结合了起来。

被有意设计得不可理解的剧集,总是需要回溯到之前的剧集同时又指向之后的剧集,这不仅有助于给刷剧时代的节目一种高贵的艺术感,也有助于赋予社交媒体在刷剧中的关键角色。就像我们不能再独自一人看独立的剧集以便理解它们一样,我们也不能再独自一人看剧集以便理解它们的孤独个体。相反,我们在推特和脸书上和朋友与陌生人实时发布关于剧集的推文和直播,在A. V. 俱乐部、Collider 网、HitFix 网、Vulture 网、《娱乐周刊》(*Entertainment Weekly*)甚至商业杂志《福布斯》(*Forbes*)的网站上阅读剧集评论。

最初,像福布斯这样以商业为中心的网站会评论电视剧,这让人觉得怪怪的,直到人们开始意识到看电视多少感觉像是一份工作。电视的"伪现实主义"越来越少地与在相同情节中的相同角色意义上模仿生活的艺术相关,而是越来越多地与在看电视感觉越来越像是一种责任这种意义上模仿生活的艺术相关。TiVo 公司2015 年对用户的一项调查发现,31%的受访者说他们"因为刷剧而失眠",37%的受访者说他们"整个周末都在刷剧",52%的人说他们"在通过狂刷的方式看完一个节目后感觉很糟糕"。① 同样,在《纽约时报》(*New York Times*)发表的一篇题为《后刷剧观看的蓝调:我们这个时代的一种疾病》(The Post-Binge-Watching Blues:A Malady of Our Times)的文章中,马修·施奈尔(Matthew Schneier)写道:

> 我提前感到焦虑、渴望、寂寞;短短几天内,我就吞掉了九

① Statista,"Reasons for Binge Viewing TV Shows among TV Viewers in the United States as of September 2017", *Statista*, https://www.statista.com/statistics/620114/tv-show-binging-reactions-usa/.

集剧,比我想象的要更喜欢它们。一旦看完,就没得看了,直到下一季的播出——如果还有下一季的话,而这还没有得到官方的宣布。不像在网络电视上,那里让我上瘾的东西被一周一周地分配开来,我现在已经可以狂刷一季的剧集。

事实证明,我并不孤单。社交媒体上到处都是我的难兄难弟。

@_PhilippaRose 在推特上写道:"我觉得我患有后网飞时代刷剧抑郁症",附带了一个哭丧脸的绘文字。

"没有什么可以留给狂刷的那种挣扎是真实的",@Fi-cholasNoster 写道。

有些人想知道,是否有一个术语可以拿来描述这种狂刷后的分离感。请允许我建议一个:我们要从冬季的阴郁中搞出一个术语,非季节性情绪障碍:狂刷后不适。[①]

这种"狂刷后不适",这种来自完成一次刷剧马拉松的坏心情,既像亚历山大发现自己没有世界可以征服后的感受,又像西西弗斯发现他的劳动既没有目的也没有终结后的感受。2016年,GfK(Gesellschaft für Konsumforschung)对"美国狂刷类观众"进行的调查发现,40%的受访者表示他们在刷剧后有一种成就感,36%的人会"伤心剧集的结束",18%的受访者会感到"后悔/没精打采"。[②] 也许这些刷剧后的悲伤和后悔感,有助于解释为什么"网飞与放松"会从一种只有纯粹字面意义的说法变成委婉的声明,因为狂刷让我们需要用性来帮助我们的心灵离开电视,既然现在电视本身已经变成了工作,而这正是电视最初被假

① Matthew Schneier, "The Post-Binge-Watching Blues: A Malady of Our Times", *New York Times*, December 6, 2015, https://www.nytimes.com/2015/12/06/fashion/post-binge-watching-blues.html.

② Statista, "Reasons for Binge Viewing".

设应该帮助我们离开的东西。换句话说,刷剧让我们需要能够远离消遣的消遣。

五、虚拟人生

也许另一个解释我们每一次刷剧狂欢马拉松后都会心情糟糕和后悔的原因,在于狂刷是沉浸在另一个世界的方式,当我们无什么可刷时,那个世界会消失,会迫使我们返回现实世界,而后者正是最初导致我们刷剧的原因。正是这种发现与我们自己的世界不同的世界的欲望,让我们在书本、电视、电影和电子游戏中寻找着新世界。所有这些娱乐的来源都是有限的,只能持续到保留内容让我们开心的地步。谢天谢地,科学家和工程师们花了几十年时间,试图通过开发或可以改变现实本身的技术,即通常所谓的增强现实(AR)设备,或者甚至可以让我们完全沉浸在另一个现实的技术,即通常所谓的虚拟现实(VR)设备,来解决这个问题。

在 1965 年的一篇题为《终极显示器》(The Ultimate Display)的文章中,伊万·爱德华·萨瑟兰(Ivan Edward Sutherland)——"计算机制图学教父之一"[①]——描述了他所认为的人机交互的未来。他总结道:

> 当然,终极显示器将是一间房子,一个计算机可以控制物质存在的房子。在这样的房间里显示的一把椅子将是好到可以坐上去的。在这样的房间里显示的一副手铐将是可以限制人的,而在这样的房间里显示的一颗子弹也将是致命的。只

---

① Frank Steinicke, *Being Really Virtual*: *Immersive Natives and the Future of Virtual Reality* (Cham, Switzerland: Springer International, 2016), 19.

要有适当的编程,这样的显示器差不多就像爱丽丝漫游过的
奇境。①

　　萨瑟兰没有具体说明他用"终极"描述的是"最好的"显示器还
是"最终的"显示器。考虑到萨瑟兰想象的转换速度,即某人使用
从制造椅子到制造手铐再到制造子弹,从"好"到"限制"再到"致
命"的显示器,这种含混性也许并非意外。另外,考虑到剧集数量
众多的《星际迷航:下一代》(*Star Trek: The Next Generation*)专
心于它们的"终极显示器"——"全息甲板"——的美梦和噩梦元
素,我们也许根本不可避免地对这种技术抱有一定程度的矛盾
心理。

　　萨瑟兰本人进一步暗示了这种矛盾心理,他发明了"第一个增
强现实显示器",但也将头戴式显示器(HMD)命名为"达摩克利斯
之剑"。② 根据西塞罗(Cicero)的说法,达摩克利斯剑被狄俄尼修
斯王用来教训达摩克利斯,后者嫉妒他的权力,但随着获得越来越
多的权力,却没有感到越来越多的幸福,而是感到越来越多的危
75　险。正如西塞罗所说,那教训就是:"如果你被某种恐惧所威胁,那
么幸福就是不可能的。"③狄奥尼修斯王所经历的恐惧,来自知识
和权力的结合,来自他在青年时代用权力获得的知识,而且正是这
样一种诱发恐惧的知识和力量的结合,是国王通过给达摩克利斯
一把剑而和他共有的东西,这把剑就是后来所谓增强现实设备的
第一次表现。

---

① See article by Bruce Sterling in *Wired* reproducing an essay by Ivan Sutherland,
"Augmented Reality: 'The Ultimate Display'", citing *the Proceedings of IFIP
Congress*, 1965, 506—508, available online at: https://www.wired.com/2009/
09/augmented-reality-the-ultimate-display-by-ivan-sutherland-1965/

② Steinicke, *Being Really Virtual*, 27.

③ Cicero, *On the Good Life*, trans. Michael Grant (London: Penguin Books, 1971),
85.

这样一种矛盾心理，把我们带向一个根本性的问题，即为什么我们最初想要这样的"终极显示器"，特别是这个世界似乎无疑已经创造出足够的椅子、手铐和子弹时。虽然我们可能会尝试这样回答，即这样做只是出于有趣，就像全息甲板，这样一种技术的目的只是为了向我们提供一种新的娱乐形式，萨瑟兰最初在文章中明确表示，这个问题的答案不如说是这样的技术会给我们带来解决问题的新方法。萨瑟兰写道："与数字计算机相连的显示器让我们有机会熟悉在物质世界中无法实现的概念。它是一面进入数学奇境的镜子。"①换句话说，这样一种技术的目的就是让我们跳出框框之外思考，尽管需要特别提醒的是，在这种情况下，我们试图逃离的框框就是"物质世界"。

对萨瑟兰来说，增强现实技术或创造虚拟现实技术的目的是让我们能够感知那些我们本来只能想象的东西。我们的想象力邀请我们去探索我们头脑中的"奇境"，但萨瑟兰指出，我们渴望超越这些限制，渴望将精神与物质结合，渴望使奇境之地变成现实之地。这种渴望使我们发现能够激励一种特殊创新轨迹的东西，这一轨迹把思维变成言说，把言说变成写作，把写作变成绘画，把绘画变成动画制作，把动画制作变成电影制作，把电影制作变成视频游戏，把视频游戏变成增强现实，把增强现实变成虚拟现实。换句话说，这种把精神带入物质、把幻想带入现实的渴望，并非一种新的渴望，而那新的、正在变化的东西，是实现这种渴望的技术能力。

建议这样的创新轨迹，就是被视为建议一种创新的进化维度，表明创新相当于生存斗争，新的创新势必危及所有以前的创新，把它们变成过时的东西。这样的观点很容易被忽略，因为这些担忧会随着每一次新的创新而反复出现，而且由于旧的创新继续与新的创新一起存在，这种担忧必然是保守的而非明智的。然而，这里

76

---

① Sutherland，"AR：'The Ultimate Display'".

的问题不是增强现实和虚拟现实是否会取代它们之前的创新。这里的问题是创新的轨迹本身所意味着的东西,它意味着我们的想象力一次又一次地让我们试图找到把我们的想象变成现实的方法,而且这一轨迹揭示了我们与想象力和现实的关系。因为我们应该关注的不是增强现实和虚拟现实是否会让阅读和写作过时,而是我们创造增强现实和虚拟现实的愿望是否会是让想象力和现实过时的愿望。

1964 年的《麻省理工学院科学记者》(*MIT Science Reporter*)杂志中有一节关注的是萨瑟兰及其在麻省理工学院林肯实验室的同事,史蒂文·库恩斯(Steven Coons)教授指出,他们正在开发的计算机辅助设计程序(CAD)——一个被称为"画板"的程序——不仅会扩大通过计算机想象的可能性,还第一次让用计算机想象成为可能。库恩斯如此描述这种新的人机关系:

> 你会看到一个设计师很有效地一步一步解决问题,他不会在一开始就准确知道他的问题是什么,也不明确知道如何解决它,但一点一点地,他会开始考察观念,计算机将会与他在这项工作上合作,充分合作[……]用计算机解决问题的老方法,就是非常好地理解问题,而且从一开始就明确知道解决问题需要哪些步骤。所以,虽然在某种意义上计算机只不过是一台非常精密的计算机器,但现在我们正在让计算机变得越来越像一个人类助手。而且,计算机似乎将会有一些智能。它不是真的有智能,而是只有我们置入其中的智能,但它似乎将会有智能。①

---

① bigkif, "Ivan Sutherland: Sketchpad Demo (1/2)", *YouTube*, November 17, 2007, https://www.youtube.com/watch? v = USyoT_Ha_bA.

之前的计算机编程要求程序员独立于计算机创建程序,例如使用打孔卡来正确编写和正确输入程序,以便让计算机执行该程序。虽然这样的需求既限制了编程者又限制了被编程者,但也势必导致程序员被迫提升必备的专业知识和编程所需的技能,这种提升不仅是程序员熟练程度和知识的提升,而且是程序员创造力和想象力的提升。

萨瑟兰及其同事们让一种用计算机"考察观念"的方法变成可能,让一种与计算机"充分合作"以形成一个单位而不是相互独立工作,不是一个扮演编程者、另一个扮演被编程者的角色的方法成为可能。画板和随后出现的程序不仅降低了编程所需的专业水平,从而为更多人参与编程大开方便之门,但也提高了程序本身所需的专业水平,从而为计算机更多参与编程大开方便之门,后者更像"人类助理"那样参与编程,参与到这样一个程度,以至于计算机"似乎会有智能"。换句话说,萨瑟兰及其同事们让计算机从帮助我们把想象变成现实转向了用想象行为本身帮助我们,让计算机能够与我们一起想象,甚至可能为我们想象。

正如我们所看到的,对技术的后现象学研究的核心是这样一种观点,即技术对人类能力的放大是以降低对技术在这些能力中所扮演调节角色的意识为代价的。在对增强现实技术的分析中,罗森伯格(Rosenberger)和维尔比克把他们所谓的"增强关系"①描述为具身性关系和解释性关系的结合,因为增强现实技术设备既增强了我们感知世界的能力,也增强了我们解释世界的能力。然而,这种双重放大势必造成双重减少,因为增强现实技术不仅可能导致我们以越来越增强的方式体验世界,还可能导致我们越来越少意识到增强现实技术在调节我们能经验的东西和能知道的东

---

① Robert Rosenberger and Peter-Paul Verbeek, "A Field Guide to Postphenomenology", in *Postphenomenological Investigations*: *Essays on HumanTechnology Relations*, eds. Rosenberger and Verbeek (London: Lexington Books, 2015), 22.

西方面扮演的角色。

2016 年 7 月，Niantic 公司发布了他们的增强现实游戏"精灵宝可梦"，很好地证明了增强现实技术所实现的放大和减少动力学。2016 年 8 月，城市学院的研究人员希娃·库拉加亚拉(Shiva Kooragayala)和塔纳亚·斯里尼(Tanaya Srini)发表了一份报告，详细说明尽管精灵宝可梦立即取得了成功——发布三周后就变得比推特更受欢迎，人们承认它提供了一种新的方式来激励户外探险——但它并没有同样程度地吸引所有地方的所有用户。正如库拉加亚拉和斯里尼所写的那样：

　　　即使考虑到人口密度和千禧一代在社区层面所占百分比，我们也会发现随着白人人口比例的增加，宝可店(PokéStops)和健身房变得越来越多。两者之间的区别有多明显？在以白人为主的社区中，平均有 55 个门户网站，而在以黑人为主的社区中，只有 19 个门户网站。[……]这些差异并不是精灵宝可梦所特有的，但它们确实突出了场所制作的一个核心挑战，即合作创造对社区有意义并能提高人们生活质量的公共空间的过程。精灵宝可梦促进了虚拟的场所制作，因为玩家在他们的日常通勤中寻找着新的意义，探索着社区的新领域，希望发现罕见的宝可梦，还可能形成他们或许永远都不会拥有的关系。但它也指出了一个问题：场所制作的包容性，只能像参与这一过程的人口一样。①

虽然像精灵宝可梦这样的增强现实游戏为用户创造了以令人

---

① Shiva Kooragayala and Tanaya Srini，"Pokémon GO Is Changing How Cities Use Public Space，But Could It Be More Inclusive?"，*Urban Wire*，August 1，2016，http://www. urban. org/urban-wire/pokemon-go-changing-howcities-use-public-space-could-it-be-more-inclusive.

兴奋的新方式参与世界的机会,但它们也创造了重新定义用户对世界的体验的机会。增强现实技术塑造了被视为值得体验的世界的各个方面,巧妙地引导用户走向世界的某些地方,而远离世界的其他地方。

正如库拉加亚拉和斯里尼所指出的那样,这种参与是由游戏程序员的偏见决定的,这些偏见导致了对特定用户和特定地点的排除,而程序员甚至可能从未意识到这一点。然而,正如库恩斯就"画板"所说的那样,因为我们与增强现实技术程序交互作用到这样一个程度,以至于程序似乎可以有智能,所以增强现实技术不仅会减少我们对我们的参与世界受增强现实技术的调节这一事实的意识,还会减少我们对程序员而非增强现实技术本身在塑造这些调节时所扮演角色的意识。换句话说,我们越是不通过增强现实技术行动,而是与增强现实技术一起行动,我们就越有可能让自己被增强现实技术所主导,越容易信任增强现实技术,因为我们理所当然地认为增强现实技术不会有偏见,不可能靠不住,毕竟,它是一个程序,不是一个人,而只有人才会有偏见和不可靠。或者,用后现象学术语来说,增强现实技术的具身性关系可以扩大我们对世界的感知,减少我们对程序员在塑造我们感知方面所扮演角色的意识,而增强现实技术的解释性关系则可以扩大我们关于世界的信息,减少我们对程序员在塑造这些信息方面所扮演角色的意识。

这种对感知的扩大和对意识的减少的权力,甚至得到了Niantic 公司自己的承认。2016 年 9 月,Niantic 在精灵宝可梦网站上发布了一个"安全提示"页面,上面有几个用户警告,包括:

> ＊当你外出玩精灵宝可梦时,请随时注意你的周围环境——尤其是当独自旅行在你不熟悉的地区时。每当你启动这个应用程序时,你都会看到一个提醒,以帮助你记住这一预

79

防措施。

　　＊为了确保你和周围的人的安全，不要在骑车、开车、操作重型机械或做任何需要你集中注意力的事情时玩精灵宝可梦。

　　＊在你外出探险时请定期休息。这将有助于你在你的精灵宝可梦冒险过程中保持警觉和充满活力。①

　　第一个警告提醒用户游戏的沉浸性，即这款游戏是如此吸引我们的注意力，以至于我们忘记了我们在哪里和我们在做什么。第二个警告与酒精和处方药上的警告一样，提醒用户游戏的成瘾性，即我们明知道继续玩游戏会很危险，也无法停止玩下去。第三个警告提醒用户游戏的催眠性，游戏的僵尸化效果，即游戏不仅降低了我们对周围环境的意识，也降低了我们对自己的意识。换句话说，精灵宝可梦是如此具有沉浸性、成瘾性和催眠性，以至于游戏本身必须提醒用户注意现实，提醒注意增强现实技术扩大和减少的现实。

　　根据我们在对电视、油管和流媒体服务的分析中所看到的情况，增强现实技术的沉浸性、成瘾性和催眠性似乎只是一种特性，而不是一个漏洞。增强现实技术让我们体验到世界的某些方面，同时又切断我们与世界其他方面的联系，让我们体验到的现实更迷人，让我们体验不到、也许根本就不想体验的现实更容易被遗忘。因此，增强现实技术的功能就像一个白日梦，而且是一个我们可以持续停留于其中的白日梦，我们可以与他人分享、可以控制的白日梦。或者更精确地说，增强现实技术为我们提供了控制的幻觉，因为尽管增强现实技术超越了想象力的束缚，把幻想带

---

① The Pokémon Company, "Pokémon GO Safety Tips", *Pokémon GO*，http://www.pokemongo.com/en-us/news/pokemon-go-safety-tips.

入现实世界,但幻想不是我们自己的创造,而是他人的创造,是程序员和计算机共同努力重塑现实的创造,这种重塑能让我们迷失在一个新的现实中,并且失去对旧现实和新现实的可塑本性的洞见。

但是,当然,如果迷失自己是我们希望在阅读、观看、刷剧、各种我们高兴地称之为"消遣"和"有罪的快乐"的娱乐中达到的目的,那么我们追求"终极显示器",不仅寻求增强现实,还寻求创建虚拟现实,就是有意义的了。在虚拟世界中过虚拟生活,代表了那种渴望的顶峰,亨利·贝米斯式渴望——即存在于我们自己选择的现实中,逃离并非我们自己选择的现实——的顶峰。这是一种对自由的渴望,在增强现实和虚拟现实技术实现之前,我们只能想象这种自由,而随着增强现实和虚拟现实技术的兴起,我们将不再需要想象这种自由,倒是这种自由让想象本身成为我们不再需要的东西。因为增强现实和虚拟现实技术的自由是一种逃避的自由——而非创造的自由——一种为用户而制作的自由,而不是由用户制作的自由。然而,正如我们已经寻求过能够提供更好的现实的避难所,我们也寻求能够提供更好的想象力的避难所,更喜欢作家、艺术家、程序员而非我们自己的想象力的避难所,因此,由增强现实和虚拟现实技术提供的自由可能是我们真正想要的唯一自由:被催眠的自由。正如《黑镜》中"圣朱尼佩洛"这一集所描绘的那样,我们甚至可以称这个自由为天堂。

六、技术催眠的危险

睡眠是生命的必要组成部分。它是我们生命中如此重要的一部分,以至于它几乎消耗了我们生命的三分之一。睡眠是正常的和自然的,因此我们并不会觉得,人们想要睡觉,哪怕再多睡五分钟,反复按下小睡按钮,把闹钟视为敌人,这些现象是不正常或不自然的。我们给自己买闹钟,我们自己设置闹钟,我们甚至用闹钟、通知、更新和警告,用允许任何人在任何地方任何时候叫醒我们的应用程序和设备包围我们。我们想要睡着;我们是如此想睡着,以至于我们不断创造新的方法来唤醒自己,而导致清醒的方法反过来引导我们不断创造让自己入睡的新方法。

这种既让我们清醒又让我们睡着、既让我们警觉又让我们分心、既要求我们专注又要求转移我们注意力的创新方式的动力学,暗示我们内部存在一种激烈的斗争,即我们既想又不想在睡觉上耗费我们的生命。我们内部这种催促自己睡觉和催促自己觉醒的斗争,导致我们去寻找能够同时满足两种催促的办法,要么是找到一个可以做梦的工作,要么是在工作时找到时间做白日梦,要么是寻找进入做梦状态的方法以便忘记我们的工作,这种做梦状态,我们可以通过饮酒、吸毒或看电视等方式进入。

传统意义上说,我们渴望进入做梦状态,渴望实现自我催眠,而伴随这种渴望的危险在于我们无法缓和这种渴望——喝酒,但不要太醉;吸毒,但不要太多;看电视,但不要太久。虽然对酒精和毒品的担忧就是对毒害我们的身体、萎缩我们的思想的担忧,但对电视的担忧却是它既会毒害我们的思想,又会萎缩我们的身体。然而,随着能够调节并缓和我们催眠欲望的新技术的兴起,我们已经试图克服这些传统的危险,并在这个过程中创造了新的危险。我们已经从把自己喝醉转向设法让喝醉的人进入清醒状态,从而试图体验两全其美的感觉,但这样的成就很容易让我们理所当然地认为,保持清醒、活跃、待在户外,就等同于健康、忙碌、有活力。

那能使我们从自我催眠转向技术催眠、从电视转向油管、从观看转向狂刷、从想象转向增强的创新轨迹,同时也能够使我们从试图逃避现实的虚无主义转向试图取代现实的虚无主义。正如阿多诺所言,像电视这样能够催眠我们的技术所代表的危险,在于它们不仅给我们带来了舒适,而且让我们自满。或者更确切地说,看电视令人舒适的地方正在于它把自满带给了观看者。因为熟悉的情节、熟悉的人物、熟悉的线索让我们将舒适与熟悉联系起来，让我们只有在面对熟悉的东西、常态的东西、现状，以及拥有看电视没有错的观念，拥有通过看电视形成的个人观念时，才会越来越觉得舒适。

这里的危险不仅仅在于看电视可以塑造我们的观念，而且——正如阿多诺所指出的以及后现象学帮助我们所揭示的那样——在于技术催眠的技术会降低我们对它们在塑造我们观念中所扮演角色的意识。只担心特定的内容，担心特定内容的创造者试图让我们迷上他们特定的意识形态，就等于已经接受了这样一种意识形态，即只有人类有偏见，只有人类可以误导他人，而技术只是中立的工具，它会导致自由还是保守、激进还是反动，端赖于工具使用者的意图。这里特别让我们担心的是，这样一种世界观正是技术催眠技术引导我们接受的世界观，它们通过降低我们对"技术催眠技术甚至可以呈现给我们一种世界观，而不仅仅是对世界的一种观点"这一事实的意识来实现这种接受。意识不到存在一种可以被接受或拒绝的世界观礼物，就是在理所当然地认为，那作为现实呈现给我们的东西实际上就是现实，而不是由我们借以看待现实的技术所塑造的一种现实版本。

从尼采的角度来看，降低意识正是我们在开发和使用技术催眠技术时最初所寻求的东西。因此，我们会理所当然地认为，世界通过技术催眠技术呈现给我们的就是这个世界，就是这个如其所是的世界，而不是被塑造得似乎如其所是的世界，这种理所当然的认识不是我们被误导的结果，不是我们被操纵而停止我们的怀疑的结果，而是我们渴望我们的怀疑的结果，渴望放下警惕的结果，渴望放松的结果。对尼采来说，之所以要关注自我催眠，一方面是因为它代表着渴望离开世界，渴望不再渴望，渴望没有生命的生活，另一方面是因为它使牧师，使在我们的渴望中发现把我们转向苦行主义的能力的牧师，相信苦行的理想是唯一的理想，忘我是美德中的美德。

　　然而，技术催眠比自我催眠更危险，因为虽然它同样会使我们走向自我否定，但这种自我否定，不是由能够利用我们降低意识的渴望的牧师实现的，而是由能够降低我们对自己的意识的技术实现的。技术催眠技术可以降低我们对我们的降低意识的意识，而且降低的程度要比我们意识到的更远，甚至可能比我们渴望的还要远。电视可以让我们感到舒适，但也可以让我们自满，让我们相信电视节目就像现实，而现实就像电视节目。油管可以让我们创造自己的内容，但也可以让我们自己进入制作室，把我们的生活变成演出、录制并上传以供大众消费的内容。像网飞这样的流媒体服务可以让我们觉得自己处在一个内容自助餐中，但也可以让我们觉得自己在参与一场吃馅饼的竞赛，不是悠闲地而是竞争性地参与，无穷无尽地参与。增强现实技术可以帮助我们与世界接触，但也可以帮助我们忽略自己没有接触的世界，没有通过增强现实技术显示的世界，没有被增强现实技术变得更迷人的世界，没有被增强现实技术升级换代的世界，恐怕不值得被增强现实技术升级换代的世界。

　　虚拟现实技术将为我们提供什么服务，目前还不清楚，因为虚拟现实技术还处于起步阶段。但是，至少从脸书这样的公司向Oculus这样的虚拟现实技术公司注资数十亿美元来看，虚拟现实技术被认为是未来的方向。虚拟现实技术代表了之前技术催眠技术所作承诺的顶峰。虚拟现实技术承诺提供电视的舒适性、油管的个人内容、网飞的内容多样性以及增强现实技术的参与性。接下来的问题是，虚拟现实技术会在多大程度上代表技术催眠危险的高峰，虚拟现实技术是否也会产生这样的危险，即提供电视带来的自满、油管的以个人为内容、网飞的内容消费和增强现实技术的时空错乱。于是，这里我们更应该关注的不是虚拟现实技术会对

我们做什么，而是我们会用虚拟现实技术做什么，我们对降低意识　84
的虚无主义渴望在与像虚拟现实技术这种技术的意识降低能力相
结合时可以实现什么。换句话说，技术之所以是催眠性的，不仅因
为我们能够被催眠，还因为我们想要被催眠。　85

第五章　热爱乐活

一、机械性活动

尼采所描述的第二种人—虚无主义关系是"机械性活动"。尼采如此写道：

> 比这种通过催眠对所有敏感性及痛苦感受力的弱化——这只需要一点能量，最重要的是勇气、对意见的蔑视和"智性的斯多亚主义"——更为常见的是针对抑郁状态的另一种不同的训练，它无论如何要更容易些：机械性活动。毫无疑问，这种养生之道能够在相当程度上减轻存在的痛苦：这一事实今天被有点不诚实地称作"劳动的福祉"。能够减轻痛苦的原因在于，受苦难者的兴趣完全远离了他的痛苦——活动，只有活动进入意识，结果，意识里几乎没有给痛苦留下多少空间：因为人类意识的这个房间很小！①

不需要通过自我催眠来主动逃避自己，我们只需要简单地用

---

① Nietzsche，*Genealogy*，134.

重复性任务来占据我们的时间，让我们甚至没有片刻的自我反思时间。尼采在这里想到的似乎是新教的职业道德，"劳动的福祉"是这样一种信仰，即通过积极而持续的努力，我们可以找到救赎。这种职业道德已经超越了新教，超越了劳动的世界，开始规定我们整个的日常生活。正是通过规定我们的日常生活，我们可以最好地逃避日常生活的日常性，即逃避这样的事实，我们的存在是由这么多分钟、天、小时、年、需要、需求、渴望、负担、痛苦、生日、纪念日、假期、死亡、你好、再见、谢谢、欢迎、我爱你、我恨你以及重要的决定、最重要的决定、最最重要的决定组成。

　　虽然我们不喜欢承认这一点，但我们按照习惯生活，渴望常规，倾向于避免任何不符合我们预想的并安全地自发的自发性。我们经常抱怨这些习惯、常规，抱怨缺乏自发性，但当这些习惯受到挑战时，当我们的常规被打断时，当真正的自发性出现时，我们会变得保守、困惑和焦虑，希望恢复正常的舒适。这样，我们不仅能让自己感到在世界上就像在自己家里，我们还能防止自己不得不作选择、作决定，或以任何方式与承担责任作斗争。

　　正是在这里，我们发现了尼采对我在第一章讨论的创新模式"作为解放的休闲"的反驳。对尼采来说，事实再一次地并非我们因为太忙而找不到自己，从而需要从令心灵麻木的琐屑事务中解放出来，以便有必要的闲暇来重新发现我们的人性。相反，尼采在这里表明，我们之所以忙于琐事，正因为我们的心灵是麻木的，而这也许可以解释为什么马克思预测的革命没有发生——因为如果那样的话，我们便无法再就不能发现我们自己、不能重新发现我们的人性去责怪他人，而只能责怪自己。

二、从机械性活动到数据驱动活动

　　数据驱动活动是我发明的名词，用以指称我们越来越希望让技术来规定和控制我们日常生活这一现象。不同于 19 世纪的我们需要其他人来命令我们，用琐事占据我们，今天，正如苹果公司可能会说"有一种应用程序可以干这种活"，网飞公司会告诉我们该看什么，亚马逊公司（Amazon）会告诉我们该买什么，和谐电子公司（eHarmony）甚至会告诉我们该爱谁。

　　换句话说，我们已经用数据分析预测、选择和命令的基于算法的非思考性规则取代了钟表机械性的非思考性规则。虽然这些算法似乎会入侵一些地方（如美国联邦贸易委员会①）——因为算法试图通过跟踪我们所有的在线和离线活动开发关于我们的资料——但对技术进步的衡量，似乎越来越不是从保护我们隐私的角度出发，而是从算法预测的准确性出发。② 或者，正如 trend-watching.com 所说：

　　　　方便。无缝。相关性。客户对这些相互交织的基本需求的期望将在 2017 年达到新的高度。尽管乔治·奥威尔（George Orwell）《1984》中的老大哥（Big Brother）是一个反乌托邦的霸主，但对神奇的个性化服务水平的不懈渴望（最近才出现）将遇到新的智能技术，并会导致出现新一代的老大哥品牌（BIG BROTHER BRANDS）。但是现在，我们将会很愿意被监控。③

----

① Federal Trade Commission，"Data Brokers：A Call for Transparency and Account-ability"，*Federal Trade Commission*，May 2014，https：//www. ftc. gov/sys-tem/files/documents/reports/data-brokers-call-transparencyaccountability-report-federal-trade-commission-may-2014/ 140527databrokerreport. pdf.
② Nolen Gertz，"Autonomy Online：Jacques Ellul and the Facebook Emotional Ma-nipulation Study"，*Research Ethics* 12，no. 1 (2016)：55—61.
③ Trend Watching，"5 Consumer Trends for 2017"，*Trend Watching*，http：//trendwatching. com/trends/5-trends-for-2017/.

"老大哥"不再是对监控状态的预警——这种预警只对那些阅读这篇小说的人而非那些生活在小说所描述监控状态中的人而言存在——而是技术进步的理想,"智能技术"的理想,我们将"心甘情愿"地邀请这种技术进入我们的家、我们的设备和我们的身体。这里的关键问题是,如此"神奇的个性化服务水平"是通过学习我们是谁和是什么达到的,还是通过塑造我们是谁和是什么来达到的。

三、用乐活对抗自由

可穿戴活动追踪器越来越多地涌入了市场。例如,目前我们可以找到这样一些健康和健身追踪器以及相关的应用程序,如Apple Health、Microsoft Health、MyFitnessPal、Garmin、Jawbone、UA Record、Moves、RunKeeper、Foursquare、Withings、RunDouble、Strava、Fitbug、Daily Mile、LifeFitness、iHealth、Expresso、A&D Connect、Qardio、One Drop、MapMyFitness、MapMyRun、MapMyRide、MapMyWalk 和 MapMyHike 等。

基于我的目的,这里将只关注最畅销的追踪器:乐活(Fitbit)。乐活于 2009 年发布。2010 年,乐活的收入仅为 500 多万美元。2015 年,乐活的营收已经超过 18.5 亿美元。在这段时间内,乐活在全球售出了超过 3800 万台设备。[①] 据数据科学家卢卡·福斯奇尼(Luca Foschini)的说法,"乐活用户实际上真的很投入",因为"只有 5％的用户在购买后一周内停止使用,只有 12.5％的用户在一个月内停止使用"。[②]

91

[①] Statista, "Fitbit—Statistics & Facts," *Statista*, https://www.statista.com/topics/2595/fitbit/.

[②] Stephanie M. Lee, "How Many People Actually Use Their Fitbits?", *BuzzFeed News*, May 9, 2015, https://www.buzzfeed.com/stephaniemlee/howmany-people-actually-use-their-fitbits.

像乐活这样的健康和健身追踪器,不仅用于监控我们走的步数和我们燃烧的卡路里,还越来越成为可穿戴的健身教练,它推动我们走更多的步数,燃烧更多的卡路里,甚至上传我们的数据给别人看,只为了羞辱我们,让我们增加活动。

表面上看,这似乎并不是一件消极的事情。保持健康是人人都愿意的,而且有一个设备比有一个人担任你的私人教练更简单,也更划算。或者,正如乐活在它们的"为什么是乐活"网页上所说的那样:

> 每一刻都很重要,每一点都有巨大的影响。因为健身就是你生命的总和。这就是乐活的理念——健身不仅仅关乎健身馆里的时间。关乎所有的时间。
>
> 你如何度过一天,决定了你何时可以达到你的目标。看到你的进步,有助于你看到什么是可能的。
>
> 寻找它,渴望它,以它为生。①

换句话说,乐活不仅仅是一种设备,它也是一种生活方式。如果你关心你的健康,那么你应该关心健身,如果你关心健身,那么你应该关心最大化你的时间——你所有的时间——作为健身的时间。不运动的时间就是没有花在改善健康上的时间。

最大化健身的关键是监控——"看到你的进步,有助于你看到什么是可能的"——因为监控可以保证你意识到如何度过你的时间,你如何正在度过你的时间,以及你可能如何度过你的时间。由于健身是一个永远无法完成的目标,你走了多少步,你燃烧了多少卡路里,总是同时意味着你还有多少步没有走,还有多少卡路里没有燃烧。

----

① Fitbit, https://www.fitbit.com/us/whyfitbit.

然而,乐活的监控功能不仅仅是计算步数和卡路里。正如
Fitbit Help 所解释的那样:

92

> 乐活追踪器使用一个三轴加速计来了解你的运动。加度
> 计是一种附着在身体上将运动(加速度)转换为数字测量(数
> 据)的装置。通过分析加速度数据,我们的设备提供了有关频
> 率、持久度、强度和运动模式的详细信息,以确定你走的步数、
> 走的距离、燃烧的卡路里和睡眠质量。三个轴的运用允许加
> 速计测量你以任何方式进行的运动,使其运动测量比旧的单
> 轴计步器更精确。[1]

乐活不仅仅是测量和计算,因为它试图"了解你的运动",你所
有的运动,即使是那些发生在你睡觉时的运动。这种了解通过将
加速度转化为数据、将数据转换为模式、将模式转换为判断来实
现。或者,更具体地说,是一个判断:运动吧!

你已经走了五千步了。为什么不是一万步呢?现在你已经走
了一万步了。为什么不是一万五千步?

这种对生命的量化代表了行动与目的的分离。一个人运动,
不是为了去某个地方,而仅仅是为了运动。运动不是一种达到目
的的手段,它本身就是一种目的。确实,"健身"是确定的目的,是
人们宣称的这种无休止的无休止性的目的,但"健身"不仅是一个
永远无法实现的目标,而且还是一个无法定义的相对性概念,这个
概念作为向他人的解释足够模糊,但更重要的是无法对自己解释,
为什么一个人必须永远不停地运动。[2] 乐活说"运动吧",你就运

① Fitbit, "How Does My Fitbit Device Count Steps?", *Fitbit Help*, https:// help.
fitbit. com/articles/en_US/Help_article/1143.

② 另参 Zygmunt Bauman, *Liquid Modernity* (Cambridge: Polity Press, 2000),
77—80。

动,这不是因为乐活告诉你要运动——如果那样的话,就太荒谬了——而是因为你想要更健康。

　　然而,谁是乐活在监控、激励和试图"理解"的"你"呢?量化不仅切断行动与目的的关联,也切断行动与行动者的关联。为了运动而运动,或者为了"健康"而运动,意味着重要的是数字,而不是数字背后的人。事实上,这些数字背后并没有人。至少某种程度上不是可测量的"人",而是可转化为数据的"人"。为了行动而行动,剥夺了人格、个性和有意义的行动。正是这种没有行动者的行动导致尼采把这种行为——不管是机械性的还是算法性的行为——定义为虚无主义的,定义为允许一个人把自己减少为仅仅是一个自我,这个自我是任何人,任何执行行动却不需要承受作决定和负责任的负担的人,而这种负担会要求任何人再次成为某个人。[①]

四、日常生活的游戏化

　　将一个人的生命简化为一组数据点——步数、卡路里数、花在查看数字上的分钟数——的另一个重要表现,是这些数据点越来越像电子游戏中的得分点。人们运动,不仅是为了追求永远难以捉摸的"健身"目标,也是为了那看起来不真实但更熟悉的"积分"目标。

　　对大多数人来说,卡路里是模糊的数量。积分却人人清楚。每个人都能理解积分。积分是一种认识我们所处位置的方式,通过与他人相比,与那些同样被从人简化为积分的人相比认识我们所处位置的方式。

---

① 　日常生活的日益划一性(one-ness)也是海德格尔《存在与时间》的一个重要主题,
　　体现在他对此在(Dasein)和人(das Man)的区别中。

因此，收集关于我们自己的数据不仅有用，还会让人上瘾。就像在街机游戏中追求更高的分数一样，我们也会无休止地查看我们的统计数据。当然，衡量自己以和他人相对比并不是什么新鲜事，但所有行动的量化为我们提供的是持续的反馈，这些反馈让我们可以把自己和他人进行比较，而不必去健身房或游戏中心，让我们感觉自己像个职业运动员。这种感觉超越了我们自己，因为如果我们能在任何时候都感觉自己像个运动员，那么我们就总是能觉得周围的世界像一个运动场。

乐活并不是唯一一个能够让我们把生活变成游戏、把世界变成运动场的技术的例子。随着增强现实技术的出现，像精灵宝可梦这样的增强现实游戏会允许用户将视频游戏与视频游戏机分开，从而可以在任何时候在任何地方积分，而不仅仅是在电视前的沙发上积分。

就像所有这些无限创新一样，增强现实技术游戏的卖点正在于这种解放。不会因为在室内待太久而受到惩罚，增强现实技术允许用户到户外无休止地玩游戏。增强现实技术用户可以进一步声称，他们并没有在"幻想"世界中"浪费他们的时间"，相反，增强现实技术为用户提供了以新颖而令人兴奋的方式探索"真实"世界的能力。

94

在前一章中，我已经通过技术催眠的镜头讨论了增强现实技术的虚无主义特性，特别是为什么增强现实技术用户觉得有必要让设备来增强现实，以发现它值得探索的问题。在这里，关于数据驱动活动，又有一个问题——就像乐活提出的那样——出现了：谁是正在玩增强现实游戏的"你"？换句话说，增强现实技术用户是正在玩增强现实游戏的用户，还是正在被增强现实游戏玩的用户？

在传统电子游戏中，玩家会操作控制器，让虚拟角色在游戏世界中探险。在增强现实游戏中，虽然用户的智能手机可以作为控制器，但用户并不是操作控制器，而是被控制器操作的人，因为智能手机会告诉用户去哪里。因此,在增强现实游戏中,是用户而非虚拟角色在游戏世界中探险,这种探险不是根据用户的决定,而是根据游戏的决定进行的。就像一个虚拟角色在玩家引导他之前不能移动一样,增强现实技术用户在增强现实游戏引导他之前也不能移动。

另外,用户所探索的世界是一个扁平的世界,一个更接近棋盘游戏而不是电子游戏的世界。在电子游戏中,虚拟角色不仅在游戏世界的 x 轴和 y 轴上探索,还在 z 轴上探索,可以里里外外、左右前后地移动。但在增强现实游戏中,用户会受到物理定律的限制,而电子游戏中的虚拟角色却不会,因此增强现实技术用户只会被引导向左、向右或直线移动。增强现实技术用户也不得不总是通过增强现实技术设备看世界,因此只是被引导着看设备而不是看世界。

最近的一项由圣地亚哥州立大学、加州大学圣地亚哥分校、约翰霍普金斯大学、南加州大学和 AAA 交通安全基金会研究人员展开的研究——仅仅持续了 10 天时间——发现,"超过 11 万的非关联性实例证明,很多司机或行人因玩精灵宝可梦而分心,有些甚至陷入了灾祸"。[①] 其中包括一名"差点被车撞到"的用户和另一名"差点把车撞到树上"的用户。同样,巴尔的摩警察局在推特上发布了一段精灵宝可梦用户将他的车撞上了警车的视频,同时留言:"精灵宝可梦并不全是有趣和游戏。"[②]

不仅研究人员,就连犯罪分子都发现,精灵宝可梦的用户会盲

95

①　J. W. Ayers, et al. , "Pokémon GO——A New Distraction for Drivers and Pedestrians", *JAMA Internal Medicine* 176, no. 12 (December 1, 2016): 1865—1866.

②　Mary Bowerman, "Driver Slams into Baltimore Cop Car While Playing Pokemon Go", *USA Today*, July 20, 2016, http://www. usatoday. com/story/ news/nation-now/2016/07/20/driver-slams-into-baltimore-cop-car-whileplaying-pokemon-go-accident/87333892/.

目地走向游戏命令他去的任何地方。利用增强现实技术的地理定位特性和增强现实技术用户像虚拟角色那样的服从性,罪犯能够欺骗精灵宝可梦用户走进陷阱,在那里他们被攻击,①被持枪抢劫,②被性侵。③

我们此处再次发现的数据驱动虚无主义,与在乐活用户那里发现的没什么不同,即没有行动者的行动的数据驱动虚无主义。数以百万计的人们服从乐活的命令:"运动吧!"数以百万计的人们服从精灵宝可梦的命令:"玩吧!"在这两种情况下,盲目的服从都可以被寻求健康或寻求积分的明显意义所掩盖,但这种服从的真正基础似乎是无心状态的无意义性,这种无心状态通过让设备、应用程序和算法为我们作决定而实现。

五、在我们信赖的算法中

然而,这种数据驱动的盲目服从最常见和最普遍的例子是我们对算法越来越强的依赖。谷歌算法不仅能预测我们正要搜索的内容,还会在我们发现目标时告诉我们。亚马逊算法不仅能预测我们想买什么,还能告诉我们什么时候买最好。脸书算法不仅能预测我们想和谁成为朋友,还能告诉我们应该什么时候和谁保持联系。

---

① Alonzo Small,"Pokémon Go Player Assaulted, Robbed in Dover", *USA Today*, July 20, 2016, http://www. usatoday. com/story/news/crime/2016/07/19/pokemon-go-player-assaulted-robbed-dover/87304022/.

② Ryan W. Miller, "Teens Used Pokémon Go App to Lure Robbery Victims, Police Say", *USA Today*, July 11, 2016, http://www. usatoday. com/story/ tech/2016/07/10/four-suspects-arrested-string-pokemon-go-related-armedrobberies/86922474/.

③ Vic Ryckaert, "Sex Offender Caught Playing Pokémon Go with Teen", *USA Today*, July 14, 2016, http://www. usatoday. com/story/news/nation-now/ 2016/07/14/indiana-sex-offender-caught-playing-pokemon-go-teen/87083504/.

　　这里的问题不在于这些算法声称了解我们,而在于我们相信它们。算法根据我们的喜好、我们的资料和我们过去的行为——"你看得越多,网飞就越能推荐你会喜欢的电视节目和电影"①——为我们量身打造各种建议,但我们无法知道这些建议是否正确,以及多大程度上正确。

　　通常,我们甚至没有意识到在我们正与之交流的技术场景背后起作用的算法。一名试图研究人们在线行为的研究人员因为算法而遇到了一个问题,即研究参与者不知道他们的行为受到了算法的影响。这个研究人员发现,"62%的人不知道他们的[脸书]新闻推送已经被过滤了,当向一个实验对象解释算法时,她将这个意外发现与尼奥对矩阵的人为性的发现进行了比较"。②

　　即使我们意识到这些算法的存在,我们仍然不清楚这些算法究竟知道我们些什么,以及这些数据是如何被使用的。2014年,美国联邦贸易委员会发布了一份题为《数据经纪商:呼吁提高透明度和问责制》(Data Brokers：A Call for Transparency and Accountability)的报告,其中包括以下发现:

　　　　数据经纪商收集和存储了关于几乎每一个美国家庭和每一笔商业交易的大量数据。在9个数据经纪商中,一个数据经纪商的数据库中有与14亿个消费者的交易和超过7000亿个汇总数据元素有关的信息;另一个数据经纪商的数据库涵盖了1万亿美元的消费者交易;还有一个数据经纪商每月为其数据库增加30亿项新纪录。最重要的是,数据经纪商持有

---

① Netflix, "How Does Netflix Work?", *Netflix Help Center*, https://help. netflix. com/en/node/412.

② Victor Luckerson, "Here's How Facebook's News Feed Actually Work", *TIME*, July 9, 2015, http://time. com/collection-post/3950525/ facebook-news-feed-algorithm/. 译注:这里"尼奥对矩阵的人为性的发现",是电影《黑客帝国》的情节。

大量关于个人消费者的信息。例如，9 个数据经纪商中的一个为几乎每个美国消费者存储了 3000 个数据段。[1]

虽然联邦贸易委员会有权了解这些信息，但普通消费者却没有。不过，也有一些公司确实提供服务，帮助个人追踪已经收集到的关于他们的数据，比如运营网站 AboutTheData. com 的 Acxiom 公司。只需向它们提供你的姓名、电子邮件地址和你的社会安全号码的最后四位数字，Acxiom 就会告诉你数据经纪商已经发现的关于你的情况。当然，Acxiom 告诉你的原因是 Acxiom 本身就是一个数据经纪商，它不仅"为几乎每个美国消费者存储了 3000 个数据段"，而且"与营销人员分享你在注册期间提供的信息"。[2]

换句话说，算法能够了解我们，但我们无法了解它们，而这是一种我们不仅接受而且在日常生活中积极参与的安排，即使我们确实也尝试反击过它。然而，更常见的是我们并不试图反击。那种数据经纪商用来为如此大规模的数据收集辩护的观点主张，它们之所以试图了解我们，是为了帮助我们，为我们提供更好的谷歌搜索查询、更好的亚马逊推荐和更好的脸书新闻推送。

许多像卡斯·桑斯坦(Cass Sunstein)这样的人都反对这一假设，即"更好的量身定做结果"和"对你更好"实际上是相同的。桑斯坦写道：

1995 年，麻省理工学院的技术专家尼古拉斯·内格罗庞

① Federal Trade Commission，"Data Brokers"，*iv*.
② Adrienne LaFrance，"Why Can't Americans Find Out What Big Data Knows A-bout Them?"，*The Atlantic*，May 28，2014，https://www. theatlantic. com/technology/archive/2014/05/why-americans-cant-find-out-what-big-dataknows-a-bout-them/371758/.

特(Nicholas Negroponte)预言了"每日之我"的出现——这是一个专为个人设计的通信包，其中每个组件都提前完全选好。内格罗庞特的预言还不够雄心勃勃。事实证明，你不需要创造一个每日之我。其他人可以为你创造它。如果人们对你有些了解，他们就能发现并告诉你，"像你这样的人"会喜欢什么——他们可以在几秒钟内就创造出一个适合你的每日之我。①

不同于桑斯坦担心这样的算法管理会危及民主的正常功能——就像过滤会导致回声效应、集团两极分化、极端主义和"让美国再次伟大"——我这里的兴趣是问什么东西让我们最初渴望一个"每日之我"。指出过一种算法管理生活的危险后果并不会改变任何事情，如果我们不首先理解为什么我们越来越被驱动去过这样的生活的话。

算法只不过是包含一系列指令的计算机程序。这些指令被如此设计，以至于计算机程序可以对大量数据进行分类，以便分析和判断，例如，以便确定"'像你这样的人'会喜欢什么"。这种算法的化身是夏洛克·福尔摩斯，或者至少是本尼迪克特·康伯巴奇(Benedict Cumberbatch)在最近 BBC 电视系列剧《夏洛克》(Sher-lock)中扮演的夏洛克·福尔摩斯。康伯巴奇的福尔摩斯——我们就叫他康伯福尔摩斯——能立即对他遇到的任何人进行描述，这种描述由他根据多年来从他遇到或研究过的其他人那里收集到的所有信息进行"推断"而被创造出来。

康伯福尔摩斯并不关注人们说了什么，而是关注他们穿什么、气味如何、走路方式等等，因为康伯福尔摩斯的操作的前提是人们

---

① Cass Sunstein, *Republic*. com 2. 0 (Princeton, NJ: Princeton University Press, 2007), 4.

不能被信任，只有数据可以信任。康伯福尔摩斯非常相信自己的
数据处理能力，以至于他喜欢炫耀这一点，快速地把他的数据处理
结果反馈给被处理的人。接受处理结果的个人通常会显示一种混
合了愤怒、困惑和惊讶的经验，这种经验不是基于康伯福尔摩斯把
人简化为一组数据点，而是基于康伯福尔摩斯正确的推断，后者正
基于这些数据点。康伯福尔摩斯总是正确的。

　　事实上，康伯福尔摩斯是如此准确，以至于他的服务经常来自
那些神秘罪行的受害者以及警察和政府提出的要求。然而，从这
个连续剧一开始，就有人建议警察和政府征召他，因为他的权力既
可以被用于善，也可以被用于恶。与计算机程序没什么两样，康伯
福尔摩斯被描述为无法"关闭"他的数据处理能力，因此他的"推
断"可以且经常既拯救生命又毁灭生命。

　　康伯福尔摩斯非常聪明，非常有用，也非常危险。然而，他是
英雄，我们支持他，甚至希望他能对我们进行"推断"。就像 24 岁
的杰克·鲍尔不仅帮助酷刑正常化，而且支持酷刑，使其看起来既
英雄气又有效，[①]康伯福尔摩斯帮助正常化和支持"老大哥"的算
法等同物，它开始被称为"大数据"。

　　那么，我们发现如此有吸引力的康伯福尔摩斯或算法的预测
能力究竟是怎么一回事呢？预测算法无处不在，不仅存在于使用
谷歌、亚马逊和脸书作决策的幕后，而且似乎越来越多地存在于所
有决策的幕后：

　　　　对于葡萄酒或电影来说，风险并不太高。但是，当算法开
　　始影响就业、职业发展、健康、信用和教育的关键机会时，它们
　　值得仔细观察。美国的医院正在使用大数据驱动系统来确定

[①]　Nolen Gertz, *The Philosophy of War and Exile* (Basingstoke: Palgrave Macmillan, 2014), 67—71.

哪些患者是高风险的——而且远超传统健康记录之外的数据正在影响这些决定。IBM 现正在根据成本效用标准使用算法评估工具对全球各地的员工进行分类，但为高层管理人员提供的是同样侵入性的监控和排名。在政府中，危险的算法评估也可能会导致对罪犯判罚更长的刑期，或让一些旅行者进入禁飞名单。信用评级推动了数十亿美元的贷款，但评级者的方法仍然不透明。由于错误或被不公平处理的数据，借款人一生中平均可能会损失数万美元。①

算法提供了安全和防卫的承诺，能够做出可靠的预测，帮助我们节省时间和精力，或就企业而言可以节省资源，或就政府机构而言可以拯救生命。但是，为什么算法或康伯福尔摩斯的预测会如此可靠呢？或者更确切地说，为什么要如此依赖它们？

一个人在过去所做的事情，甚至是全人类在过去所做的事情，都不需要能够预测任何人在未来会做什么。算法和康伯福尔摩斯都是通过归纳推理而不是演绎推理得出结论的，因为正如大卫·休谟(David Hume)所说，从过去事件到未来事件的演绎推理，是不可能的。然而，算法和康伯福尔摩斯仍然被视为在进行演绎推理，就好像他们在对未来作出知识声明，而不仅仅是有根据的猜测。

这些有根据的猜测当然是基于大量的数据。然而，根据尼采的说法，这样的知识声明之所以是可能的，不是因为收集了大量关于人类行为的信息，而是因为收集了大量关于某个人的信息。尼采写道：

这正是关于责任起源的漫长历史。正如我们已经领会的

---

① Frank Pasquale, "Digital Star Chamber", *Aeon*, August 18, 2015, https://aeon.co/essays/judge-jury-and-executioner-the-unaccountable-algorithm.

那样,教养一种会允诺的动物的特殊任务,包括那作为先决条件和准备的更直接的任务,即首先把人弄得必然、形式单一、在同类中相同、合乎规则,这样达到一定程度,以至于把人弄得可以预测。我所说的"习俗道德"所涉及的大量劳动[参见《曙光》卷 I,9;14;16],在人类世系最漫长的时间段中人类自己对自己所做的真正劳动,他全部的**史前劳动**,都被大张旗鼓地解释和合理化,尽管其中也因为这个事实而包含了艰难、暴政、愚蠢和白痴状态:在习俗道德和社会缧绁的帮助下,人被弄成了真正可预测的。①

如果算法能够预测人类的行为,那是因为人类已经变得可以预测了。对尼采来说,这种变得可以预测就是我们对彼此、对我们自己所做的事情,它通过习俗("习俗道德")、通过文明("社会缧绁")、通过相互教导彼此如何正确、正常、负责任地行动而实现。

我们通过正确、正常、负责任地行动而变得可以预测的程度,被史蒂文·索德伯格(Steven Soderbergh)1996 年的电影《变态城》(*Schizopolis*)出色地捕捉到了。这部电影充满了超现实的交流,比如:

> 弗莱彻·曼森:[快活地,返回家中]一个通用的问候!
> 曼森夫人:[热情的]回报一个通用的问候!
> [他们互相亲吻和咯咯笑]
> 弗莱彻·曼森:迫在眉睫的食物。
> 曼森夫人:关于即将到来的晚餐过于戏剧性的声明。
> 弗莱彻·曼森:哦! 表示饥饿和兴奋的虚伪反应!②

---

① Nietzsche, *Genealogy*, 36.
② IMDb, "Schizopolis (1996) Quotes", *IMDb*, http://www. imdb. com/title/tt0117561/quotes? ref_=tt_ql_trv_4.

　　算法预测是可靠的,因为我们是可靠的,我们是如此可靠,以至于正如索德伯格所展示的,我们可以提前规划出我们与他人对话的内容,几乎就好像我们的对话本身本质上就是算法。这不仅适用于与我们熟悉之人的对话,也适用于与我们从未见过的陌生人的对话,由于我们所处的情境,这些陌生人仍然像莫逆之交一样可以预测。"每日之我"可以确保我只听我想听到的东西,然而,正如桑斯坦所说,是其他人而非我为我创造了这个"每日之我"。我们对康伯福尔摩斯的迷恋进一步证明,我想听到的是关于这个问题的答案:我是谁? 桑斯坦担心,我们会使用算法来过滤我们自己图像中的世界。但这就要求我们知道我们是谁,我们知道"每日之我"中的"我"是谁,而正是这种自我认识的缺乏在这里成为问题。

　　正如尼采所指出的,我们使自己变得如此可预测的代价是,我们不仅变得"可计算",而且变得"必然、形式单一、在同类中相同、合乎规则",变得去个性化。个体性是危险的,以至于它是不可预测的,因此安全存在于循规蹈矩和规律性中,因为我们变得越可预测,我们就变得越值得信赖。用这种个人身份换取社会接受,有助于解释为什么我们如此愿意过一种由算法决定的生活。因为如果算法声称知道我们,那么我们就有希望从算法中学习我们是谁。使用"每日之我"的管理,相信"像你一样的人"的建议,所有这些数据驱动的活动都是无心状态,一种寻找某种心思的无心状态,这种心思相信由算法处理的数据不仅存在而且可知。试图证明上帝存在的中世纪虚无主义已经被试图证明我存在的现代虚无主义所取代。如果老大哥或者现在的大数据在看着我,那么一定还有一个存在着的我,一个值得看着的我。

六、数据驱动活动的危险

　　我们在之前分析的数据驱动活动的案例中发现的东西——就

像尼采在机械性活动中发现的东西一样——是没有目标的活动，没有行动者的活动，没有责任的活动。换句话说，我们在这里发现的是旨在将我们从生活的压迫中解放出来的活动，特别是从作决定的压迫中解放出来的活动，或者，正如萨特所描述的那样，是从我们"被迫自由"的压迫中解放出来的活动。

根据尼采的说法，我们已经变得可预测，因为我们使自己变成可预测的。我们变得可预测，是操纵、灌输、训练和折磨过程的结果，"艰难、暴政、愚蠢和白痴状态"的结果，但这至少是一个人的过程，是我们对彼此和对自己做的事情。但是，如果这种"人类自己对自己所做的劳动"不再是由人类单独指导的呢？如果，正如后现象学所暗示的那样，算法不仅是我们实现数据驱动虚无主义的手段，而且也是积极塑造我们的数据驱动虚无主义的手段，那该怎么办呢？在用大数据取代老大哥时，我们可能已经失去了仍然可以抓住的一线希望，即纵使人类已经变成了木偶，仍然有些人不是木偶，有些人能够拉动绳子。

然而，即使我们今天是由数据和算法性服从驱动，而不是由牧师和机械性服从驱动，我们当前的情况也并非与尼采描述的完全不同。尽管在幕后使用的工具和覆盖着操纵和灌输的信念已经发生了改变，但我们仍然在描述知识是如何成为力量的。而且，一定有人在收集数据，一定有人在写算法，一定有人在从这种服从中受益。

正如我之前指出的那样，我们几乎不可能知道算法究竟知道些什么以及它们是如何工作的。但仍然存在这样的假设，即缺乏知识是由于保密，如果有一个"黑箱"装着我们的算法基础设施，这是因为设计师、工程师、律师和首席执行官们构建了这样一个作为数学、法律和官僚的复杂性的混合体的黑箱。正如弗兰克·帕斯夸尔（Frank Pasquale）在其著作《黑箱社会》（*The Black Box Society*）一书中所指出的那样：

　　乔治・戴森（George Dyson）在其《图灵大教堂》（*Turing's Cathedral*）一书中打趣道："脸书定义了我们是谁，亚马逊定义了我们想要什么，谷歌定义了我们要想什么。"我们可以将这句话扩展到将金融包括在内，它定义了我们拥有什么（至少在钱财上如此），以及**声誉**，它越来越多地定义了我们的机会。每个部门的领导人都希望在没有监管、申诉或解释的情况下作出这些决定。如果他们成功了，我们基本的自由和机会将被外包给除了让高层管理人员和股东参与之外几乎没有明显价值的系统。①

　　换句话说，了解黑箱里的东西是可能的，问题在于我们——那些日常生活被黑箱里的东西所驱动的人——没有获得这些知识，或者至少我们还没有获得这些知识。

　　然而，也许事实并非如此。也许总会有一个人"消息灵通"这样的假设已经过时了。正如谷歌前副总裁、卡内基梅隆大学现任计算机科学院长安德鲁・摩尔（Andrew Moore）在最近的一次采访中所说：

　　　　你可能高估了内容提供商对他们自己的系统如何工作的理解程度……你可能会想说，"你为什么推荐这部电影？"当你使用机器学习模型时，模型通过使用从之前的人那里得来的大量信息来训练自己……（比如）从电影海报上像素的颜色到与其他喜欢这部电影的人的身体接近。这是所有这些东西的平均效应……卡内基梅隆大学的一位研究人员刚刚推出了一

---

① Frank Pasquale, *The Black Box Society: The Secret Algorithms that Control Money and Information* (Cambridge, MA: Harvard University Press, 2015), 15.

种新的机器学习系统,该系统可以收集处理数百亿个小证据。①

当采访者问摩尔关于脸书的专利,即"一种贷款人可以用来考虑自己脸书朋友的信用评级以决定是否批准贷款申请的工具"时,摩尔补充说:

> 这是一个非常困难的问题……你最初要求一台显然不那么聪明的电脑基于我们对这个人的了解来预测这个人是否有风险——但[你是在告诉它],"请排除这些作为一个社会我们认为是非法的特征"。然而,工程师们很难或不可能确定,计算机没有无意中使用了一些它不应该使用的证据。

程序员编写算法。算法产生结果。这些结果是如何产生的还不清楚,这不仅对那些相关于这些结果的人来说如此,对生产结果的代码编写者来说也是如此。这就是所谓的"机器学习"的悖论:

> 在"大数据"时代,数十亿或数万亿的数据例子、数千个或数万个数据属性(在机器学习中称为"特征")可以被分析。该算法的内部决策逻辑随着它对训练数据的"学习"而改变。处理数量极其庞大的各种数据属性(即不仅包括垃圾邮件中的单词,还包括电子邮件标题信息)增加了代码的复杂性。随着机器学习技术的扩展,它们可能会迅速面临计算资源的限制,并且为了设法解决这一问题,开始使用写入代码的技术(如

---

① Adrienne LaFrance, "Not Even the People Who Write Algorithms Really Know How They Work", *The Atlantic*, September 18, 2015, https://www. theatlantic. com/technology/archive/2015/09/not-even-the-people-who-writealgorithms-really-know-how-they-work/406099/.

"主成分分析"),从而又增加了其不透明度。尽管数据集虽然可能非常大,但可以理解,且代码可以清晰编写,但两种算法机制之间的相互作用会产生复杂性(因此会产生不透明性)。①

随着机器对我们的了解越来越多,我们对机器的了解也越来越少。这并不是机器比我们更聪明的结果,因为正如摩尔明确指出的那样,这些机器"显然不那么聪明",因为它们仍然只是遵守规则。然而,问题在于,情况似乎变得越来越严重,没有人知道这些机器是如何遵循规则的,也没有人知道为什么这些关于吸收与排除的决定是在遵循规则的情况下作出的。

更深层的问题在于,虽然没有人知道这些算法是如何工作的,但我们仍然信任它们。对这个问题的尼采式回应是,我们信任算法,因为没有人知道这些算法是如何工作的。不透明性越强,神秘性就越强,信仰也就越强。人类是容易犯错的;因此,人类在算法中扮演的角色越少,围绕算法的绝对正确光环就越大。

当然,算法总是会出错,但这要归因于人类而非机器的错误。② 如果一个算法预测导致某人被错误地推荐了一个产品,错误地拒绝了贷款,或错误地成为无人机的攻击目标,那么这被认为是人类在设计算法时的偏见或赋予算法的信息不足的结果。前一个借口可以用来进一步证明用机器取代人类的合理性,后一个借口则可以用来进一步证明用机器价值(如效率)取代人类价值(例如隐私)的合理性。

人类价值被机器价值取代,这正是法国社会学家和神学家雅克·艾鲁尔(Jacques Ellul)的担忧。正如艾鲁尔所言:

---

① Jenna Burrell, "How the Machine 'Thinks': Understanding Opacity in Machine Learning Algorithms", *Big Data & Society* 3, iss. 1 (January-June 2016), 5.

② Pasquale, "Digital Star Chamber".

　　这就是我们正在目睹的倒置。在历史进程中，技能无一例外地属于一种文明，而且只是许多非技能活动中的一个单一元素。今天，技能已经接管了整个文明……生产的必要性一直渗透到生命的源头。它控制繁殖，影响生长，改变个体和物种。死亡、生殖、出生、生活环境；所有这些都必须服从技能效率和系统化，它们是工业流水线的终点。在人类的生活中，那些似乎是最个人化的东西，现在都已经被技能化了。人类休息和放松的方式成为放松技能的对象。他作出决定的方式不再属于个人和自愿的领域；它已经成为"运筹学"技能的对象。正如吉迪翁（Giedion）所说，所有这一切都代表着在存在的根源上进行实验。①

　　早在 1963 年，艾鲁尔就发现"效率"开始成为社会的主导价值，因为"技能"已经变为社会的主导规则。对艾鲁尔来说，"技能"（technique）并不是"技术"（technology）的同义词，而是被定义为"在人类活动的每个领域中合理获得并具有绝对效率（就特定发展阶段而言）的全部方法"。② 换句话说，"技能"代表了尼采所说的那些策略，后者使人类生命成为统一的、可计算的从而是可预测的。某种程度上可以说，效率作为目的取代了所有其他目的，越来越多的人类生活从属于技能规则。如果效率是我们想要的，那么技能就是获得效率的方法。

　　艾鲁尔真正担心的是效率到底是不是我们确实想要的，或者说，效率是不是我们被引导去相信我们想要的东西，我们是不是因为技能规则而被引导去相信的。也就是说，我们可能从这样一个角度开始，效率是通过最小化浪费来最大化利润的最佳方式，从而

①　Jacques Ellul，*The Technological Society*，trans. John Wilkinson（New York：Vintage Books，1963），128—129.

②　Ellul，*The Technological Society*，xxv.

105

"技能化"了所有营利活动。但是，当然，正如马克思意识到的，这是一种自我挫败的策略，一种导致消费阶层毁灭的策略，导致那些被最小化的人们所属阶层毁灭的策略，因为人们的就业而不是项目越来越被视为浪费。我们越来越意识到效率最大化导致失业最大化的问题，但继续寻求效率最大化，这让艾鲁尔认为效率已经成为目的本身，这个目的本身不是由这种技能化背后的资产阶级推动的，而是由资产阶级背后的技能化推动的。

正是这种担忧导致艾鲁尔被贴上了"决定论者"的标签，从而被归入了技术错位、技术恐惧症的历史垃圾箱。然而，当今围绕缺乏监管和缺乏对算法的理解（尽管如此，我们仍然允许算法继续驱动我们作决定）而产生的问题，被艾鲁尔关于技能和效率的分析完美描述出来了。因为，正如艾鲁尔所预测的那样，即使我们确实希望从数据驱动方式中解脱出来，即使政府确实希望规范算法，这也只有在那些有能力理解算法的人的帮助下才是可能的。因此，技能对艾鲁尔来说是对民主的挑战，就像效率是对道德的挑战。随着算法变得越来越复杂、越来越不透明、越来越嵌入社会，我们似乎越来越有可能别无选择，只能尝试让"好"算法去与"坏"算法抗衡。

然而，即使是这样的末日情境，也只有在我们实际决定停止信赖算法时才会发生。当然，这样的决定不仅要求我们在没有算法告诉我们这样做的情况下作出决定，而且要求我们愿意再次承担作决定的负担，而后者正是促使我们最初接受数据驱动虚无主义的原因。于是，接下来的问题不是我们是否能够理解和规范算法，而是我们是否能够理解和规范虚无主义。

第六章　超人

一、小快乐

尼采所描述的第三种人—虚无主义关系是"小快乐"。尼采写道：

> 对抗抑郁的斗争中有一种更有价值的方法就是小快乐的处方，它开出某种很容易获得、可以变成习惯的快乐；这种疗法通常与前一种疗法一起使用。因此，快乐作为一种治疗的最常见形式是给予快乐（行善、馈赠、纾困、帮助、鼓励、安慰、赞扬、奖励）的快乐；通过开出"博爱"的药方，苦行牧师根本上开出的是对最强烈的、最肯定生命的驱力——即权力意志——的刺激，即使这种刺激的量控制得极为谨慎。"轻微优越感"的幸福，包括一切善行、裨益、帮助和嘉奖，是生理性障碍患者惯于利用的最有效的安慰手段。他们之所以会广泛使用这些手段，是因为它们被广泛建议；否则的话，他们会互相伤害，当然，他们遵循的也是同一种基本的本能。①

① Nietzsche，*Genealogy*，135—136.

　　尼采在这里大胆宣称,我们帮助别人是为了帮助我们自己。然而,如果我们记得康德有过同样的担心,即我们不可能把帮助他人的责任从通过帮助他人获得快乐的欲望中分离出来,尼采这种111　说法似乎又不那么大胆。对尼采来说,能够帮助别人,意味着既比别人更不需要帮助,又有能力帮助别人。换句话说,帮助他人是自己权力的象征。我们能帮助的越多,我们就必然越强大。

　　例如,当一个男人为一个女人打开一扇门时,她会说"谢谢你",而他会说"不客气"。然后,他们都走进了门。但是,当一个女人为一个男人打开一扇门时,他可能不会说"谢谢你",而会抓住门说"啊,女士优先"。男人不愿意让女人为他打开门——或者为他拉出椅子、付账单或开车送他回家——这种不愿意表明即使是这样一种看似平凡的行为,也是对权力动力学的认可。

　　还有另一个例子,请想想"用善良杀死他们"这个表达。这里的观念当然不能从字面上理解,好像它描述的是我们用虚假的微笑和白眼而非更传统的暴力形式攻击某人。然而,正如这种表达所揭示的,我们确实——即使是在为我们讨厌的人烤饼干这样的非传统暴力行为中——仍然试图(隐喻性地)杀死某人,贬低他们,揭示他们不如我们,他们甚至不值得我们使用传统形式的暴力。这种行动的最终目的是"战胜他们",换句话说,就是操纵他们,使他们屈服于我们的意志,把他们从敌人变成朋友,这当然也是战争的最终目标。我们能够意识到尼采对这种行为的真正含义的洞见,这在我们将这些行为描述为"被动攻击"中表现得很清楚,因为虚无主义的核心正是我们在被动时仍然具有破坏性能力。

　　与前两种人—虚无主义关系一样,这里也有一种无私的感觉。然而,前两种形式的虚无主义中的无私是基于逃避主义,逃入盲目的活动,而在小快乐中,我们发现无私采取的是利他活动的形式。然而,对尼采来说,这些看似利他的活动本质上仍然是逃避主义的,尽管我们逃避的不是现实,也非责任,而是无能。

在死亡面前,我们是无力的。在大自然面前,我们是无力的。在时间面前,我们是无力的。在大多数真正存在的事物面前,我们个人是无力的。但是,在那些我们可以帮助的人们面前,我们是有力的。或者,至少我们可以短暂地体验一下有力的感觉。帮助他人并不会改变我们面对死亡、自然、时间时的处境,抑或是面对生活中其他无数让我们觉得自己不过是命运玩物时的处境,但正因如此,我们要抓紧这种短暂的体验,通过找到新的和更快乐的方法来帮助越来越多的人,一次又一次地返回这种体验。

当然,寻求新的和更快乐的方式来帮助越来越多的人,这似乎并不是什么不好的事情,更不用说是虚无主义的了。因为,即使我们别有用心,即使我们带着最愤世嫉俗的眼光,把利他主义的无私看作由权力意志的自私所驱使的秘密动机,但事实仍然是,需要帮助的人得到了帮助。然而,这里的问题不仅在于帮助他人如何让我们感到有力,而且在于帮助他人如何让我们把他人视为无力的。用人为的优越感虚无主义地取代我们自己的无能,同时也是用他人人为的自卑感虚无主义地取代他人的人性。帮助有需要(in need)的人变成帮助贫困的人(needy people),帮助贫困的人变成帮助贫困者(the needy)。

二、从小快乐到快乐经济学

快乐经济学是我发明的语词,用于描述我们通过技术以更新、更快乐的方式扩大我们帮助和支持他人——以及在这种支持下暗中扩大对我们自己的提升和对他人的贬低——的能力的现象。

在尼采的时代,我们只能帮助身边的人,而在今天,我们可以上网帮助全世界的人们。在像 Kickstarter、GoFundMe 和 Indiegogo 这样的"众筹"网站上,数十亿美元被送到世界各地去帮助艺术家、音乐家、电影制作人和设计师,以换取感激的小礼物。类似地,像爱彼迎、优步和来福车(Lyft)等这样的"零工经济"(gig economy)网站也允许人们出租自己的房子和汽车,而像任务兔(TaskRabbit)这样的网站则允许人们出租自己的身体。

正如尼采指出的那样,我们在所有这些情况下都可以发现把我们的权力意志扩大到梦寐以求的高度的能力,后者让我们体验帮助那些需要帮助的人的优越感,比如,通过慈善捐款,通过让陌生人待在我们家里,给我们开车,甚至做家务。

三、对象化经济

根据之前提到的尼采对小快乐的定义,机械性活动和小快乐之间存在着联系,因为他认为后一种"疗法""经常与前一种疗法一起使用"。如果我们再次回到乐活,那么在数据驱动活动和快乐经济学之间是否存在类似关联的问题就可以得到回答了。

正如我在前一章中提到的那样,乐活关于卡路里消耗、步数和每分钟心跳的信息,如果不被视为我们称之为健身的抽象标记,而是视为电子游戏中的积分,那么用户就更容易理解。我们已经把我们的身体变成了游戏里的化身,把我们的生活变成了游戏,这让我们很容易看出我们可以如何迅速地把这些分数进一步变成货币价值,把我们的身体进一步变成商品,把我们的生活进一步变成商业。因为我们一旦把健康变成了竞争,就只有把竞争变成利润才有意义。

这种健康即利润的想法,正是我们在成就网(Achievement)中发现的。成就网是一个将健身追踪转化为健身赚钱的网站:

为健康获得分数
我们已经奖励了超过1亿项活动。以下是最常见的赚钱方式：

步行/每天走步

任何形式的锻炼

睡眠

记录食物/卡路里

每天称体重

发健康推文

采取一项调查

参与研究①

从表面上看，这似乎好得令人难以置信。谁不想仅仅靠走路、睡觉就能赚钱呢？正如成就网所说，我们总归都在做这些活动，不妨为此得到些报酬。

当然，成就网也能从中获益。正如最后列出的赚钱方式——"参与研究"——所暗示的那样，成就网是由医学研究公司 Evidation Health 运营的。要想步行、睡觉都能赚钱，必须首先注册成就网，这个过程包括授权 Evidation 从你的可穿戴健身追踪器中获取数据。换句话说，无论你是否明确地选择参与研究，仅仅通过注册，你就已经默许选择了参与研究。所以，虽然这种安排看似对你来说太好而显得不真实，但它实际上是对 Evidation 来说太好而显得不真实。他们并没有提供免费的钱，因为以你的数据形式呈现的你，价值远超他们因你散步和睡觉而付给你的相对微薄的钱。

然而，这里的问题并不是说 Evidation 是在欺骗人们泄露自己的数据。相反，我们应该担心的是，Evidation 并没有骗人，它在

① Achievement，https://www. myachievement. com/ （accessed February 20, 2017）.

成就网上很清楚地表明了这种安排是什么，可是人们——根据他们的网站，有超过 100 万的人——仍然在使用它。正如成就网主页所述：

> 到目前为止，我们已经支付了 50 多万美元。它是这样工作的：
>
> 每 10000 点赚 10 美元。你能挣多少钱，没有上限。
>
> 此外，给健康研究投稿，还可以赚取高达数百美元的收入。
>
> 我们已经与领头的健康公司合作，使这些奖励成为可能。①

像这样的安排当然并不新鲜。医学研究公司总是为数据向参与者付费，它们能从这些数据中多次获利。事实上，人们——例如，一个马克思主义者——可以说，这种安排只不过是资产阶级和无产阶级之间、控制生产资料者和作为生产资料者之间的资本主义安排。

然而，这里存在的新东西在于，成就网既不针对传统的无产阶级成员，也不针对传统的医学研究参与者。要使用成就网，一个人必须拥有并使用像乐活这样的可穿戴健身追踪器。无产阶级由体力劳动者组成，医学研究由大学生组成，两者的共同点是他们需要钱，这些钱他们不太可能花在乐活上，而是花在食物上。

因此，成就网的目标群体是那些有足够的钱买一个乐活，但没有足够的钱把像成就网这样的东西视为低他们一等的人。而正是

① Achievement，https://www.myachievement.com/（accessed February 22, 2017）.

这种低他们一等的缺乏是这里的问题所在。用我们的身体赚钱不再被视为一种卖淫，一种令人悲伤、绝望、道德堕落的东西，而是被视为一种良好的商业意识。为什么要让骄傲来阻碍利益呢？正如有一种观点认为卖淫不是性堕落而是性解放，不是软弱而是强大，不是无力而是自主，所以我们也可以在这些用身体赚钱的新方式中找到权力意志的标志。

向医学研究公司提供数据以换取报酬与操纵无关，与骗我们以为可以不劳而获无关，而是与自主性有关。医学研究人员想要我们的数据，需要我们的数据，因此给他们提供我们的数据是我们的力量的标志，我们有能力给别人所需之物的标志，这种能力不是贬低他人，而是贬低我们自己。我们得到的用以换取我们数据的苍白报酬，不是我们有用的标志，不是我们天真地认为我们的数据很有价值的标志，而是愿意把我们的身体贬低为数据、把我们的数据贬低为礼物的标志。因此，报酬不是对交易的补偿，而是对收到一份礼物时说出的一声"谢谢"，这份礼物是我们自愿、自由、自豪地赠予的。以我们能说"不"而感到自豪的时代已经过去了。今天，我们为我们能说"是"而感到自豪。不过，这并不意味着我们的骄傲仍然与我们的权力无关。

四、共享就是关怀

以我们能说"是"而感到自豪，这就是"共享经济"的全部。互联网并不是痴迷于消费主义和所有权，让我们只能使用我们能负担得起的东西，而是让人们能够在没有所有权的情况下获得使用权。从这个角度来看，重要的不是某物是否属于某人，而是某物当前是否正在被某人使用。不被使用的东西就是被浪费掉的东西。

这种浪费不仅以赚钱机会，也以和人见面机会的形式出现。

116

正如《经济学人》(*Economist*)在 2013 年初对这一现象的描述那样：

> 这种"合作消费"是一件好事，原因有几个。所有者从从未被充分利用的资产中赚钱。爱彼迎网站说，旧金山的房东平均每年出租房屋 58 个晚上，年收入 9300 美元。把车租给其他人的车主利用 RelayRides 网平均每月挣 250 美元；有些人的收入甚至超过 1000 美元。[……]对于善于交际的灵魂来说，待在家里认识新朋友是他们魅力的一部分。那些认为每个租客都是诺曼·贝茨的守财奴仍然可以住在传统的酒店。对其他人来说，网络可以培养信任。除了平台所有者进行的背景调查外，双方通常都会针对每笔交易发布网上评论并评级，这使得人们很容易发现糟糕的司机、浴衣盗窃者和冲浪板破坏者。通过使用脸书和其他社交网络，参与者可以互相检查，识别共同的朋友(或朋友的朋友)。①

共享经济不仅仅是共享商品和服务，还是共享经验。从共享经济的角度来看，不仅不被共享的产品是浪费，不被共享的时间也是浪费。

虽然像亚马逊和易贝(eBay)这样的网站让人们可以直接而非通过商店买卖产品，但它们不能像爱彼迎和任务兔这样的网站那样提供与人们见面的机会。像亚马逊和易贝这样的中间商能够告知潜在的买家和卖家，但只是告知他们的交易历史(也就是说，买家可以信任支付，卖家可以信任交付)。然而，像爱彼迎和任务兔这样的中间商是通过面对面的交易来运作的，因此，人们提前共

---

① The Economist, "The Rise of the Sharing Economy," *The Economist*, March 9, 2013, http://www.economist.com/news/leaders/21573104-interneteverything-hire-rise-sharing-economy.

享的远不止一个人的交易历史。

　　共享经济不仅需要共享产品和时间，还需要共享信任。共享经济本应该把人们聚集在一起，在信任的基础上培养一种新的社区意识。确实，根据共享人网站（The People Who Share）的创始人贝尼塔·马托夫斯卡（Benita Matofska）的说法，"信任是共享积极的秘密所在。"①然而，由于我们实际上并没有达到共享经济所要求的信任水平，我们要求推动共享经济的互联网中间商进行背景调查、核实社交媒体账户并防止匿名。这些安全措施揭示了共享经济建基于其上的信任并非对彼此的信任，而是对技术的信任。信任不是来自陌生人见面和发展关系，而是来自将个人信息上传到网站上。换句话说，信任来自数据。我们如何使用这项技术，进一步揭示了我们不仅缺乏共享经济所需要的信任，甚至缺乏共享经济所需要的共享欲望。

　　我在上一章从数据驱动活动的角度讨论了信任和数据之间的关系，即一方面，与相互信任相比，我们更信任数据，另一方面，我们之所以值得信任，是因为我们能被简化为数据。在这里，从快乐经济学的角度来看，我们应该关心的不是数据对我们做了什么，而是数据允许我们对彼此做些什么。

　　为了参与共享经济，人们必须创建一份个人资料，一个在共享经济中其他参与者能够仔细阅读、使用和滥用的个人资料。我们找到了一些想要分享的东西，我们请求分享它，然后我们等待。我们有一些东西想要分享，我们把它发布到网上以被分享，然后我们等待。在这两种情况下，我们等待的是被评判，被评判为值得分享。

　　在最近的争论中，人们发现爱彼迎的用户对非裔美国人的潜在客人存在种族歧视，这一争论再次让我们看清，共享更注重的不

① 　Benita Matofska, "The Secret of the Sharing Economy," *TEDxFrankfurt*, November 29, 2016, available at: https://www. youtube. com/watch? v =- uv3JwpHjrw.

是关怀，而是评判。哈佛商学院的研究人员在他们的研究报告《共享经济中的种族歧视：来自现场实验的证据》（Racial Discrimination in the Sharing Economy：Evidence from a Field Experiment）中写道：

> 　　我们发现有着非裔美国人名字的客人普遍被歧视。[……]我们的研究结果具有持久性。非裔美国人和白人主人都歧视非裔美国客人；男女主人都会歧视非裔美国人；男女非裔美国客人都会受歧视。对于提供全部房产的主人和与客人共享房产的主人来说，这种情况一直存在。歧视在经验丰富的主人之间也持续存在，包括那些拥有多套房产和进行多次审查的主人。在不同和同质的社区中，在高价和低价的公寓中，歧视一直存在，而且歧视的程度相似。①

要求用户发布自己的照片并使用自己的真名，这会招致评判、招致歧视、招致权力的使用。在亲自介绍自己之前，先在网上介绍自己，这无助于建立陌生人之间的关系，而有助于建立陌生人之间的不平等，允许信息使用者挑剔和选择，形成刻板印象并避而不见，而不是简单的见面和问候。

这些研究人员发现，这种歧视在所有人群中都如此持续地发生着，它只是进一步表明了技术在实现这种歧视方面扮演的公分母角色。同样，在《纽约时报》一篇专栏文章中，克里斯汀·克拉克（Kristin Clarke）如此写道：

----

① Benjamin Edelman，Michael Luca，and Dan Svirsky，"Racial Discrimination in the Sharing Economy：Evidence from a Field Experiment," *American Economic Journal：Applied Economics* (forthcoming)，2—3. Available online：http://www. benedelman. org/publications/airbnb-guest-discrimination- 2016-09-16. pdf.

118

虽然我的第四次申请被接受了,但总体体验是很糟糕的。我是非裔美国人,因为爱彼迎强烈建议上传一张个人资料照片(我提供了照片),并要求用户显示真实名字,所以我很难相信种族因素没有发挥作用。

这是我最后一次通过爱彼迎预订机票。

我的经历并非独一无二。今年,爱彼迎的歧视问题已经受到相当多的关注,尤其是在该服务的非裔美国用户开始于社交媒体上分享与我类似的使用＃AirbnbWhileBlack 这个话题标签的故事之后。①

克拉克是民权律师委员会的主席兼执行理事,她在文章中总结了一些关于爱彼迎如何帮助阻止这种歧视的建议。除了建议爱彼迎通过审查和驱逐实施歧视的房东来积极反对歧视外,克拉克还补充说:"第三,爱彼迎应该停止在预订房间前让用户显示真实姓名或个人资料;在预订被确认之前,这些信息应该被保留。"换句话说,为了阻止歧视,爱彼迎不仅必须开始监管歧视,还必须停止允许歧视的存在。

重要的是,在共享经济中,爱彼迎并不是唯一一家让研究人员发现其用户歧视其他用户的公司。优步和来福车这两个原本被认为只是在"扰乱"出租车行业——特别是出租车司机避免搭载有色人种的传统——的拼车互联网公司,最近都被发现可能会导致歧视。然而,来自华盛顿大学、斯坦福大学和麻省理工学院的研究人员发现,尽管优步的司机比来福车的司机更喜欢歧视人,但这似乎与司机之间的不同没有多少关系,而与由司机共享的信息量的不同有很大关系:

---

① Kristen Clarke, "Does Airbnb Enable Racism?", *New York Times*, August 23, 2016, https://www.nytimes.com/2016/08/23/opinion/how-airbnb-canfight-racial-discrimination.html.

优步产生了一些最令人不安的数据,但这并不一定意味着来福车对黑人客户更友好。相反,它可能反映了来福车司机在寻找乘客的过程中更早开始歧视的能力。研究人员指出,当乘客在使用来福车应用程序——它可以让司机在接单之前看到潜在乘客的姓名和照片——时,我们很难识别在旅行前和旅行期间存在的潜在歧视,因为司机可以从一开始就选择永远不接黑人乘客的单。但是作者说,在来福车黑人用户中出现的长时间等车现象,可能与司机查看和跳过黑人客户的待定申请相关。[……]研究发现,几乎没有证据表明飞轮公司(Flywheel)的司机中存在歧视现象,而这可能是因为该服务没有要求用户在个人资料中添加照片。[1]

优步、来福车和飞轮在歧视用户上的区别,只是进一步突出了数据和权力之间的相关性。直到司机接受乘客申请,优步才会与司机分享乘客信息,所以司机的歧视变得很明显。来福车在司机接受乘客申请前与司机分享乘客信息,司机的歧视就变得不那么明显了。飞轮根本不与司机共享乘客信息,司机的歧视就没有出现。提供的数据越少,滥用的权力就越小。

此外,研究人员还发现,拼车司机不仅能够以歧视形式行使权力,而且还能够以性别歧视和性骚扰形式行使权力。女性乘客乘车时所花费的时间常常比实际需要的更长,甚至会出现多次穿过同一个十字路口的情况,研究人员因此得出结论,这"似乎是对一个别无选择的用户进行的敲诈和调戏"。[2] 换句话说,共享经济提出了这样一个问题,即被拒绝是否仅仅因为某人不喜欢你的头像,

---

[1] Gillian B. White, "Uber and Lyft Are Failing Black Riders", *The Atlantic*, October 31, 2016, https://www.theatlantic.com/business/archive/2016/10/uber-lyft-and-the-false-promise-of-fair-rides/506000/.

[2] White, "Uber and Lyft".

以及被接受是否仅仅因为某人太喜欢你的头像。

在被称为"众筹"的共享经济分支中,我们也发现了个人头像决定如何共享以及共享什么的证据。就像共享经济应该通过把关怀置于消费主义之上来"颠覆"传统经济一样,众筹也应该通过把大众置于市场之上来"颠覆"传统的筹款方式。像 Kickstarter、GoFundMe、Indiegogo 以及更多的网站,不是试图说服对冲基金经理进行大量投资来使一种创意顺利实施,而是允许人们试图说服大众进行小额捐款来使一种创意顺利实施。然而,尽管互联网上流传着很多关于如何成功地为创意众筹的建议,但研究表明,"对于那些在网上赚钱的人来说,最好的建议听起来更像是:你要瘦、皮肤白皙、有吸引力"。①

众筹,就像共享经济一样,似乎根本不应该奏效。共享经济要求人们愿意与陌生人分享他们的物品,邀请陌生人到家里,并请陌生人允许分享他们的物品,允许进入他们的家。众筹要求人们愿意给陌生人捐钱,也想向陌生人要钱。传统意义上,我们会认为这些活动是强人所难的,不适合文明社会,是上不了台面的。然而,正如共享经济和众筹网站用户的歧视和性别歧视的证据所表明的那样,我们认为这些活动不是在贬低我们,而是在提升我们,不是虚弱的标志,而是强大的标志,或者如尼采所说,是权力的标志。

如果一个人在爱彼迎上发布了自己的房子,那么他就可能会被其他人、朋友和家人评为有需要的人。但是,这样的判断可以被共享经济的意识形态所抛弃——我不是一个有需要者,我是一个分享者,一个利他主义者,一个共同体的一部分,一项运动的一部分。人们会仔细观察和判断主人的家。但是,主人虽然不知道有

---

① Joe Pinsker, "How to Succeed in Crowdfunding: Be Thin, White, and Attractive", *The Atlantic*, August 3, 2015, https://www.theatlantic.com/business/archive/2015/08/crowdfunding-success-kickstarter-kiva-succeed/400232/.

多少人在看他们的家、拒绝他们的家、拒绝他们，却知道有多少人在申请被允许进入他们的家，申请得到他们的批准，申请被他们评判。潜在的客人至少要发送一份资料，一份有名字、照片和履历的资料。但是，爱彼迎也邀请潜在的客人向主人发送信息，发送一个判断他们有价值的理由，一个基于需要（例如，"你家的位置完全适合我的需要！"）或者欲望（例如，"你的家看起来很棒，我很想见到你！"）的理由。主人不仅被邀请去评判潜在的客人，而且去判断客人的需求和欲望。在收到了这样的理由后，主人可以要求更多，要求更多的有价值证据，要求足够干净、值得信赖、可靠、有趣、令人兴奋等等。当然，重要的不是一个人可以通过一条信息来证明这些价值，而是潜在的客人愿意尝试提供这样的证据，从而证明潜在的客人是足够有需要的。主人把他们的房子租出去了。潜在的客人把他们的尊严租出去了。

被认为足够有需要的客人可以睡在主人的沙发或额外的床上，除了支付主人这样一种荣誉，用以交换金钱和权力之外。这种权力交换表现在进入主人家——这个家在变得能够提供给客人的过程中已经成为主人权力的象征，并作为主人权力的象征——的每一个步骤中，遵守主人规则的每一个步骤中，这些规则通常是主人向客人交代的第一件事。客人必须尊重主人的家。客人必须尊重主人。对不尊重的惩罚不仅采取收费的形式，而且采取负面评论的形式。因为虽然爱彼迎允许客人和主人相互评论，但客人总是被要求首先进行评论，而主人不仅可以评论客人，还可以评论客人的评论。尊严——由愿意经受考验的需要，以及显示一个人如何经受考验的评论来衡量——是共享经济的真正货币。

这种用房产换取尊严的方式在众筹中表现得更加明显。在众筹中，没有共享经济一对一的关系，而是一对多的关系，因此人们不需要经受由另一个人提出的考验，而是需要经受投资人假设的他者提出的假设的考验。创造者为他们的创意申请金钱,首先要122预测投资人的需求,并试图满足它们。

这种尝试的满足主要来自推销行话。这种推销行话是创意人展示他们值得投资人投资,值得花费时间和金钱的地方。投资人不向创意人要求任何东西,对创意人没有任何要求,也不向创意人传达任何欲望。因此,那些不需要暴露自己,而是可以保持匿名的投资人,持续观看创意人为他们跳舞,观看创意人试图猜测投资人想要看什么样的舞蹈。

舞蹈通常以个人照片、陈述的形式并且经常以视频的形式出现。创意人不只是在出售他们的创造物,也是在出售创意人自己。在共享经济中,人们可以把自己的需要隐藏在意识形态背后——隐藏在共享的欲望之后,隐藏在尝试新的不同的东西的欲望背后——但是在众筹中,人们没有什么可隐藏的。创意人需要钱。创意人在要钱。投资人有钱。投资人拥有创意人所需要的东西。投资人是被需要的,但投资人不是有需要的,因为投资人有权力,权力来自能够给予,给予有需要的人。

但是,有许多创意人,有许多人创意人是有需要的,因此投资人不仅有权力给予,而且有权力评判,评判谁不仅足够有需要,而且足够有投资价值。投资人没有神灵或尼采式"主人"的权力,但投资人确实体验到了这种权力,因为投资人决定了谁的创意可以活,谁的创意必须死。然而,正如上述研究所显示的那样,投资人最终评判的不是创意的吸引力,而是创意人的吸引力。

这几乎就好像人们用他们的捐赠购买的不是一份创意,而是一个创意人。因为否则的话,为什么创意人的吸引力会如此重要(特别是与共享经济不同,当投资人永远不会遇到创意人时)?然而,仅仅因为投资人永远不会遇到创意人,这并不意味着投资人不能在创意人面前炫耀自己。

再一次地,投资人拥有给予的权力。这似乎不是利他主义的,而是一种交换,因为当创意人向投资人要钱时,创意人还提供了额外的福利。但正如我们在成就网上看到的,与创意人希望得到的相比,这些额外的福利几乎没有什么价值。投资人中的每一个都得到了一个创意蓝本,每个人的名字都在捐赠者名单上,每个人都得到个性化的"谢谢",如此等等。然而,正是这些额外福利的相对无价值赋予了它们相应的价值。因为正是这种额外福利的无价值允许投资人去炫耀,允许投资人表明他的捐赠不是投资,而更多的是礼物,不是希望有回报的东西,而是他之所以做是因为他能够做的东西。投资人要求的所有回报就是一句"谢谢",一句非常公开的"谢谢",由于互联网——特别是众筹网站和社交媒体网站的整合体——的存在,这句"感谢"全世界都可以看到。

五、约会游戏

不同于共享经济和众筹网站允许我们掩盖对头像的使用和滥用,把我们的评判、歧视、寻求权力行为隐藏在利他意图的掩护之下,网上约会世界却陶醉于让用户根据头像接受和拒绝对方。当然,也有一些约会网站仍然在戴着意图高尚的面具,帮助用户寻求爱而不是权力,这些网站如 Match. com、和谐电子和 OkCupid。但 Tinder 与众不同。Tinder 关注的不是浪漫,而是交易,是快乐经济学的虚无主义,而不是数据驱动活动的虚无主义。Tinder 不仅是最受欢迎的约会应用程序,而且"近两年来一直是美国下载量最多的生活方式应用程序"。[①]

不同于大多数约会网站提供数据分析和算法资料配对的权

---

① Jeanette Purvis, "Finding Love in a Hopeless Place: Why Tinder Is So 'Evilly Satisfying'," *Salon*, February 12, 2017, http://www. salon. com/2017/02/ 12/ finding-love-in-a-hopeless-place-why-tinder-is-so-evilly-satisfying/.

力,Tinder 提供的是接受和拒绝的权力,"向右滑"和"向左滑"的
权力,这种权力是如此受欢迎,以至于它已经进入了文化词汇,作
为接受和拒绝的代码。与竞争对手相比,Tinder 的受欢迎程度也
很明显。尽管 Match. com、和谐电子和 OkCupid 等网站在 2013
至 2015 年间的用户数量保持了相当一致,但 Tinder 的月活跃用
户数量同期增加了两倍多。对这种成功的一种解释是,Tinder"越
来越容易让人上瘾":

124

> 在大学校园起飞后,Tinder 现在号称每天有 2600 万次
> 配对,而且其领导人投入了大量资金来维持其作为年轻人约
> 会天堂的声誉。[⋯⋯]来自 7ParkData 的一项分析显示,在
> Hinge、Zoosk 和 Wyldfire 等竞争对手的包围下,Tinder 的用
> 户基础从 2014 年开始已经增加了两倍,目前占美国活跃手机
> 用户的 3% 以上。它也变得越来越容易让人上瘾:该公司在
> 2013 年表示,用户平均每天查看该应用 11 次,每次 7 分钟。[①]

数据驱动约会网站的运作方式是让用户填写调查问卷,然后
等待配对。然而,Tinder 会邀请用户去随意浏览——或者左右滑
动——个人资料,这些资料只包含一些照片,用户上传这些照片来
被审视和评判。由于有如此多的用户,当然就有很多的东西需要
审视和评判。

Tinder 不仅是最受欢迎的约会应用程序之一,也是最受欢迎
的应用程序之一,该应用程序遍布 196 个国家,注册用户每天的浏
览量超过 14 亿次。[②] Tinder 报道的每天 2600 万次配对似乎是一

---

① Drew Harwell, "Online Dating's Age Wars: Inside Tinder and eHarmony's Fight for Our Love Lives", *Washington Post*, April 6, 2015, https://www. washing-tonpost. com/news/business/wp/2015/04/06/online-datings-age-warsinside-tin-der-and-eharmonys-fight-for-our-love-lives/.

② Tinder, https://www. gotinder. com/press(accessed March 5, 2017).

个很大的数字,但与每天的滑动次数相比,实际上相当少,这意味着只有大约 2％的滑动会促成配对。于是,看上去 Tinder"让人上瘾"的原因不在于找到配对的可能性,而是评判的能力——浏览成千上万的资料的能力,Tinder 的地理定位软件会发现这些资料的所有者就住在彼此附近,也许刚刚在大街上与自己擦肩而过,并相互评判。

社会心理学家珍妮特·珀维斯(Jeannette Purvis)的研究进一步支持了这一观点,即 Tinder 用户更感兴趣的是评判而不是配对。正如珀维斯所写的:

> 作为一名社会心理学家,我把研究重点放在探索为什么 Tinder——正如我的一名采访参与者所说——如此"令人极为满意"。[……]Tinder 寻找浪漫的方式很简单,却极其有效。配对的标准很少:外貌、可行性和位置。因为人们只需瞄一秒钟就能判断出某人的吸引力,所以 Tinder 用户经常以惊人的速度浏览个人资料。用心理调节术语来说,Tinder 的界面结构完美,可以促进这种快速滑动。由于用户不知道哪一次滑动会带来配对的"奖励",所以 Tinder 使用了一个可变比例的奖励计划,这意味着潜在的配对将被随机分散。它与老虎机、电子游戏甚至动物实验中——那里研究人员训练鸽子不断地啄墙上的灯——使用的奖励系统相同。①

Tinder 不仅"让人上瘾",它还既"令人极为满意"(evilly satisfying)又"极其有效"(brutally effective)。但只有 2％的滑动会产生配对,这说明不是配对而是*左右滑动*"令人满意"和"有效"。然而,是什么让左右滑动能够既"邪恶"(evil)又"残忍"(brutal)呢?

---

① Purvis, "Finding Love".

珀维斯似乎认为答案在于用户不知道"哪一次滑动会带来配对的'奖励'",因此假设用户在 Tinder 上寻找的目的是配对,而滑动只是手段。但如果这是错的呢？如果配对不是目的,不是"奖励",而是更接近某种出乎意料的好事呢？用户快速滑动个人资料,判断每份个人资料是可接受的,还是可拒绝的,并在几秒钟内完成这些事情,而这种判断仅仅基于"外貌、可行性和位置"。换句话说,用户被从人降低为个人资料,从个人资料降低为照片,从照片降低为让人喜欢或讨厌的东西(Hot or Not)。

配对破坏了这个过程,它不仅是一种中断,而且是一种需求,一种作决定、响应的需求,尽管这种响应所要求的不过是一次滑动而已。一方面,配对是在提醒,用户不仅在评判,而且在被评判,不仅在贬低别人,而且也被别人贬低,不仅在滑动,而且也在被滑动。另一方面,配对是在提醒,用户要多于他们已经被贬低成的东西,用户是一个人,他现在被置于一种情境,那里他们必须选择是否与另一个人"聊天",后者同样也多于他或她被贬低成的东西。

如果配对是预期的结果,那么这个作决定的时刻想来应该是一个让人高兴的时刻。然而,来自伦敦玛丽女王大学、罗马萨皮恩扎大学和皇家渥太华卫生保健小组的研究人员发现:

> 总的来说,我们发现 21％ 的女性配对者发送了一条信息,而只有 7％ 的男性配对者发送了一条信息。[……]男性发送的信息长度只有 12 个字母,而女性发送的信息长度有 122 个字母。对于男性来说,25％ 的信息都不到 6 个字母(大概是"你好"或"嗨")。因此,很明显,公开对话中所传递的信息很少。①

① Gareth Tyson, et al. , "A First Look at User Activity on Tinder", *arXiv*, July 7, 2016, https://arxiv.org/pdf/1607.01952v1.pdf.

只有 2％的滑动会导致配对,而在这些配对中,只有 21％的女性和 7％的男性会发送信息。而且,在用户发送消息时,他们似乎并不认为这是一个可以超过他们已经被贬低成的东西的机会,而是仍然将其视为另一个贬低自己的媒介,其中女性写的信息相当于一条推特,而男性写的信息则相当于浴室隔间里的涂鸦。

虽然人们普遍认为 Tinder 用户不是在寻找爱情,但这种行为表明 Tinder 用户几乎不参与随意的放纵。相反,Tinder 用户似乎是在追求着追求,或者再次如尼采所说,追求权力意志。当然,我们也会在线下这么做,在酒吧里浏览人群,上下打量他人,一言不发地拒绝不受欢迎的人。但这里的关键是 Tinder 的技术对我们的权力寻求行为来说是否是一个中立的媒介,Tinder 是否以刺激、鼓励甚至引发这种权力寻求行为的方式来调节——后现象学意义上的调节——我们的权力意志,影响和塑造用户在 Tinder 上的行为。

正如我们所看到的,对滑动的怂恿之所以既"令人极为满意",又"极其有效",不是因为用户希望勾搭对方,而是因为用户可以享受拒绝他人。将某人的头像从屏幕上拖下来,把某人的脸扔到一个虚拟的垃圾堆上,可以让用户体验以前为招聘委员会和选角导演保留的权力。由于智能手机应用程序的人体工程学特性,某人的命运就在那一瞬间掌握于你手中。

当然,这并不是说,这种权力并不在于同意和拒绝,也不在于向右滑或向左滑,因为这里重要的不是一个人对另一个人的感觉,而是一个人在滑过另一个人时的感觉。Tinder 将人际关系的复杂性简化为一个手势,允许用户用拇指决定他人的命运,就像传说中角斗场上皇帝的手势一样。想要另一个人活还是死,发现另一个人值得喜欢还是讨厌,Tinder 只需要一下滑动就可以做到,我们也用同样的活动快速浏览社交媒体时间表,以类似的方式选择我们的"朋友"哪一个值得花费我们的时间,哪一个不值得花费我们的时间,哪一个值得我们点击一下"喜欢",哪一个一文不值。

当然,点击一下"喜欢",就像一次滑动一样,也一文不值。点击这里或点击那里,向左滑动或向右滑动——最终都没有任何区别。它们都是相同的行为。这并不是说这些行动毫无意义,远非如此,因为我们应该关心的正是我们在这些行动中所发现的意义。不愿在日常生活中表达自己,无法直面他人,告诉人们我们对他们有感觉或没感觉,我们只能继续亲自仁慈地用消极进攻的方式杀死彼此,然后在网络空间假装具有侵略性,在我们的手机上体验拥有真实权力的幻觉,获取我们想要的东西的幻觉和摧毁我们不想要的东西的幻觉。

正是在这里,我们看到了 Tinder 的成瘾性的虚无主义危险。因为这种幻觉已经开始取代了现实。我们可以从 Tinder 中获得的快乐,即"极其有效"和"令人极为满意"的快乐,远远超过了我们可以从面对面的交流中获得的快乐。因为,即使我们有能力在日常生活中表现权力,即使我们可以开放而诚实地对待站在我们面前的人,我们也已经习惯于退回到基于手机的权力之源,以至于我们经常忽视面对面的交流,而乐于手指的滑动再滑动。亲自拒绝别人显得残忍而又棘手,但在 Tinder 上拒绝别人有趣而又快速。

当然,我们可能会质疑这是否真的有趣,质疑我们把自己和他人简化为滑动能力是否真的是一种快乐的活动,质疑究竟什么东西才是这样的快乐的根源,但是,Tinder 之所以被如此设计——"Tinder 的界面结构完美,可以促进这种快速滑动"——正是为了我们不会提出这样的问题。Tinder 邀请用户在现实世界和网络世界中都占尽上风:用户是真实的人,人们可以和他们面对面交流,用户又是化身,人们可以像滑脸书上猫的照片或亚马逊上产品的图片一样滑动他们。由于前者,用户觉得他们不是在浪费时间,而是在参与人际互动。由于后者,用户会觉得他们并没有伤害任

128　　何人的感情，而只是玩得很开心。而且，由于我们可以同时体验这两种视角，所以我们既可以是残忍和邪恶的，而又不会感到残忍和邪恶。

　　把我们是谁从我们做什么中区分出来，就是虚无主义。我们就是我们所做的事情。[①] 没有"现实世界"与"网络世界"的不同，只存在经验的世界。维护这些二元论的错觉是 Tinder 获得成功的核心，因为如果我们被迫面对我们实际上对自己和彼此做的事情，我们将被迫认识到我们在 Tinder 上发现如此有趣的东西——我将在下一节进一步讨论这一点——正是尼采所描述的残忍的快乐。

六、快乐经济学的危险

　　在《谱系》的序言中，尼采提醒我们，作为当代社会的主导性道德，为我们提供最高价值观和抱负的道德，"同情的道德"[②]是"人类的大危险"，是虚无主义的"不祥的症状"。为了解释尼采这里所说的话，让我们用一种我们可能都很清楚的怜悯（也许我们中的一些人甚至就是它的产物）作为例子：同情性性爱。

　　你和一些朋友出去喝酒，看到有人在酒吧里显得忧伤和孤独，你作为一个好人，决定和这个人在一起。酒过数巡之后，你们一起离开，第二天早上，你感到一种混合着羞耻和骄傲的奇怪感觉。一方面，你从小受到的教育让你相信一夜情是错误的，但另一方面，你从小受到的教育又让你相信帮助别人是一件好事。无论是因为理性，还是因为合理化原则，你回家时会感觉自己至少让别人感觉更好了些，而这反过来会让你也感觉更好了些。

---

① Nietzsche, *Genealogy*, 45.

② Nietzsche, *Genealogy*, 19.

现在想象一下,你再次和一些朋友出去喝酒,再次看到那个人坐在酒吧里。这个人,这个接受过你善行的人,难道现在看起来已经不那么忧伤和孤独了吗? 不,当然不是。因为一个人从同情性性行为中学到的,因为同情性性行为而被激励去做的,不是去成为一个更有吸引力的人,而是成为一个更没有吸引力的人,一个更忧伤、更可怜、更能引起像你这样的人的同情的人。

在同情性性爱中,你可以体验同情别人的权力,帮助那些你认为不如你的人,但这种帮助对他人来说往好了说只是暂时的,往坏了说会适得其反。与此同时,同情的权力是以这样的代价得来的,即把你的时间、你的身体、你的性欲缩减为无,成为不是你必然应得的东西,而是如果别人看起来足够可怜你就会放弃的东西。这种情况同样也发生在同情性的打分(学生哭自己成绩不好,教授就提高其成绩,而这样做就抑制了学生更努力地学习,同时也揭示了成绩、教育、一个人的职业都是毫无价值的)和各种形式的同情中,它们的共同之处是把被同情者、同情者和他们之间的交流都缩减为无。

换句话说,当我们出于同情帮助别人,当我们无私地接济那些引起我们同情的人,我们就会冒既侮辱我们帮助的人——通过把别人看成不如我们,除了贫困一无所有的人——又侮辱自己——通过放弃我们的时间、我们的能量和我们的财产(仿佛它们是无价值的)试图证明我们高人一等——的风险。这当然会产生一个问题,即为什么我们会有这样的行为,尼采的答案是,如果我们残忍,那是因为我们喜欢这样。[①] 根据尼采的说法,残忍是"主人"的权利,因此即使主人已经不存在了,我们仍然渴望体验主人的权力,即使这意味着不仅对别人,而且对我们自己残忍。尼采就是这样解释我们把未偿还债务等同于用痛苦支付的(例如,最典型的表

---

① Nietzsche, *Genealogy*, 65.

述："把钱还我,否则打断你的腿!"),因为别人的痛苦不能被等同于失去的东西,除非我们能从导致别人的痛苦中得到一些东西。这也正是为什么亏欠对尼采来说如此重要,因为我们在亏欠中可以体验到双重的残忍和双重的快乐,因为我们首先体验残忍对待别人的快乐,然后再体验残忍对待自己以惩罚自己残忍对待别人的快乐。

对尼采来说,看似无私的帮助他人可以解释为那些追求残忍之乐的人们自私自利的行为。一个人赠予别人东西,不要求任何回报,或者至少看上去如此。想一想这样一个例子,哪怕只是给别人买一杯饮料的姿态。买饮料的人会迅速挥手拒绝别人要付款的要求,且清楚地表明这是一种善意的行为。然而,买饮料的人现在有权拿自己的慷慨和别人的亏欠开玩笑了。债务可以在任何时候被讨要,不是为了偿还它,而是为了承认它。事实上,其他人偿还债务的尝试往往会被避开。买饮料的人会继续买,债务会继续增长,善举会被继续拿来说笑,并被继续要求承认。只要债务存在,债权人就有理由残忍,这种残忍不是以打断腿的形式,而是以打碎自我的形式、一个笑话接另一个笑话的形式、一次承认接另一次承认的形式出现,它总是微笑地提醒着别人谁是债权人,谁又是债务人。

尽管尼采指的是 19 世纪晚期欧洲的道德,但我们在这里分析的案例强有力地证明,同情的道德不仅仍然与我们在一起,而且已经在网上变得更加普遍。从众包到众筹,从共享经济到零工经济,我们越来越多地给予他人——除了网上资料之外,我们从未见过的人——我们的时间、我们的精力、我们的知识和我们的金钱。我们这里应该关注的不仅仅是尼采式的问题,即这样的给予是否由残忍的快乐所驱动,还是后现象学的问题,即这种给予在多大程度上是由调解我们的给予行为的技术所驱动的。换句话说,我们需要问的问题不仅是"我们为什么要给予",还是"谁在真正给予"。

回到 Tinder 的例子,因为似乎不属于像爱彼迎、优步和 Kickstarter 等这样的公司,Tinder 用户并不是为了交换商品和服务,而只是为了见面才联系。然而,正如我尝试证明的那样,Tinder 用户的行为似乎表明,他们的目的不一定就是和他人见面,甚至不一定是与他人约会,而只是为了刷他人,为了判断他人是可接受的,还是可拒绝的。因此,Tinder 与爱彼迎、优步和 Kickstarter 的共同之处在于,它为用户提供了一个行使评判权力和残忍快乐的机会。

Tinder 呈现了快乐经济学的权力和残酷的完美升华,允许用户滑动屏幕时几乎不需要假装自己接受和拒绝他人的乐趣。然而,Tinder 也提出了解释我们为什么会不断滑动屏幕的问题。因为虽然滑动可以提供相当强烈的权力快感,但我们必须认识到,它也可以是相当乏味的。数以百万计的用户,数以百万计的滑动,数以百万计的被评判照片,数以百万计的拇指姿势。像爱彼迎、优步和 Kickstarter 这样的网站至少提供收到什么东西的回应(遇到新朋友,赚钱,获得奖励)以回报一个人的拇指姿势,但正如我们所看到的,Tinder 不仅没有这样的回应来回报人们的投资,还宣扬不到 2% 的成功率。一个人在使用 Tinder 时获得的残忍快感,真的足以解释其花在 Tinder 上的所有时间,在这些时间里除了重复拇指的左右滑动之外什么也没有做吗?

正是在这里,在亏欠中发现的残忍的双重快乐,可以帮助我们更好地理解我们花在 Tinder 上的时间。Tinder 的另一个方面,把它与快乐经济学的另外一个例子联系起来的方面,是给用户的个人资料以请求的形式呈现,所谓请求就是请求帮助、请求以滑动屏幕的形式帮助。滑过一个,另一个又出现了,就像之前不自然的个人资料上被迫的微笑一样,它也请求被评判、被滑动,能免受不知道是向左滑还是向右滑的痛苦。就像在精灵宝可梦中,用户必须"全部抓住它们"一样,在 Tinder 中,用户也必须把它们全部滑一

131

遍。因为，虽然把别人简化为可接受或可拒绝的东西是残酷的，但把别人简化为甚至不值得接受或拒绝的东西则要残酷得多。因此，Tinder 用户不仅会因为把他人简化为他们的可滑动性而感到亏欠，还会因为没有把他人简化为他们的可滑动性而感到亏欠。

如果这种亏欠感存在于像 Tinder 这样"残酷"和"邪恶"的应用程序中，那么想象一下，像爱彼迎、优步和 Kickstarter 这样宣扬利他主义的应用程序中一定会存在更多的罪恶感。用户把自己呈现为有需要的人，需要房子、需要乘车、需要捐赠的人。而其他用户也把自己呈现为有需要的人，需要客人、需要车费、需要事业。对于需要得到满足的每一个用户来说，还有无数其他用户的需要没有得到满足。在传统经济学中，我们没有必要为选择这家酒店而非另一家酒店、选择这辆出租车而非另一辆出租车、选择这项投资而非另一项投资而感到亏欠，因为这不是个人化行为，而只是生意。但在快乐经济学中，这是个人化行为。在快乐经济学中，用户的动机应该不是商业，而应该相关于"扰乱"商业，相关于证明用户有意愿相互帮助，而不是仅仅试图互相竞争。

然而，正是因为它的个人化程度，快乐经济学远比传统经济学更充满竞争、更残酷。快乐经济学的意识形态，即追求基于信任的共同体而非追求个人利益的意识形态，不仅是乌托邦式的，而且是无法实现的。从尼采的角度来看，即使在帮助他人时，我们仍然可以追求个人权力。从后现象学的角度来看，我们的共同体不是由信任而是由身份验证安全系统影响的。换句话说，快乐经济学只是保证用户既会追求个人收益，又为此感到亏欠。

快乐经济学允许用户享受将他人简化为他们的需要的权力，同时也让用户因将他人简化为他们的需要而感到亏欠，以及因无法满足利他主义和信任的意识形态之要求而感到亏欠。于是，我们很容易理解为什么快乐经济学的网站和应用程序会如此拥抱并传播他们亏欠感导向的意识形态，因为亏欠感会让用户越来越多地返回。因为,如果有任何方法来弥补自己的亏欠,那肯定是给予他人和帮助他人,或者换句话说,就是参与快乐经济学。而且,由于用户将再次无法做到利他,再次无法值得信任,结果将当然不是赎罪,而是更多的亏欠。

快乐经济学的危险正是这种恶性的残忍循环,既对他人又对自己残忍的循环。快乐经济学确实是无私的——不是利他主义意义上的无私,而是同情道德的自我毁灭意义上的无私,将他人和自己简化为无,同时又对此感到亏欠的无私。必须认识到,这里通过将尼采和后现象学结合在一起所揭示的,是快乐经济学的技术如何被设计来保持这个循环的运行,保持这个循环是恶性循环。

这样的设计不仅发生在创造和推广围绕这些技术的意识形态中,而且还发生在这些技术本身中。无论是通过鼓励用户互相评价、互相分享照片,还是通过鼓励用户互相滑动,快乐经济学的网站和应用程序鼓励的不是共享,不是关心,而是评判和歧视。这里的目的不是共同体,而是优越性,后者首先是做一个共享者的优越性,做一个众筹者的优越性,选择把人推向利益的道德道路的优越性,其次,是能够接受和拒绝的优越性,被接受而不拒绝的优越性,比同样被接受的其他人获得更高评价的优越性。而且,因为这些应用程序所鼓励的东西与它们所提倡的意识形态背道而驰,人们不仅感到优越,还会因为感到优越而感到亏欠,因为感到追求权力的快乐而感到亏欠。

当然,如果用户因为这些应用程序而感到优越,因为这些应用程序而感到亏欠,那么真正的权力就不在用户那里,而在应用程序中。从后现象学的角度来看,快乐经济学是通过具身性关系来运作的,因为这些应用程序是围绕一种揭示和退出的动力学设计的,旨在让我们意识到应用程序的权力,同时又意识不到我们有多依赖这些应用程序来体验这种权力。因此,赠予者不是用户,赠予者是应用程序。

　　这样，我们必须问自己的问题，不是我们能否更好地设计鼓励真正的共同体建设以替代快乐经济学的应用程序。相反，我们必须问，我们是否已经变得如此依赖于应用程序来感觉优越、感觉强大、感觉快乐，以至于如果没有快乐经济学应用程序的中介，如果不依赖于这些程序，我们就无法再与他人一起体验共同体。

134

第七章　扎克伯格如是说

一、牧群本能

尼采所描述的第四种人—虚无主义关系是"牧群本能"。尼采写道：

> 以这种方式被唤起的"求互助的意志"，求牧群形成、求"共同体"、求"会飨"的意志，注定会导致求权力的意志更新鲜和更基本的爆发，后者已经被激发，即使只是在很小程度上：在与抑郁的斗争中，牧群的形成是一个重要的胜利和进步。随着共同体的成长，一种对个人的新兴趣也在增长，并且常常使他超越存在于他的不满和对自己的厌恶(格林克斯的"蔑视自己")中的最个人的因素。所有的病人和病态者都本能地努力追求一种牧群组织，以摆脱他们晦暗的郁闷和虚弱感：苦行牧师猜中并进一步发展了这种本能；凡有牧群处，就有虚弱的本能在意求牧群，以及组织此牧群的牧师之精明。①

---

① Nietzsche, *Genealogy*, 135—136.

尼采所揭示的这种最著名的人—虚无主义关系,与之前的关系一样,试图让病人感到有力而不是虚弱。然而,我们这里不是帮助他人,而是加入他人,因为正是在加入他人中,在把我们的利益、行动与周围其他人的利益、行动相结合中,我们可以克服个人的虚弱,用新发现的整体力量取代它们。在群体中,我们不仅能够逃避我们的无力、我们的责任负担,还能够逃避我们的个体性。加入人群、"随波逐流",就是感受"随便"的自由,感受被人带走的自由,感受行动却不去想、不关心甚至不愿意识到我们在行动的自由。

再一次遵循权力意志的逻辑,我们从周围人那里获得的力量越多,就越需要他人来感到有力,就越不能离开其他人,并冒着失去力量的风险。因此,我们越来越多地通过与群体的联系、越来越少地通过与群体的不同来认同自己。自尼采以来,这种现象已经成为奥威尔的粉丝所谓"群体思维"或者叛逆的高中生所谓像"羊"一样的行动的基础。

二、从牧群本能到牧群网络

牧群网络是我起的名字,用以描述我们通过技术而非个人形成和加入牧群的现象。以前我们只能与我们身边的人结队成群,但今天我们可以与任何人在任何地方联系并组成群体,只要他们有互联网链接。

脸书、推特和照片墙(Instagram)等社交网站拥有数亿用户,所有这些人——根据已经内在于社交网络中的尼采式语言——都被定义为"追随者"。社交网络通过利用群体心理来运行,它们引导用户"追随"最受欢迎的账号,并且反过来试图通过不仅追随个人还追随"时尚"或当日(或更频繁地,刚过去的一分钟)主题——大多数人都在线讨论的东西——来使自己变得更受欢迎。

社交网络看重的似乎是独特性而不是墨守成规,因为正是那些显眼的人最受关注。然而,一旦一个人被注意到,一旦他获得了在线身份,一个值得追随的身份,那么这种独特性又会变得怎样呢？社交网络中能存在独特性吗？一个人能冒着失去追随者的风险来保持自己的个体性吗？或者说,发现有追随者,会创造一种万有引力,吸引个体去迎合各种要求以维护追随者,冒着丧失自己的个体性、丧失自己作为一个人的独特性(通过把自己的独特性创造和培育为一个品牌)的风险来留住追随者吗？

三、幻灭杀死了电台明星

起初,有一个民用波段无线电台(CB radio)。20 世纪 70 年代的 CB 电台热潮中包含了许多我们今天理所当然地认为由社交网络发明的元素。或者换句话说,CB 电台就是最初的社交网络。通过被设计出来区分真假的黑话,借助于一种被定义为无法无天的技术媒介,用户与其他志趣相投或同样无聊的用户进行匿名交流。正如詹姆斯·费伦(James Feron)在 1974 年的《纽约时报》上所写的那样:

> 范围为 15 至 25 英里的 5 瓦级社区无线电网络建于 1958 年,以满足各种商业和私人需要:双向出租车信息传输、卡车调度、办公、紧急服务等。
>
> 然而,它现在已经发展成一个有数百万运营商、横贯欧洲大陆的业余爱好,其中许多没有许可证的人在参与"闲聊",而这是联邦通讯委员会严格禁止的。在某些情况下,这些违规行为要严重得多。①

---

① James Feron,"Problems Plague Citizens Band Radio", *New York Times*,April 2,1974,http://www. nytimes. com/1974/04/02/archives/problems-plaguecitizens-band-radio-violations-abound. html.

CB 电台最初是为商业和紧急用途而设计和销售的,主要安装在商用卡车、出租车、警车、救护车和消防车上。联邦通讯委员会向 CB 电台操作员出售许可证,以确保无线电被正确使用;授权用户同意在使用 CB 电台时遵守规定,其中不仅包括禁止个人使用无线电作为一种爱好或消遣,还禁止谩骂和吹口哨。

CB 电台因其个人和公共使用方式而受欢迎。它是如此受欢迎,以至于事实上它虽然在 1972 年还只有 12.7 万授权用户,但到了 1975 年,已经有 170 万许可证申请获得批准,1976 年又有 480 万申请获得批准,1977 年有 460 万申请获得批准。[1] 1977 年标志着 CB 电台受欢迎的最高峰,那时共有 1400 万授权用户和估计 600 万未授权用户。[2]

然而,仅仅在达到其高峰流行的几年后,CB 电台许可证的申请数量就下降到了 1958 年电台成立时的水平。正如欧内斯特·霍尔森多夫(Ernest Holsendolph)1983 年在《纽约时报》上所写的那样:

> CB 电台这种社会学现象,曾把 20 世纪 70 年代的高速公路变成了一个巨大的聊天社交圈,但它的受欢迎程度下降得如此之快,以至于连联邦通讯委员会也对它失去了兴趣。该委员会今天废除了许可程序,向所有年龄层的人开放。[……]委员会的工作人员说,曾经热情的 CB 电台用户的无聊和幻灭感是导致受欢迎程度下降的原因,但他们坚持认为,

---

[1]　Edwin McDowell, "C. B. Radio Industry Is More in Tune After 2 Years of Static", *New York Times*, April 17, 1978, http://www. nytimes. com/1978/04/ 17/archives/cb-radio-industry-is-more-in-tune-after-2-years-of-static-added. html .

[2]　Ernest Holsendolph, "Fading CB Craze Signals End to Licensing", *New York Times*, April 28, 1983, http://www. nytimes. com/1983/04/28/us/fading-cb-craze-signals-end-to-licensing. html.

人们对"个人交流"的渴望可能并没有减弱。①

　　CB电台是一种时尚,曾经由于它的新奇而非常流行,却被自己的成功所扼杀,从无处不在的新奇变成了无聊。但是,CB电台开启的对社交网络的"渴望"至今仍然伴随着我们,我们从一种新奇跳到另一种新奇,因为每种媒体最终都变成了会导致无聊的时尚。然而,为什么CB电台不仅会导致无聊,还会导致"幻灭"的体验呢?

　　与当今社交网络的本质区别在于,CB电台要求人们说话而不是打字,并且只能与在CB电台发报机所覆盖有限范围内的人交谈。因此,当有人使用"把手"这样的名字而不是真名时,人们反而会对这种匿名性有一种亲密感。在收音机里听到声音,就像在电话里听到声音一样,人们会想象性地填补非具身性的声音的空白,想象那个说话的人就坐在自己身边。而且,由于音域的限制,真正坐在声音后面的人的身边,这种机会可能一直存在。

　　因此,CB电台这个媒介给了用户一个足够开放的空间来创造和玩弄不同的身份,同时又给了用户一个足够封闭的空间,为用户之间面对面交流提供了潜在的可能。在20世纪70年代的流行文化中,无论是在电影(如《警察与卡车强盗》[*Smokey and the Bandit*]),还是音乐(如麦考尔[C. W. McCall]的《车队》[*Convoy*])中,CB电台这种冒险与奖励动力学的吸引力甚至是一个共同的主题。

140

　　幻灭源于这种诱惑,源于CB电台开放开启给用户新机会和新冒险的梦想。一个人加入一个新的共同体,目的是想要超越自己,超越自己的现实,能够成为另一个人,能够到另一个地方去。然而,人们想要成为的另一个人并不是一个全新的人,而是他认为

---

① 　Holsendolph, "Fading CB Craze".

如果消除了当前环境的限制就可能成为的自己。不再受地理、社会经济地位、年龄、种族、性别或信仰的限制,CB电台用户可以只是他们自己,可以找到并加入他们喜欢的人,后者也都是真正的自己。因为即使一个人发明了一个电台角色,但这个发明仍然是他创造力的产物,因此仍然代表了一个人的真实本性。

　　然而,正如CB电台俚语所暗示的那样,特别是为这种俚语或"隐语"①创建词汇表的能力所暗示的那样,CB电台并不是用户可能希望的自我表现的工具。强加给CB电台用户的规则不仅来自联邦通讯委员会,还来自其他用户。联邦通讯委员会可能把成规强加给法律,但使用者彼此会把成规强加给语言。人们必须以某种CB电台风格说话,使用CB电台词汇,否则就有可能被当作入侵者或卧底警察来回避。因此,CB电台一开始承诺的是试验和表现,最终却导致服从和重复。CB电台用户最初是为了躲避警察而显得鄙俗,最终却变成了警察,他们监视彼此的行为,不是为了了解彼此,而是为了维持和保护群体,或像尼采所说的牧群。

四、我用绘文字向你表达

　　CB电台作为一个牧群网络平台可能已经死去,但它已经被计算机在线服务公司(CompuServe)转世为世界上第一个基于计算机的聊天室,他们将其命名为"CB模拟器"。CB电台文化——想要逃避一个人所属文化的限制,这样做只是为了创造一种有着新限制的新文化——变成了CB模拟器文化和一般意义上的聊天室文化:

---

① 比如,参见"Channel Jive(CBers Lingo)"(收录于 Bonnie Crystal and Jeffrey Keating, *The World of CB Radio*, Summertown, NY: Book Publishing Company, 1987, 223—231)的附录。

　　计算机在线服务公司的某人决定在计算机网络上复制这种体验，于是 CB 模拟器就诞生了。如果你加入了其中一个频道——它后来会演变成我们今天所知的聊天室——你就可以通过输入大量 10 - 4 秒的 CB 俚语和其他愚蠢的行话来与他人交流。人们会形成虚拟的社交网络，联合起来对付闯入者或那些不遵守群内老板制定的各种政策的人。①

　　虽然聊天室最初可能保留了 CB 电台的独特俚语和规则，但新的俚语和规则还是出现了：

　　　　许多由 CB 模拟器场景开发的结构、规则和概念一直延续到后来的聊天室概念中。这包括被称为 IM 或即时消息的发明，它有时被称为 PM 或个人消息。这将是一种一对一的对话。在其早先时期，有人提出了一个特别规则，即如果不先在更大的聊天室申请，就给人家发即时消息，是不礼貌的。②

　　人们必须学习聊天室文化才能参与其中，因为就像 CB 电台一样，持续不断的交际监管在清除那些不属于这里的人。因此，即使计算机和收音机一样创造了一种用户可以感到解放的氛围，但这种解放是通过一种鼓励和强化成规的媒介实现的。

　　为了在聊天室里得到关注，人们特别鼓励墨守成规。不同于 CB 电台频道是一种听觉媒介，要求用户轮流说和听，以避免产生难以理解的杂音，聊天室是一种视觉媒介，让用户更容易忽略

---

① John C. Dvorak，"Chat Rooms Are Dead! Long Live the Chat Room!"，*PCMag*，December 11，2007，http://www. pcmag. com/article2/0, 2817, 2231493 , 00. asp.

② Dvorak，"Chat Rooms".

彼此。聊天室用户可以不断地互相交谈或打字,创建一个不会中断的滚动文本屏幕,不留痕迹地粉碎一条又一条信息,当然,除非其他用户回复并保留信息。与此相应,就像为了防止被避开,用户被迫学习聊天室的不成文规则一样,为了避免被忽视,用户也会有意识或无意识地学习那些受欢迎用户的习惯和技巧,并进行模仿。

142 　　一个人在日常生活中被忽视是很痛苦的,而他在聊天室生活中被忽视则会加倍痛苦。因为聊天室本应该是那些在家里、学校或工作中被别人忽视和欣赏的人聚在一起,最终得到同病相怜的伙伴关注和尊重的地方。被那些被迫花时间在一起的人所忽视很具伤害性,而被那些自己寻找并选择在一起的人所忽视则是毁灭性的。虽然用户希望作为个人而被认可,但他必须首先被认可,即使这意味着在聊天室里模仿那些已经获得这种认可的人。①

　　因此,聊天室的演变并不倾向于发展个体性,而是发展墨守成规性,也就不足为奇了。只要聊天室是基于文本的,用户就必须用文字进行交流,即使有人想通过图片进行交流,图片也是通过美国信息交换标准代码(ASCII)将字母和符号组合成复杂图案和设计的艺术形式创造而成的。然而,聊天室开发人员并没有鼓励用户的创造力,而是试图破坏和取代它,把基于文本的聊天变成基于图片的聊天,把为 ASCII 艺术创作准备的画板变成一个上传由他人创建的形象的空间,最明显的是导致用开发者制作的绘文字(emojis)替代用户制作的表情符号(emoticons)。

　　表情符号的创建归功于斯科特·法尔曼(Scott Fahl-man)——卡内基梅隆大学计算机科学教授——他于 1982 年 9 月

---

① 然而,聊天室里的"追随领导者"游戏并不意味着确实有一个领导者,至少并不意味着聊天室里有一个人能够凭借真实可靠而获得认可。

19 日给同事发送电子邮件,建议当有人在他们的电子公告板用冒号、破折号和括号开玩笑时,应该说得更清楚些。① 法尔曼认识到,电子公告板这一媒介导致人们写出的信息越来越短,而这些信息反过来又导致人们对信息的预期意义产生困惑。

同样,绘文字是由一家日本电信公司的员工栗田穰崇(Shigetaka Kurita)创作的。1999 年,他用 12 像素乘 12 像素的画板画了 176 张类似卡通的形象,以使在线通信更容易理解。正如栗田解释的那样:

> Windows 95 刚刚发布,伴随着寻呼机热潮,电子邮件也开始在日本流行。但栗田说,人们很难适应这种新的交流方式。在日语中,个人信件往往冗长又累赘,充满了季节性问候和敬语表达,传达了发件人对接收方的善意。电子邮件更短、更随意的性质,导致出现了交流障碍。"如果有人说 Wakari-mashita,你不知道它表达的是一种温暖、柔和的'我理解',还是'好,我知道了'这种冷漠、消极的感觉",栗田说道,"你不知道写件人脑子里在想什么"。②

我们可能期望日本的书信写作文化只是被转换成一种类似的电子邮件写作文化,而不是用电子邮件新媒介取代书信写作文化。然而,随之而来的"交流障碍"并没有导致人们回到更传统的基于文本的交流形式,而是回到一种名为"绘文字"(一个大致可以翻译为"图片—词"的新词)的新的混合交流形式。

143

---

① Paul Bignell, "Happy 30th Birthday Emoticon! :-)", *The Independent*, September 8, 2012, http://www.independent.co.uk/life-style/gadgets-and-tech/news/happy-30th-birthday-emoticon-8120158.html.

② Jeff Blagdon, "How Emoji Conquered the World", *The Verge*, March 4, 2013, http://www.theverge.com/2013/3/4/3966140/how-emoji-conquered-theworld.

虽然绘文字似乎是表情符号的自然结果,但法尔曼认为绘文字杀死了表情符号的精神。正如法尔曼所说:"我认为它们(绘文字)很丑,破坏了试图用标准键盘字符来表达情感的巧妙方法的挑战。"①绘文字,就像表情符号一样,试图解决因电脑之间的交流取代面对面交流而造成的"交流障碍"。然而,不同于表情符号是由用户创作的 ASCII 艺术中的一个亚种,绘文字是由电信公司创作的卡通画中的一个亚种。

不同于用户聚在一起分享他们的表情符号创作,绘文字是由被称为统一码联盟(the Unicode Consortium)的国际企业联盟聚集许多公司创建而成的。统一码联盟创建了一套 722 个标准化的绘文字,以便用户可以跨供应商和平台进行交流。② 换句话说,统一码联盟创造了一种绘文字语言,这不是为了让用户交流他们的个体性,而是为了让苹果和安卓更容易从用户那里获利,方法就是帮助他们全部顺应同一种现成的、由企业设计的语言。

绘文字并没有取代表情符号成为有助于澄清句子意思的方式。相反,绘文字已经取代了句子本身。根据鲁米诺索(Luminoso)的说法,绘文字在 2013 年就变得如此流行,以至于它们在推特上每 20 条推文中就出现一次,每 600 个字符中就出现不止一次;它们被使用的次数超过连字符、数字 5、字母 V,常见度甚至达到♯号的一半,而这个符号是推特得以运转的核心。③ emojitrack-er. com 网站展示了绘文字在推特上的实时使用,它出现得如此之快,以至于该网站警告用户,绘文字的实时使用可能会导致心脏病

① Bignell, "Happy 30th Birthday!"

② Adam Sternbergh, "Smile, You're Speaking Emoji", *New York Magazine*, November 16, 2014, http://nymag. com/daily/intelligencer/2014/11/ emojis-rapid-evolution. html.

③ Luminoso, "Emoji Are More Common than Hyphens. Is Your Software Ready?", *Luminoso Blog*, September 4, 2013, https://blog. luminoso. com/2013/ 09/04/ emoji-are-more-common-than-hyphens/.

发作。

　　根据绘文字追踪器的统计页面，就在我写作的当下，绘文字已经在推特上被使用了 18,585,748,389 次。[①] 目前使用最多的绘文字是"破涕为笑的脸"，也被称为绘文字"LOL"，次数已达 1,653,960,266 次，并且还在增加。排在第二位的是绘文字"粗黑心"（Heavy black heart），迄今为止已经被使用 753,106,999 次。换句话说，LOL 在推特上击败了所有其他绘文字，并以超过 2 比 1 的比率击败了它最接近的竞争对手——爱的象征。

　　绘文字开始拥有一种远超仅仅传达用户意图的力量，因为它们似乎也有自己的意图。有人试图将《白鲸》（*Moby Dick*）、《爱丽丝梦游仙境》（*Alice's Adventures in Wonderland*）甚至《圣经》翻译成绘文字。[②] 2015 年，一名青少年因在脸书上发布一名警察的绘文字和以手枪瞄准他的绘文字造成"恐怖主义威胁"而在纽约被捕。[③] 2016 年，为了应对此类法庭案件，以及纽约人反对枪支暴力的"解除 iPhone 武装"运动，苹果公司用水枪绘文字取代了手枪绘文字。[④] 换句话说，绘文字已经开始具有字面、法律和政治的意义。

　　然而，围绕绘文字的意义出现的最严重争议发生在牛津词典把绘文字"破涕为笑的脸"命名为 2015 年"年度语词"时。[⑤] 绘文

① Emojitracker，http://emojitracker.com/api/stats（accessed April 8，2017）.

② Beckett Mufson，"Author Translates All of 'Alice in Wonderland' into Emojis"，*Vice*，January 2，2015，https://creators.vice.com/en_uk/article/authortrans-lates-all-of-alice-in-wonderland-into-emojis.

③ Vyvyan Evans，"Beyond Words：How Language-like Is Emoji?"，*OUPblog*，April 16，2016，https://blog.oup.com/2016/04/how-language-like-is-emoji/.

④ Heather Kelly，"Apple Replaces the Pistol Emoji with a Water Gun"，*CNN*，August 2，2016，http://money.cnn.com/2016/08/01/technology/applepistol-emo-ji/.

⑤ Oxford Dictionaries，"Word of the Year 2015"，*Oxford Dictionaries Blog*，ht-tp://blog.oxforddictionaries.com/2015/11/word-of-the-year-2015-emoji/.

字不仅可以被视为一个语词,而且是整整一年内最重要的语词,这种观念使人们如此愤怒,以至于牛津词典发布了一个极其冗长的语言学论证,主张绘文字与拟声词、象形文字和手语相当。① 山姆·克里斯(Sam Kriss)推进了这一论证,用索绪尔(Saussure)和德里达(Derrida)来证明绘文字不仅本身就是一种语言,而且是语言"最纯粹、完美的形式"。② 换句话说,绘文字不只是流行,它们还引导我们解构我们就何物构成语言给出的最基本假设。

不过,绘文字是否是有意义的交流单位,并不是我们应该关心的问题。我们应该关心的问题是,究竟谁的意义是由绘文字来传达的。我们出生在一种并非由我们自己创造的语言中,无论这些语言是由语词还是由绘文字组成的。但是,尽管我们作为个体拥有不仅通过重新定义语词而且创造新语词(如"绘文字"这样的语词)来重塑我们被给定的语言的能力,但是对个体性的绘文字用户来说,却不存在这样的能力。人们不能创造绘文字,只有那些公司才可以。绘文字确实是一种语言,但它们却是一种代表企业标志的语言。

和"网飞与放松"一样,茄形绘文字也已经成为一种委婉语,而且这两个委婉语都反映了这样一个事实:即使用户试图制作一种属于他们自己的企业语言,这种语言仍然会指向公司,并最终变成为公司做广告。事实上,茄形绘文字就是一个比"网飞与放松"更好的广告,因为人们可以说"网飞与放松",而说话者和听话者不需要成为网飞用户,但茄形绘文字的发送者和接收者都必须有一个支持绘文字的设备。换句话说,绘文字要求一致性,就像 CB 电台和 CB 电台俚语曾经做过的那样。

──────────

① 　Evans,"Beyond Words".

② 　Sam Kriss,"Emojis Are the Most Advanced Form of Literature Known to Man",
Vice,November 18,2015,https://www. vice. com/en _ dk/article/samkriss-
laughing-and-crying.

因此,不应该感到惊讶的是,在 2015 年的民意调查中,49.7％的受访者之所以使用绘文字,是因为"它们有助于创造一种与他人更私密的关联",23.6％的受访者之所以使用绘文字,是因为"它们是一种更现代的交流方式",而 19.3％的受访者之所以使用绘文字,是因为"其他人正在使用它们,所以我也就使用它们"。[1]因此,"更私密的联系"的体验可能不是来自绘文字传达用户个体性的能力,而是来自它们传达用户的墨守成规性、墨守那是"现代的"和"其他人正在使用"的东西的能力。即使用户会将由绘文字形成的联系描述为"私密的",也可能是因为那些公司将与绘文字相关的应用程序归类为"个性化"应用程序。2015 年,这些所谓个性化应用程序是应用程序中"增长最快的类别",竟然比上一年增加了 332％(相比之下,与之最为接近的类别——"新闻和杂志"——只增加了 135 ％)。[2]换句话说,绘文字可能会超越书写文字,但它们不会超越我们的牧群本能,后者既指和任何最流行的东西保持一致,又指通过把这种保持一致视为最具个人性的来为它正名。

146

五、家畜血统书

我们在寻找最受欢迎的东西,同时又把我们正在寻找的东西视为最个性化的东西,这一现象的最好例子就是脸书。2015 年 8 月 27 日,脸书创始人马克·扎克伯格(Mark Zuckerberg)在他的个人脸书主页上发布了以下状态更新:

[1] Statista,"Leading Reasons for Using Emojis According to U. S. Internet Users as of August 2015",*Statista*,https://www. statista. com/statistics/476354/ reasons-usage-emojis-internet-users-us/.

[2] Felix Richter,"The Fastest-Growing App Categories in 2015",*Statista*,January 22,2016,https://www. statista. com/chart/4267/fastest-growing-appcategories-in-2015/.

　　我们刚刚越过一个重要的里程碑。有史以来第一次,一天之内有 10 亿人在使用脸书。

　　周一,地球上七分之一的人使用脸书与他们的朋友和家人建立了联系。

　　当我们谈论我们的财务状况时,我们使用平均数字,但这是不同的。这是我们第一次到达这一里程碑,而这只是连接整个世界的开始。

　　我为我们的共同体所取得的进步感到十分骄傲。我们的共同体代表着给每个人以发言权,代表着促进理解,代表着把每个人都纳入我们现代世界的机遇。

　　一个更加开放和互联的世界是一个更美好的世界。它带来了与你所爱之人更牢固的联系,带来了一个伴随更多机遇的更强大的经济,也带来了一个反映我们所有价值观的更强大的社会。

　　感谢您成为我们共同体的一员,也感谢您为帮助我们到达这一里程碑所做的一切。我期待着能够看到我们一起完成的事情。[1]

　　2015 年,脸书成为第一个日用户达 10 亿的社交网络。然而,正如扎克伯格所指出的,这只是"连接整个世界的开始"。事实上,在月活跃用户方面,脸书在 2012 年时就达到了 10 亿,2013 年达到 12.5 亿,2015 年达到 15 亿,2016 年达到 17.5 亿,2017 年已经达到 20 亿。[2] 换句话说,脸书不仅是世界上最受欢迎的社交网络

---

[1]　Mark Zuckerberg, "We Just Passed an Important Milestone", *Facebook*, August 27, 2015, https://www.facebook.com/zuck/posts/10102329188394581.

[2]　Statista, "Number of Monthly Active Facebook Users Worldwide as of 3rd Quarter 2017 (in Millions)", *Statista*, https://www.statista.com/statistics/264810/number-of-monthly-active-facebook-users-worldwide/.

（相比之下，照片墙有 6 亿月活跃用户，推特有 3.17 亿月活跃用户），①它的受欢迎程度一直都在并持续稳步增长。

事实上，脸书是如此受欢迎，用来和它的规模和影响范围作比较的最好对象不应该是像照片墙和推特这样的当代社交网络，而应该是更传统的社交网络，如基督教（22 亿成员）、伊斯兰教（16 亿成员）和印度教（10 亿成员）。② 如果回到上述扎克伯格的状态更新，我们可以看到，无论是从影响力还是从重要意义来看，脸书都像是一个世界宗教。正如扎克伯格所强调的，脸书不仅仅是一个社交网络，它还是一个"共同体"，"代表着给每个人以发言权，代表着促进理解，代表着把每个人都纳入我们现代世界的机遇"。扎克伯格在这里宣扬的纯粹是脸书的宗教信仰，因为通过脸书——而且只有通过脸书——人们能够拥有发言权（状态更新），实现理解（新闻推送），并被纳入在内（有朋友陪伴）。

做脸书的用户，就是做脸书的传教士，就是受其福音书的引导，并去宣传这种福音。因为正如扎克伯格明确表示的那样，脸书有一个使命，即"连接整个世界"，因为"一个更加开放和互联的世界是一个更美好的世界"。脸书用户正在传播的就是这一使命，因为一个人不试图让其他人加入脸书，就不会使用脸书，一个人不在某种程度上允诺别人加入脸书可以使他们的生活、他们的世界变得更好，就不会尝试让他们加入。虽然我们当然不经常用语言而是用语气和面部表情来传播这个福音，但当我们遇到一个不在脸书上的人时，我们会露出怀疑的表情。

147

---

① Statista，"Most Famous Social Network Sites Worldwide as of September 2017，Ranked by Number of Active Users（in Millions）"，*Statista*，https://www.statista.com/statistics/272014/global-social-networks-ranked-by-numberof-users/.

② Pew Research Center，"The Future of World Religions：Population Growth Projections，2010—2050"，*Pew Research Center*，April 2, 2015，http://www.pewforum.org/2015/04/02/religious-projections-2010-2050/.

为了更清楚地说明传播福音这一点,扎克伯格补充说,通过脸书发现的更好的世界是这样一个世界,那里用户不仅拥有"更牢固的联系"和"更强大的经济",还有"一个反映我们所有价值观的更强大的社会"。然而,全球还有 18.6 亿人不可能把他们所有的价值观都反映在社会上,即使这个社会就是脸书。尽管扎克伯格的意思或许是说,要么我们必须有共同的价值观,才能一开始就被吸引去使用脸书,要么通过使用脸书,我们所有人最终都会拥有相同的价值观,即脸书的价值观、由脸书传播的价值观和为了脸书的价值观。

脸书是价值观的一个来源,这在扎克伯格不仅想要创造一个"互联"的世界,而且想要创造一个"更加开放"的世界的意愿中表现得很明显。事实上,脸书所要求的开放性常常是用户、非用户和脸书之间产生争执的根源。因为尽管开放性从一开始——从公告板系统(BBS)、美国在线服务(AOL)和雅虎(Yahoo!)到交友网(Friendster)、领英(LinkedIn)和我的空间(Myspace)——就是社交网络的核心,但是没有其他社交网络对开放性的强制和对隐私的削弱能够达到脸书的程度。或者,正如扎克伯格所争辩的那样,没有其他社交网络能够通过揭示传统的隐私概念如何限制我们,阻止我们和世界——一个更好的世界——建立联系而重新定义隐私。

从一开始,脸书就假设用户想要对彼此、对世界开放,这一假设导致脸书对隐私限制采取自愿退出而不是选择性加入的方法。例如,2007 年,脸书开始在其新闻推送上报道用户的网上购物习惯;2009 年,脸书默认公开了用户的姓名、头像和性别;2010 年,脸书在第三方网站上设置了"喜欢"按钮,让这些网站可以即时访问用户信息,能够追踪用户,以便播放定向广告。①

① Richard A. Spinello, "Privacy and Social Networking Technology", *International Review of Information Ethics* 16 (12/2011), 43—44.

最近,脸书不仅试图重新定义隐私,还试图重新定义自治权。[①] 2014 年,脸书的数据科学家们进行了一项实验,以确定是否可以对用户实现"情绪操控",方法就是秘密改变 689003 名用户的新闻推送算法,让他们只能看到纯粹积极或纯粹消极的帖子,继而观察这些用户会否分享纯粹积极或纯粹消极的状态更新。[②] 扎克伯格想知道,脸书是否不仅有权力让用户更加开放,而且有权力让用户感到快乐或悲伤。换句话说,扎克伯格想知道脸书是否对其用户拥有上帝那样的权力。然而,对这种上帝般的权力的真正测试并非存在于实验本身,而在于告诉世界存在这个实验。通过不仅发布实验结果,而且用一个如此厚颜无耻的标题——"关于通过社交网络传播的大规模情绪传染的实验证据"[③]——发布实验结果这一事实,人们不禁想知道真正的实验是不是并非想看看脸书能否操控用户情绪,而是脸书可以告诉全世界,其用户的情绪可以被操控,而用户的数量仍然会持续增加。

事实上,即使在所有这些针对隐私的无耻攻击后,在脸书因这些攻击被迫后退并道歉后,脸书用户的数量仍在持续稳步增加。考虑到在脸书网站上删除好友是如此困难(即使是一个已经成为敌人的人),那么删除脸书本身有多么困难也就可想而知了。脸书已经成为这样一种媒介,我们通过它不仅可以体验友谊,还可以体验世界。脸书拥有包括搜索互联网、私人和群消息、看视频、规划活动、玩游戏、上传照片和视频、为名人和企业托管页面等等功能,它试图为用户提供的服务超过了互联网的范围,它试

149

---

① Nolen Gertz, "Autonomy Online: Jacques Ellul and the Facebook Emotional Manipulation Study", *Research Ethics* 12 (2016), 55—61.

② Kashmir Hill, "Facebook Manipulated 689,003 Users' Emotions for Science", *Forbes*, June 28, 2014, https://www.forbes.com/sites/kashmirhill/2014/06/28/facebook-manipulated-689003-users-emotions-for-science/.

③ Adam D. I. Kramer, et al., "Experimental Evidence of Massive-Scale Emotional Contagion through Social Networks", *PNAS* 111, no. 24 (2014), 8788—8790.

图为用户提供一个互联网内的互联网,一个可以售卖互联网能够提供的一切东西的一站式商店。脸书的目的是让用户在脸书上做任何事情,或者换句话说,脸书的目的是让用户没有脸书就什么都做不成。

由于其成功,伴随脸书运作的并不是一种"客户总是正确的"的心态,而是"如果你不喜欢它,那就退出"的心态。脸书敢于让个人不使用脸书。我之所以说个人,是因为这种"敢于"的本质是要么每个人都离开脸书,要么没有人离开脸书。只要一个人的朋友、家人、同事、熟人、前任、以前的同学和行政领导人都在脸书上,那么就没有一个脸书账户不再被"关联",不再是脸书"联系""经济"和"社会"的一部分。而且,考虑到用户可以发布关于任何人的照片和状态更新,人们可以在脸书上存在(作为内容)而不在脸书上(作为用户)。此外,随着脸书的不断扩展,越来越多的服务(例如Tinder)要求使用脸书账户作为一种认证形式。换句话说,如果不首先有一个脸书身份,就越来越不可能拥有一个个人身份。

人们不会离开脸书的另一个原因,是脸书不仅敢于让用户在拥有隐私和进入关联之间选择,还敢于让用户加入到侵犯他人隐私的乐趣中来。在脸书提供的所有服务中,没有一种比偷窥服务更令人愉快、更诱人、更令人享受"有罪的快乐"。因为虽然我们谴责脸书是对隐私的威胁,但还是利用脸书窥视他人的生活,稳定获取他人的日常经验。通过允许用户筛选其他没有察觉的用户——因为只要没有评论或点击"喜欢",就不会留下我们窥探的痕迹——的时间表,脸书吸引用户不仅互相监视,而且成为脸书反隐私使命的同党,因为脸书侵犯用户的隐私越多,用户就越敢侵犯彼此的隐私。因此,退出脸书不仅要冒流亡的风险,还要冒成为伪君子的风险。

脸书已经形成了世界上最大的牧群,并通过一句简单咒语的双刃剑效应来维持它的牧群:每个人都在这样做。每个人都在脸书上,所以不在脸书上就是被排除在外,不再属于每个人的一部分。每个人都在脸书上,所以一个人在脸书上做的事情就是每个人在脸书上做的事情,所以一个人在脸书上做的事情并不比其他人在脸书上做的事情更好或更坏。换句话说,脸书已经变成了一种正常的东西。发表个人意见是正常的。上传私密照片是正常的。发布你当前的位置是正常的。事实上,这是如此正常,以至于担心这些东西应该被保密,就是在暴露自己有过时的和不正常的价值观。

在一个由脸书主导的世界里,一个由开放性主导的世界里,想要保持隐私就是要封闭自己,就是要充满疑虑地切断自己与所有人的联系,而不是与所有人分享。由于同伴的压力,与每个人分享已经成为习惯,成为第二天性,成为我们如此容易就能体验到的本能,以至于我们无法确定究竟是因为我们想在脸书上分享我们的经验才在脸书上发帖,还是因为我们想在脸书上发帖才想有经验。于是,对这个牧群网络的虚无主义担忧就是,脸书已经成为一个可以生活的新地方,还是一个可以活下去的新理由。

六、牧群网络的危险

想要加入一个牧群本质上并没有什么错。事实上,加入一个牧群可以获得很多好处:共同体、力量和安全。但伴随这些收益的是代价,公共身份取代个人身份的代价,整体力量减少对个体力量的需求的代价,以及牧群提供的安全变成对曾经冒险离开牧群的个体的威胁的代价。

生活在牧群中就是迷失自我。接下来的问题是,迷失自我是一种自我毁灭的行为,还是一种自我发现的行为。因为尽管尼采认为我们之所以希望在牧群中迷失自己,是由于我们厌倦了自己,而其他人可能会认为,我们之所以希望在牧群中迷失自己,是由于我们是通过他人发现自己的。把自己奉献给一个团体、事业、网站，可以被视为一种隐藏我们自己的方式，一种逃避形式，但也可以被视为一种找到我们目的的方式，一种提升形式。

然而，这里的担忧正是来自这种矛盾心理，因为我们无法确定我们的动机究竟是什么。正如在之前对牧群网络的分析中所看到的那样，我们不仅很难理清个体与牧群的关系，而且很难理清个体行为与个体对这些行为给出的原因之间的关系。尼采指出了这种含混性，认为尽管是我们的本能引导我们去寻找他人，寻找一个可以加入的牧群，然而是"牧师"形成并维持着这牧群，是牧师"猜中并进一步发展了这种本能"。[①]

牧师的角色是积极的还是消极的，是有益的还是危险的，这个问题至少可以追溯至柏拉图《国家篇》（*Republic*）第一卷中苏格拉底和色拉叙马霍斯之间的争论。[②] 因为不同于苏格拉底把领导者比作完善别人而不是自己的医生，色拉叙马霍斯把领袖比作牧羊人。从绵羊的角度来看，牧羊人恰好被视为苏格拉底所描述的领导者，即照料和保护者。但从牧羊人的角度来看，照料和保护只是达到目的的手段，达到牧羊人的目的、为了屠宰而养肥绵羊的目的的手段。因此，根据色拉叙马霍斯的说法，苏格拉底并没有错，只是苏格拉底太天真，天真得看不到更大的图景。

同样，我们这里应该关心的不是牧群网络的牧师——马克·扎克伯格夫妇和杰克·多尔西夫妇（Jack Dorseys）——是在帮助我们还是在伤害我们，而是我们能否看到更大的图景。脸书和推特，就像之前的 CB 电台和聊天室一样，当然为人们提供了一个发现彼此和发现自己的空间。但这并不是这些空间所提供的全部。因为，追随色拉叙马霍斯，我们这里应该关注的不是牧群网络为我

---

① Nietzsche, *Genealogy*, 135—136.

② Plato, *Republic*, trans. G. M. A. Grube (Indianapolis：Hackett, 1992), 17—23 (341c—348a).

们提供了什么，而是牧群网络是如何以及为何为我们提供这些东西。

　　从用户的角度来看，脸书和推特是自我表现、创造和维持关系、提供新闻和娱乐的场所。但从扎克伯格和多尔西的角度来看，脸书和推特是推送内容和广告的场所。自我表现就是内容。关系就是内容。新闻和娱乐就是内容。用户花在创建和消费内容上的时间越多，那么花在网站消费广告上的时间也就越多。由于为这些"免费"网络带来利润的是广告，而不是用户，所以这些网络的存在最终是为了服务于广告商，而不是用户，因为广告商而非用户才是网络的付费客户。或者正如扎克伯格和多尔西所说，由于广告越来越多地针对用户，为广告商提供服务就是服务于用户。

　　如果社交网络像一种宗教一样运作，那么它们就是这样一种宗教，其最神圣的文本是空白的。就像 CB 电台一样，脸书、推特、照片墙和红迪（Reddit）清空了空间，成为等待由内容填补的空白，这一内容的创造者不是他们，不是牧师，而是用户，是牧群本身。换句话说，牧群消费自己，牧群娱乐自己。于是，牧师的工作、网络的工作，不是提供什么，而是保存什么。因此，任何牧群网络牧师面临的挑战都是激励牧群不断为网络生成内容，而在继续为网络生成内容的同时不会被广告商不断增加的内容供应所吓跑。因为就像羊看到牧羊人的主顾贪婪地在附近等待时就可能对牧羊人失去信心一样，如果用户看到网络的主顾贪婪地在附近等待时也可能会对网络失去信心。

　　牧师们发现，解决这一挑战的方案是消除用户生成内容和广告商生成内容之间的区别。这一方面可以通过使用有针对性的广告来实现，因为广告越显得是为你着想，就看起来越像是由你选择在你的网络中存在的东西，而非仅仅是设计得看起来你会选择在你的网络中拥有的东西。这一策略再次成为这些网络侵犯隐私的

152

原因和理由,既然为了给用户设计广告,广告商必须尽可能多地了解用户。因此,扎克伯格所倡导的开放性精神也是定向性广告的精神,这可并非巧合。

　　网络创造的一个更好世界是这样一个世界,那里不仅用户可以更容易地发现彼此,而且用户和广告商也可以更容易地发现彼此。越来越普遍的是,在一个网站上查找航班就是让假期打折的广告立即出现在你的网络中。虽然这一开始可能会让用户觉得自己被监视、跟踪和搜捕,但随着时间的推移,用户已经习惯了定向性广告,这是社交网络似乎不可阻挡的增长所表明的。当然,这并不一定意味着用户想要这些定向性广告,特别是由于社交网络"如果你不喜欢,那就退出"的激将法让用户越来越不可能、越来越无法质疑这些定向性广告是不是自己想要的。

　　社交网络侵蚀用户生成内容和广告商生成内容的边界,其方法是用用户数据帮助广告商瞄准用户、变成用户,后者的外观和行为都像那种你会(或者基于你的数据,应该)想要与他共享一个网络的用户。伊索(Aesop)也许会称之为"披着羊皮的狼"的策略。另一方面,这种侵蚀也可以通过网络帮助用户瞄准彼此、变成广告商来实现。普劳图斯(Plautus)也许会称之为"人对人而言是狼"的策略。

　　正如我们在 CB 电台、聊天室和绘文字中看到的那样,在牧群网络中不仅有一种开放性精神,还有一种墨守成规精神。然而,不同于 CB 电台和聊天室的墨守成规通常是用户监督彼此(为了确保他们属于这里)的副产品,以及用户试图通过模仿流行事物满足他人需要的副产品,绘文字——和繁殖它们的当代社交网络——的墨守成规要更进一步,它不仅受到同辈压力,还受到网络本身的帮助和唆使。因为在社交网络提供的空间中,我们不仅可以找到用户、广告商和他们生成的内容,还可以找到算法,决定哪些内容可见、哪些内容不可见的算法。

算法在社交网络中扮演守门员的角色,或许能够证明这一点的最有名例子,发生在 2014 年密苏里州弗格森的抗议活动中。推特上最热门的话题是迈克尔·布朗被一名弗格森警察杀害,随后发生了社区抗议活动,而警察试图通过滥用武力阻止抗议活动。不过,在脸书上,人们发现的不是关于弗格森的东西,而是关于渐冻症冰桶挑战的帖子。BuzzFeed 网上的一名作者甚至在脸书上发布了一个以婚礼公告为形式的虚假"生活事件",以评论迈克尔·布朗的故事,试图防止对弗格森事件的讨论从脸书新闻推送中消失。①

这种不一致可以归因于这两个网络运行的算法完全不同。脸书的新闻推送算法增加某些帖子而非其他帖子的曝光率,并增加某些用户而非其他用户的曝光率。这种增加或减少曝光率的原理,就像大多数算法的原理(正如在关于数据驱动活动的章节中讨论的那样)一样是未知的,只会导致用户去猜测。但通过增加冰桶挑战和减少弗格森的曝光率,脸书至少证实,在对永远不给用户离开的理由的追求中,它增加了最有可能提高用户参与度的内容,并减少了最不可能提高用户参与度的内容。换句话说,用户确实"喜欢"冰桶挑战,而不"喜欢"弗格森。

新闻推送的算法仲裁者的效果是,用户同样会发布那最有可能增加"朋友"参与度的内容,而避免发布最不可能增加"朋友"参与度的内容。脸书上到处都是婴儿和猫的照片,因为用户最有可能"喜欢"婴儿和猫的照片。有趣的假期照片、"夜景"照片和"生活事件"照片也是如此。换句话说,脸书会提升乐趣,用户会发布有趣的内容,因为在脸书上,乐趣等于增加了参与的可能性。

每天,脸书都会告诉用户今天是谁的生日,并提示用户轻松地

---

① Charlie Warzel, "How Ferguson Exposed Facebook's Breaking News Problem", *BuzzFeed*, August 19, 2014, https://www.buzzfeed.com/ charliewarzel/in-ferguson-facebook-cant-deliver-on-its-promise-to-deliver.

祝对方生日快乐,因为记住那些应该是你"朋友"的人的生日是很困难的,但祝对方生日快乐是有趣的。大卫·普罗茨(David Plotz)发现当他运行自己的脸书实验时,[①]用户甚至希望在同一月里多次祝同一个人——同样的"朋友"——生日快乐,因为一方面,脸书算法促使他们这样做,另一方面,因为这样做很有趣。虽然有趣意味着更多参与,但更多参与似乎并不意味着我们必须实际参与。就像当一个收银员说"请慢用",我们给出漫不经心、非常不恰当的回答"谢谢,你也是",我们可以而且确实对脸书促使我们做的事作出了回应,(第155页)却不必关注促使我们去做的是什么。毕竟,如果脸书促使我们去做,那么这件事一定很有趣。

与脸书的新闻推送算法不同,推特的算法可以监控用户在推特上发布的主题,并明确地显示这些"热门"话题的定期更新列表,供所有用户看到。因为这些热门话题的突出,因为能够通过就这些话题发推而明显看到自己超过追随者,我们很难确定这些热门话题是反映还是创造了目前正在推特上大量讨论的东西。这种模棱两可甚至导致了关于推特的阴谋论,后者认为推特人为推动政治光谱一端的热门话题,或审查政治光谱另一端的热门话题。[②]

这种阴谋论很大程度上是由于围绕这些算法产生的困惑(还有从后现象学角度来看的"解释性信仰")。推特可能会给用户一种错误印象,即人们在自己的时间表上看到的是每个人(而不只是受关注的人)正在谈论的东西。推特也会给用户留下一种错误印象,即人们所看到的热门话题是每个人(而不仅仅是那些生活在热

---

① David Plotz, "My Fake Facebook Birthdays", *Slate*, August 2, 2011, http://www.slate.com/articles/technology/technology/2011/08/my_fake_facebook_birthdays.html.

② Laura Sydell, "How Twitter's Trending Topics Algorithm Picks Its Topics", *NPR*, December 7, 2011, http://www.npr.org/2011/12/07/143013503/howt-witters-trending-algorithm-picks-its-topics.

门算法所要监控的同一个地理区域的人)正在谈论的东西。最后，推特也会给用户一种错误印象，即一个人时间表上的东西或推特上的热门东西是每个人(而不是 3.13 亿推特活跃用户中的一小部分人)都在谈论的东西。当然，如果一个人离开推特牧群中的牧群——即使只是进入脸书牧群中的牧群——后发现不知怎的似乎没有人(在一个牧群中)知道每个人(在另一个牧群中)在说什么，那么他可能会感到非常困惑。

正是推特让用户感觉他好像与每个人正在谈论的东西、每个人当下正在谈论的东西有联系，这让用户想要成为对话的一部分。就像广告商关注热门话题以求增加点击量一样，用户也会关注热门话题以求增加点击量。因为一个热门话题显示了被推送的话题独立于推特的相关性，用户可以通过就什么是热门话题发推来增加他们的收视率(即使不是他们的追随者)，不管他们是否知道一个话题为什么是热门的或就这一话题发推有任何意义。就像脸书让用户更有趣一样，推特让用户更时尚，但在这两种情况下，在这两种网络上，用户都只是在试图被看到。

为了被人看到而发布一些有趣的和时尚的帖子，就是发布一些后来被称为点击诱饵(clickbait)的帖子。指责企业发布愚蠢的点击诱饵来吸引注意力已经司空见惯。同样，个人用户发布愚蠢的点击诱饵来获得关注也很常见。我们可能已经从简单地接触点击诱饵开始，通过进行个性测验确定我们会被送到哪所哈利波特学校，或者我们最喜欢城市中的哪个性爱角色。但我们发现，发布这些点击诱饵测验的结果(这些测验旨在增加用户对公司的参与度)，已经导致用户增加了他们对我们的参与度。

我们不仅分享公司创造的点击诱饵，而且已经进化到能够创造自己的点击诱饵，在这个过程中把自己变成了小公司。测验很受欢迎，所以我们就自己制作类似测验的游戏，用♯号标签引导人们都讲同样的笑话，比如制作同样的双关语(♯CatTVShosow)，或者试图

156

将生活的某些方面简化为三个单词(♯MyPerfectDateIn3Words)。表情包(Memes)很受欢迎,所以我们就发布表情包,并使用表情包制作应用程序或网站来制作我们自己的表情包。动图(GIFs)很受欢迎,所以我们就发布动图,并使用制作动图的应用程序或网站来制作我们自己的动图。随笔类的脸书帖子和直白的推特评论很受欢迎,所以我们就发布随笔类脸书帖子和直白的推特评论,或者如果需要太多的思考和努力,我们就只是转发别人的帖子或评论(当然,为了确保参与我们正在寻求的东西,我们会给这些帖子或评论添加一点有用的洞见,如像火一样的绘文字,或"就是这个""这个厉害了")。

为了让自己受欢迎而附和受欢迎的东西,这当然不是什么新鲜事。但在牧群网络中,是否真有一个自我在做附和的事? 脸书向我们推荐帖子。推特向我们推荐热门话题。脸书和推特不仅使用算法来为我们策划内容,还使用算法来为我们创建内容。脸书帖子甚至已经从推荐自动校正文字转向推荐绘文字和动图而非文字供我们使用。推特机器人允许用户创建为自己发推文的推特账户。社交网络中的社交性越来越少。或者,换句话说,社交网络的社交性越来越多地发生在算法之间,而不是人与人之间。

牧群网络是虚无主义的,因为它是对我们的从众本能的一种技术驱动的利用,因为它是受人欢迎的一种永无休止、由绘文字驱使、侵蚀个人的追求。牧群网络是虚无主义的,还因为它结合了技术催眠、数字驱动活动和快乐经济学的元素。我们在社交网络上麻木不仁。我们在社交网络上发布内容,因为我们被告知要这么做。我们把朋友简化为"网友",把人简化为"追随者",把我们自己简化为公司式的"内容"制作工厂,所有这些都是为了追求在我们的社交网络上获得最高分数。尼采把虚无主义比作一种疾病。今天,我们可以很恰当地把这种疾病称为病毒式传播。

第八章　对偶像的网喷

一、感觉狂欢

尼采分析的第五种也是最后一种人—虚无主义关系是"感觉狂欢",不像前四种,尼采把这种关系描述为治疗我们虚无主义疾病的"亏欠"形式。尼采写道:

> 把人类的灵魂从其系泊处猛拉出来,让它没入恐怖、冰冷、火热和狂喜之中,以至于它会像一道闪电一样从一切轻微的不快、沉闷和忧郁中解放出来。……从根本上说,所有伟大的情绪都有这样的力量,只要它们是突然爆发的:愤怒、恐惧、欣快、复仇、希望、胜利、绝望、残忍;而苦行牧师确实把人类身上这群野狗全部引为己用,时而释放这只,时而释放那只,但总是出于相同的目的:把人类从其迟缓的忧伤中唤醒,让他至少能够把他那沉闷的痛苦和挥之不去的不幸轰走片刻,并且总是以某种宗教式的解释和"正当理由"为名做这些事情。不用说,每一种这样的感觉狂欢之后都尝到了苦果——它使病人的病情愈发严重;这就是为什么说按照现代标准,这种治疗痛苦的方法是

"有所亏欠的"。①

我们不仅会迷失在盲目的活动或他人的在场中,甚至还会迷失在自己的情绪中。至少从古希腊人和他们的复仇女神概念开始,我们就认为自己会被情绪所征服,征服得如此彻底,以至于我们通过"激情的犯罪"范畴理所当然地认可了自己的这一方面。当我们被爱或愤怒蒙蔽时,重要的是我们被蒙蔽了,暂时无法体验任何现实,除了让自己释放的快乐——无论是允许一种情绪的爆发,还是逃避爆发背后的任何自我感觉。

在这样的狂欢热梦中,我们执行的行动是我们其他时候永远不会执行的,因此,这种人—虚无主义关系可以看作结合了前四种人—虚无主义关系的元素。情绪的爆发让我们避免感受到意识的负担、责任的负担、无力感的负担和个体性的负担。在这种情况下,我们可能会做一些之后会后悔的事情,但重要的不是我们之后会后悔,因为现在才是重要的时刻,而且在这一刻,什么都不重要。

二、从感觉狂欢到点击狂欢

点击狂欢是我的术语,用以描述我们越来越倾向于在技术中并通过技术来表达我们感觉狂欢的现象。虽然尼采可能描述过19世纪欧洲的骚乱、暴动和革命气氛,但今天我们有快闪族、病毒表情包,以及只需点击一下按钮就能打倒领导、名人和彼此的能力。

由于技术的多稳态性,没有任何技术本质上是快乐的工具或愤怒的工具。喇叭筒,就像电影《蝇王》(Lord of the Flies)中的护身符海螺壳,既可以把人们聚在一起,又可以把他们分开。街角

---

① Nietzsche, *Genealogy*, 139—140.

上的临时讲台,可以是围绕表演者的聚集场所,也可以是围绕改革者的聚集场所。的确,当一个人遇到一群人时,他往往不知道人群中心到底是什么,究竟是什么东西把人群聚集在一起,但是看到一群人,总会让我们相信人群中间一定有什么东西,有值得人们聚集的东西。听到喇叭筒传来的声音,看到一个人站在临时讲台上,就是激起一个人的注意力,唤起一个人的牧群本能,被引导对别人有所反应(react),而别人不过是主动地行动(act)了,大胆地、非牧群式地主动行动了。

到目前为止,我们在对技术的分析中看到的是,喇叭筒和临时讲台不仅可以放大演说者的声音;不仅仅是那些已经决定放大自己声音的人们的中立设备。一个人看到喇叭筒或临时讲台,就会将它们视为放大自己声音的手段、机会和动机,无论自己是否有任何成为演说者的愿望或决定。就像走过一台钢琴会导致我们停下来并弹奏它,不管我们知不知道如何弹奏,走过一个喇叭筒或一个临时讲台,也会让我们停下来并说话,不管我们是否有话要说。也就是说,一个喇叭筒或一个临时讲台,就像任何其他技术一样,不仅可以实现我们的意图,还可以塑造甚至创造我们的意图。出于这个原因,考虑诸如喇叭筒或临时讲台如何,我们会经常发现自己在说话,而不必然知道自己在说什么,或为什么说。

然而,从听众的角度来看,我们没有办法知道这个如何是否会以及何种程度上引导着什么和为什么,众所周知,有人在让他们的声音被听到,有人指定自己为一个演说者,有人决定别人应该听他说。这种运行在演说——拿起一个喇叭筒或登上临时讲台,指定自己是应该被听的人,其他人应该是听的人——背后的规范声明,就是那可以导致人群反对演说者,想要报复演说者不符合这一规范的另一部分(他不符合默认的承诺,即演说者将值得一听)的东西。

因此,我们常常毫不犹豫地屈服于我们的牧群本能,在任何拿

162

着喇叭筒的人周围,在临时讲台上的任何人周围形成人群,这并不让我们感到惊讶。因为如果演说者值得一听,那么我们可以被引导参与一场感觉狂欢,如果演说者不值一听,那么我们也可以被引导参与一场感觉狂欢。无论演说者激励我们表达喜悦或愤怒,庆祝或冲突,带着仇恨攻击他人,或带着仇恨攻击演说者,重要的是演说者创造了一个爆发的机会。正如查普曼大学的一项调查所显示的那样[也如杰瑞·桑菲尔德(Jerry Seinfeld)喜欢开玩笑说的那样],这或许有助于解释为什么人们更害怕公开演说,而不是害怕他们自己的死亡。①

公开演说,以及公开演说的想法,给我们许多人带来了焦虑。也许产生这个焦虑——显然排名高于想到死亡所导致的焦虑——的原因是我们直觉地把握到了公开演说自带的威胁,即受到人群的关注,而人群可以随时变成一群暴徒。但是,一个喇叭筒或一个临时讲台可以引导我们忘记对公开演说的焦虑,而不是克服它们。起到技术催眠作用的喇叭筒或临时讲台可以引导我们不一定想成为公众演说家,但至少可以玩一玩公开演说,从而忘记我们所属的那个世界,重又属于我们在电视和电影里看到的那个世界,那里英雄用喇叭筒集合起人群,或站在临时讲台上发表一篇激动人心的演说。

喇叭筒或临时讲台也可以作为一种具身性关系来放大我们的声音,并减少我们对人为放大我们声音的技术的意识。换句话说,在使用喇叭筒或临时讲台时,我们很容易被诱惑不去认真对待这样的后果——突然被比平常多得多的人听到时可能产生的后果。但如果一个喇叭筒或临时讲台可以让我们在知道该说什么之前说话,甚至在知道我们在说什么之前说话,那么当一个人通过像油管网那

① Wilkinson College, "America's Top Fears 2016", *Chapman University Blog*, October 11, 2016, https://blogs.chapman.edu/wilkinson/2016/10/11/americas-top-fears-2016/.

样的数字喇叭筒或像推特那样具有即时推送通知的临时讲台说话时,这一现象该有多么普遍,聚集起来的人群又该有多么危险?

三、永远不要读评论

无论是看小狗视频,还是读食谱博客,只要随意向下滚动页面,就会看到人们提供的各种完全充满仇恨的无根据评论。与此相应,如果互联网有一条普遍认同的法则,那么这条法则就是,永远不要读评论。然而,根据英国《卫报》(*Guardian*)进行的一项研究,他们的网站在 1999 至 2016 年间收到了超过 7000 万条评论,但只有 140 万条评论(或评论总数的 2%)被认为是"恶意的"或"离题的",所以要求网站屏蔽评论会"违背《卫报》的共同体标准"。① 那么,为什么这 2% 似乎比那 98% 重要,以至于我们几乎没有注意到后者? 为什么我们会建议彼此避免进入评论区呢? 为什么我们理所当然地认为评论区只有仇恨呢?

事实上,《卫报》之所以对他们的评论区进行研究,正是因为人们已经形成如此印象,即该网站正被"粗鲁、偏执或只是卑鄙"的评论所淹没。然而,《卫报》发现,总的来说,网站上的评论很大程度上符合评论区的精神——允许读者"立即回应一篇文章,问问题,指出错误,给出新的线索"——但这一精神并不一定会在作者不是白人男性的文章的评论区发现:

> 虽然我们的常规观点作者大多是白人男性,但我们发现那些经历过最高程度的辱骂和轻蔑挑衅的人却不是白人男性。遭受辱骂最多的 10 位普通作者是 8 名女性(4 名白人和

164

---

① Becky Gardiner, et al., "The Dark Side of Guardian Comments", *Guardian*, April 12, 2016, https://www. theguardian. com/technology/2016/apr/12/ the-dark-side-of-guardian-comments.

4 名非白人)和 2 名黑人男性。其中两个女人和一个男人是同性恋。在"前 10 名"的 8 名女性中,一名是穆斯林,一名是犹太人。

还有那被辱骂最少的 10 位普通作者呢? 他们都是男人。①

评论区是进行民主讨论和辩论的空间。评论区是充满了偏执和性别歧视的垃圾场。这两种对评论区的感知并不相互排斥。似乎——至少根据《卫报》的研究证据来看——前一种感知对白人男性是正确的,而后一种感知对其他人都是正确的。但为什么会这样呢? 即使所有的评论者都是偏执狂和性别歧视者,这也不能解释为什么偏执狂和性别歧视者会涌向评论区,也不能解释为什么偏执狂和性别歧视者以他们倾向的方式发表他们的偏执和性别歧视。所以问题仍然存在:是什么东西让评论区引来"粗鲁、偏执或只是卑鄙"的评论?

看任何网页的评论区给人的感觉都像看公共浴室的隔间一样。事实上,互联网和公共浴室隔间确实有很多共同之处,特别是匿名性和走不掉的观众。然而,评论区也可以被比作涂鸦。涂鸦虽然像浴室隔间一样包含粗俗的东西,但也包含艺术品。对许多人来说,墙就是画布,一个需要填满的空白,要变成公开展示一个人创造力的地方,无论创造力是由快乐、愤怒还是完全不同的其他东西推动的。同样的道理也适用于评论区(如果不是适用于互联网本身的话),而且不同于涂鸦似乎经常表达"我存在"这样的意见(例如,"[某某某]到此一游"),评论区似乎经常表达"你不应该存在"的意见(例如,"去死吧")。

为什么评论区通常更像浴室隔间而不是涂鸦,对此最明显的

---

① 　Gardiner,"The Dark Side".

解释是,评论区和浴室隔间都是人们去放松而非去创造的地方。这种对轻松的需要,对"放掉蒸汽"的需要,就是弗洛伊德所谓的"升华",就是尼采所谓的我们"释放"本能的需要,也就是今天我们所谓的"网喷"(trolling)。

生活在一个政治正确的社会中会感到压抑? 去评论区告诉陌生人,要他们去死。

感到不被爱和孤独? 去评论区称某人为荡妇。

感觉被少数族裔淹没了? 去评论区发言:"让美国再次伟大。"

根据弗洛伊德和尼采的观点,对升华、释放、轻松的需要,是由于生活在社会中、被文明化、被迫满足他人需要和期望的压力。然而,正如前一章所讨论的,这些从众行为的压力可以视为自讨苦吃,因为它们是我们牧群本能的结果。如果不是我们强迫自己和别人在一起,强迫自己被别人看到和听到,被别人承认,就没有必要从众,从而也没有必要网喷。

事实上,这些所谓喷子在评论区激烈反对的,也许正是我们的牧群本能,这将有助于解释上述在评论区发现的恶意评论的"无根据性"。因为评论区的评论似乎与其他评论没有多少关系,与页面内容没有多少关系,与页面作者没有多少关系。评论区是一个反馈空间,建设性批评空间,对话空间,但是在评论区发现的评论往往会突然转向某种意见,因为你如果越向下滚动页面,就越有可能发现故意忽略或拒绝这些空间的预期目的的评论,还有一些尝试恶作剧的评论,一些被机器人植入的广告,以及许多版本的"去死吧"。

如果这些页面底部的评论与页面的内容有关,那么它们往往是负面的,而其负面程度似乎与评论者据称令人反感的页面内容完全不成比例。因此,也许真正被反对的是内容的存在,页面的存在,互联网的存在,觉得有理由公开他们观点的人们的存在,促进公开这些观点的人们的存在,不愿花时间阅读这些观点和评论这

166

些观点的人的存在。换句话说,真正被反对的是存在。

　　正是由于这种将评论区挪用为发泄的场所,这种喷子文化导致越来越多的网站从控评变成去匿名化,最终发展到完全删除评论区留言。① 然而,有人可能会说,正是这种挪用,评论区的这种泄愤功能,使得评论区不仅有用而且必要。因为如果评论区为我们提供了一个虚拟空间,在那里像虚拟的怪物一样虚拟地爆发一番,那么它们也许会有助于阻止我们在现实生活中像现实的怪物一样现实地爆发。

　　这样的论点可以在曼尼托巴大学、温尼伯大学和不列颠哥伦比亚大学的心理学家进行的网喷现象研究中找到,该研究的题目是"喷子们只想玩得开心"。该研究的作者艾琳・E. 巴克尔斯(Erin E. Buckels)、保罗・D. 特拉普内尔(Paul D. Trapnell)和德尔罗伊・L. 保罗胡斯(Delroy L. Paulhus)得出结论:

　　　　在第 2 项研究的最终分析中,我们发现了明确的证据,表明虐待狂倾向于网喷,因为他们喜欢这样做。在对这种乐子加以控制时,虐待狂对网喷的影响减少了近一半;虐待狂通过这种乐子产生的间接影响是实质性的、显著的,并且在控制与黑暗人格分数的重叠时仍然显著。这些发现为虐待狂助长网喷行为的机制提供了一个初步的观察。网喷和虐待狂们都对他人的痛苦感到一种虐待狂式的喜悦。虐待狂们只是想玩得开心……而互联网是他们的游乐场!②

167

---

① Klint Finley, "A Brief History of the End of the Comments", *Wired*, October 8, 2015, https://www. wired. com/2015/10/brief-history-of-the-demiseof-the-comments-timeline/.

② Erin E. Buckels, et al. , "Trolls Just Want to Have Fun", *Personality and Individual Differences* 67 (September 2014): 101.

从他们对大学生和亚马逊土耳其机器人（Amazon Mechanical Turk）用户的研究中发现网喷与"黑暗人格"的三个特征（马基雅维利主义、精神变态特别是虐待狂）相关后，巴克尔斯、特拉普内尔和保罗胡斯认为互联网是一个"游乐场"，一个虐待狂以施虐为乐的地方。就像父母带孩子到游乐场，这样他们就可以玩了，就可以在一个专门设计用来尖叫和破坏的环境中放纵尖叫和破坏的冲动，互联网也把虐待狂们带到评论区，这样他们就可以在一个完全适合他们的冲动环境中放纵自己。

这项研究发表后，在接受知名网络杂志 *Slate* 采访时，巴克尔斯进一步推广这种将评论区视为虐待狂游乐场的观点。在回答惩罚喷子的行为是否会阻止他们这一问题时，巴克尔斯认为，"对虐待狂来说，网喷的诱惑可能太大了，他们或许只有有限的机会以社会满意的方式表达他们的虐待狂兴趣"。① 声称虐待狂能够在评论区释放他们的虐待冲动，因为他们没有找到类似的线下释放方式，这表明删除评论区留言只会给虐待狂留下不受社会欢迎的释放选择。因此，永远不要读评论的互联网法则不仅可以被解释为一种警告，也可以被解释为一种妥协，因为评论区仍然继续存在，但主要是作为虐待狂享受的地方和社会其他成员回避的地方。

然而，是虐待狂变成了喷子还是喷子变成了虐待狂，这个问题还不清楚。一方面，巴克尔斯、特拉普内尔和保罗胡斯提出了一个问题："反社会的人之所以比其他人更多使用技术，是因为技术促进了他们邪恶的目标/动机吗？"并且回答说："这项研究的结果表明，情况确实如此，但还需要更多的实证性工作。"② 另一方面，作

---

① Chris Mooney，"Internet Trolls Really Are Horrible People"，*Slate*，February 14，2014，http://www.slate.com/articles/health_and_science/climate_desk/2014/02/internet_troll_personality_study_machiavellianism_narcissism_psychopathy.html.

② Buckels et al.，"Trolls," 101.

者们在下一段中指出，"喷子人格似乎是一个虚拟化身的恶意案例……包括真实的人格……和理想的自我"。因此，那些喷子被认为可能已经有"邪恶的目标/动机"，但与此同时又是一个"虚拟化身"、一个"人格"，或者换句话说，是一个为了玩网喷游戏而穿戴的戏装。

168

　　语词"喷"本身就浓缩了这种混乱。因为尽管这个委婉语捕捉到了"邪恶"和"恶意"的网络行为的可感知的可怕之处，但同时它也将执行这种行为的个体比作神话的或"虚拟的"野兽，从而将行为与演员分离和疏远。演员是匿名的，只有通过这种委婉语和一个编造的网名来识别。这种自我创造和社会支持的匿名性导致了一种虚拟/现实的二元论，后者允许行动者体验作为一种仅仅存在于网上的活动的"喷"，这与"现实生活中"（in real life）的演员是谁没有真正的关系。这种表达在互联网时代已经变得如此普遍，甚至可以简写为"IRL"（也许不是巧合，它让人想起"LOL"），表明这种虚拟/现实二元论使互联网成为一个只是有趣的地方，就像一个游乐场，它同时忽略了谁在那里有这么多乐趣，以及他们在那里发现了什么事情是如此有趣这两个问题。

　　在 IRL 的意识形态中，一个人会在网上变成喷子，但这并不意味着这个人在离线时就是一个喷子。因此，网喷可以被视为一种虚无主义的逃避，既逃避一个人的现实（如技术催眠），又逃避一个人的责任（如数据驱动活动）。换句话说，网喷之所以是虚无主义的，不是因为喷子喜欢贬低别人（像快乐经济学），而是因为喷子不愿意承认他或她是谁（像牧群网络），不愿意承认他或她是一个喷子，不愿意承认没有虚拟/现实二元论，没有"IRL"。事实上，最著名的网喷形式之一，恰好就是通过否认自己试图成为敌对者来回应每一个说自己是敌对者的指控这一方式来和他人敌对（例如，"这确实是与游戏新闻相关的道德"）。

　　至少根据亚里士多德、马克思和尼采的观点，我们就是我们所做的事情。因此,一个喜欢在评论区说"去死吧"的人,一个喜欢指责别人明显懦弱而自己则隐藏在委婉语和网名的匿名性后面的人,不是一个神话中的野兽,而只是一个自我否定和逃避现实的虚无主义者。

169

四、快闪族规则

1973 年,科幻作家拉里·尼文(Larry Niven)写了一部名为《快闪人群》(*Flash Crowd*)①的中篇小说,在这篇小说中,传送设备("置换亭")和电视直播新闻报道结合在一起,可以让人群立即出现在任何刊登突发新闻的网站上。尼文想象那些利用这种技术组合的人不仅有媒体记者、好奇的旁观者和想参与事件的人,还有罪犯,因此第一批这样的"快闪人群"很快就变成了由混乱、暴力和抢劫组成的骚乱。

2003 年 5 月 27 日,来自 themobproject@yahoo.com 的一封标题为"MOB♯1"的电子邮件被匿名发送给了 63 人。电子邮件开头如下:

> 你被邀请参加 MOB,这个项目在纽约市策划了一个令人费解的聚合行动,仅持续 10 分钟左右。请将此信息转发给其他你认为可能想加入的人。
>
> 常见问题解答
>
> 问题:我为什么要加入一个令人费解的聚合行动?
>
> 答案:有很多人都在这么做。
>
> 行动指南——MOB♯1

---

① Larry Niven, "Flash Crowd," in *Three Trips in Time and Space : Original Novellas of Science Fiction*, ed. Robert Silverberg (New York: Hawthorn Books, 1973), 1—64.

地点:克莱尔饰品店(第八大道和第九大道之间的百老
汇)

开始时间:6 月 3 日,星期二,晚上 7 时 24 分,

持续时间:7 分钟①

进一步的指南通知邮件接收人进入商店,走到后面,等待 7 分
钟,然后离开。目前还不清楚有多少人打算参与 MOB♯1 行动,
因为警察已经预先关闭了商店,并在前面等待,准备逮捕任何潜在
的聚合参与者。

"聚合行动计划"(The MOB Project)的发起人、编辑和创作
者比尔·瓦西克(Bill Wasik)从第一次失败的尝试中学到这样的
教训,即不提前透露聚合行动的地点,因而从 MOB♯2 到 MOB♯
8 都取得了成功,引发了对聚合行动的模仿和"快闪族"(flash
mob)现象的诞生。在瓦西克的后续作品《还有:故事如何在病毒
文化中产生和死亡》(*And Then There's This*:*How Stories Live
and Die in Viral Culture*)中,他如此解释道:

我意识到需要让我的想法**更懒散些**。我可以用电子邮件
来为一场节目聚集观众,是的,但节目的重点恰好应该是根本
没有节目:电子邮件会直接说明人们会看到什么,也就是除了
他们自己,什么也没有,他们只是毫无理由地聚在一起。我
想,这样的计划是可行的,因为它是一种**后**——也就是说,它是
对一种自我意识文化的自我意识观念,一种对无中生有的
承诺。②

170

---

① Bill Wasik, "The Experiments", *And Then There's This*, http://www. andthe-
ntheresthis. net/mob. html.

② Bill Wasik, *And Then There's This*:*How Stories Live and Die in Viral Culture*
(New York: Viking Penguin, 2009), 19.

　　快闪族现象的产生源于"无中生有"的尝试。尼文预测了这一现象，他只是弄错了媒介。我们显然不需要远程传送设备和电视新闻报道的综合力量来让我们形成一个快闪族——我们所需要的只是无聊和交流的综合力量。一封匿名电子邮件建议随机的人在随机的时间和随机的地点参与随机的活动，这显然是要让数百人"加入一个令人费解的聚合行动"，因为"很多人都在这么做"，而他们需要看的"除了他们自己，什么也没有"。

　　瓦西克创造了快闪族来作为表演性自恋的实验，作为"自我意识文化"向世界展示他们多么具有自我意识的机会。换句话说，瓦西克并不是在邀请人们参与一个事件，参与一种新现象的创造，毋宁说瓦西克是在喷他发邮件通知的那些人。那些回复邮件的人，那些参与快闪族的人，不是受邀参与一个很大的知情人才懂的笑话，而是受邀成为被嘲笑的对象，成为一个笑话。也许参与者会发现他们被嘲笑而不是嘲笑谁，但这种发现恰好能够解释为什么快闪族现象会像快闪族本身一样似乎突然间就消失了。

　　快闪族曾经如此受欢迎，甚至被寻找病毒式广告活动的营销人员所利用，于是逐渐——就像许多互联网现象一样——从有趣的东西变成了一种时尚，引发了一种反弹而不是轰动效应。赞美快闪族的文章在 2011 年左右开始出现，尤其是在快闪族从病毒式的油管网轰动事件变成了犯罪骚乱之后。不同于瓦西克创造的第一个成功的快闪族把人们送进百货商店去盯着地毯看，后来的快闪族把人们送进商店是为了抢劫，创造了一种被称为"快闪暴"（flash rob）的现象，根据全国零售业联合会的报道，这种现象发生在"整整 10％的受调查商家"中。①

171

---

① 　Bill Wasik，"'Flash Robs：Trying to Stop a Meme Gone Wrong"，*Wired*，November 23，2011，https://www.wired.com/2011/11/flash-robs/all/1.

　　然而,不能仅仅因为瓦西克创造了快闪族现象就说他理解了这一现象。因为尽管瓦西克看不起那些参与快闪族的人,声称他们"毫无理由地聚在一起",但没有必要假设这种观点代表了参与者的实际动机。快闪族当然可能看起来只是精心设计的愚蠢,是人们参加一场非常复杂的表演的机会,一场巨大的枕头大战,或者是一部音乐电影的再现,但它们也可能是人们发表一种声明的机会。

　　2011 年 1 月,在 2010 年 12 月突尼斯起义成功后,埃及的青年团体利用互联网组织了反对穆巴拉克政权的抗议活动。这些抗议活动主要通过社交媒体(脸书)进行组织,聚集人群为一个特定的目的(反穆巴拉克游行)在一个特定的时间(1 月 25 日)同时出现在一个特定的地点(开罗解放广场)。① 社交媒体在抗议活动中继续扮演着重要角色,因为抗议者通过脸书和推特把信息和报告传播出去,通过增加参与人数和增加新闻媒体报道帮助抗议活动获得支持。成千上万步调一致的人占领了广场,并在埃及其他城市导致了类似的占领,从而在气势上完全压倒警察和军队,导致穆巴拉克在 18 天后的 2 月 11 日辞职。

　　2011 年 7 月,《广告终结者》(*Adbusters*)杂志上的一则广告问道:"你准备好迎接解放广场的时刻了吗?"在写着"♯占领华尔街"的横幅下面,广告呼吁人们"涌向下曼哈顿区,搭建帐篷、厨房、和平路障,占领华尔街",并"在 9 月 17 日"这样做。随着选定日期的接近,占领网(Occupy)、红迪的帖子、汤博乐(Tumblr)的页面和推特的热门推送继续传播并扩展试图复制华尔街的解放广场抗议活动的信息。9 月 17 日,几百人占领了华尔街的祖科蒂公园,后者成为占领运动的基地,直到两个月后纽约警察局试图清理公

---

① Zeynep Tufekci and Christopher Wilson,"Social Media and the Decision to Partici-pate in Political Protest: Observations From Tahrir Square", *Journal of Commu-nication* 62 (2012): 363—379.

园,逮捕 240 多名抗议者为止。[①]　在占领期间,社交媒体继续传播　172
占领运动信息("我们是 99％的那一部分"),导致许多游客、名人、
政客和记者出现在祖科蒂公园,也导致在世界各地城市出现数以
百计的占领组织和事件。

2011 年不仅是解放广场运动和占领华尔街运动的一年,也是
"快闪暴"现象出现的一年和快闪族现象宣布死亡的一年,这很可
能不是巧合。一旦快闪族停止找乐和游戏,一旦快闪族停止瓦西
克所设想的因为无聊和自恋而有的盲目的娱乐,一旦快闪族试图
服务于一个目的,快闪族的潜在危险,而非他们潜在的娱乐和商业
价值,就会成为媒体报道的焦点。事实上,"快闪暴"现象恰恰表明
了开罗和纽约抗议所针对的政治和经济不平等,也为反对者批评
快闪族是尼文所预测的混杂和犯罪骚乱提供了一个完美的途径。
费城警察局长甚至在 2011 年提出,对快闪族更好的称呼应该是
"横冲直撞的暴徒"。[②]

然而,这里最重要的可能是快闪族的多稳态性,快闪族以像
MOB ♯1 或占领华尔街这样的多种方式出现的能力。正如瓦西
克所言,快闪族是一种"无中生有"的方式。有些东西可以像表演
或抗议一样多样化。但无论是什么东西,它都不会源于虚无。一
个快闪族,任何一个快闪族,都是一种表达,一方面是人们渴望成
为某种东西的一部分的表达,另一方面是人们渴望不成为虚无的
一部分的表达。虚无可以是从无聊到孤独再到压迫的任何东西,
因为重要的是快闪族代表着一种转变,一种自己和世界的转变。

快闪族是一个人转变成一个表演者、一个空间转变成一个舞

---

①　Ray Sanchez, "Occupy Wall Street: 5 Years Later", *CNN*, September 16, 2016, http://edition. cnn. com/2016/09/16/us/occupy-wall-street-protestmovements/ index. html.

②　Jason Plautz, "The Changing Definition of 'Flash Mob'", *Mental Floss*, August 22, 2011, http://mentalfloss. com/article/28578/changing-definitionflash-mob.

台的机会。不管人们是在表演以致敬迈克尔·杰克逊，或在示威以反对独裁者，重要的是人们通过表演转变成了不是自己的别人，就像表演的空间转变成了不是原来所是的空间。也许我们不会感到惊讶，快闪族最终采取了明确的抗议形式，从某种意义上说，所有的快闪族至少都是一种含蓄的抗议形式。就像"快闪暴"可以被视为抗议资本主义产生的不平等，任何快闪族，甚至只是一个同步进行的舞蹈表演，都可以被视为对常态、对可预测性、对生活缺乏自发性、对公共空间只能按预期要求使用这样理所当然的假设的抗议。换句话说，一个快闪族是对现实的一次抗议。

　　一个快闪族本身并不是虚无主义的。相反，正如尼采所暗示的那样，快闪族的爆发性才是虚无主义。它突然出现了，几乎没有任何警告，然后就消失了。即使在解放广场或占领华尔街运动这样的情况中，快闪族持续了几天或几周，但最终还是消失了。就像午夜钟声敲响后的灰姑娘一样，那些变成了表演者的个人重新变成了原来的个人，那些无聊、孤独或被压迫的个人。同样地，这个已经被改造成一个舞台的地方又变成了一个地方，一个正常的、可预测的、缺乏自发性的，并且按预期要求使用的地方。

　　正是出于这个原因，尼采告诫说，尽管这种爆发性可能会让我们在一段时间内逃离现实，但这种逃离的代价最终必须得到偿付。在可预测的空间中，被无聊和被可预测事件包围可能是痛苦的，但在经历了自由和自发性之后，被无聊和可预测性包围则要更加痛苦。向自己揭示了生活可能是什么样子，然后又回到原来所是的生活，这会是毁灭性的。渴望留在快闪族的世界内，可以帮助解释油管网角色的重要性，它不仅可以病毒式地传播快闪族的想法，还可以让人们技术催眠式地体验快闪族，一次又一次地体验，就像一种药物。但是，正如尼采所言，这种药物并不能治愈疾病，而只会使病情加重。我们越被提醒现实可能会是怎么样的，现实就变得越让人痛苦，而现实变得越让人痛苦，我们就越需要被提醒现实可

能会是怎么样的。　　　　　　　　　　　　　　　　　174

五、网络武士和羞辱运动

　　在网喷和快闪族之间有一种根本性的亲缘关系。网喷是这样一种方式,它享受着对他人的攻击,同时又利用 IRL 的意识形态来逃避作为一个喜欢攻击他人的人的责任。快闪族是这样一种方式,它将一个人变成一个表演者,将世界变成一个舞台,舞台上的表演者都在遵循一个剧本,一个允许每个表演者都拒绝对表演负责的剧本。换句话说,如果喷子组成了一个快闪族,那么他们就可以享受攻击他人的乐趣,而不必担心要对攻击负责,因为这种攻击不是出于个人快乐,而是因为"有很多人都在这样做"。不像虐待狂,在快闪族中瞎喷,可以让攻击他人展现为一种暴民正义。

　　当然,这种网喷快闪族不仅存在,而且变得如此频繁并影响深远,以至于我们开始相信快闪族是过去的时尚,而不是当下的时代精神。在过去,社交媒体是组织快闪族的工具。现在,社交媒体本身就是快闪族。然而,社交媒体变成的快闪族不再将参与者变成舞台上的表演者,去执行舞蹈或假装成时装模特,而是将参与者变成战场上的网络武士,进行乔恩·朗森(Jon Ronson)所谓"羞辱运动"(shame campaigns)①。

　　在他的书《所以你被公开羞辱》(*So You've Been Publicly Shamed*)中,朗森采访了那些羞辱运动的受害者,他们成为社交媒体嘲笑和尖刻批评的对象,以至于他们的生活完全被毁掉。荣森分析了几场羞辱运动,但主要关注的是针对贾斯汀·萨科(Justine Sacco)的那一次。2013 年 12 月,她作为一家大型媒体公司的

_____

① Jon Ronson, *So You've Been Publicly Shamed* (New York: Riverhead Books, 2016), 10.

公关,在推特上告诉她的 170 名粉丝:"去非洲。希望我不会得艾滋病。只是开玩笑。我是白人!"萨科然后坐上 11 个小时的航班,在此期间世界各地成千上万的人参加反对她的羞辱运动,这一运动使她成为推特全球顶级热门话题,使她有了自己的热门标签(♯贾斯汀尚未着陆),使她被威胁、被解雇、被家人回避,并使她暂时搬到埃塞俄比亚首都亚的斯亚贝巴的农村地区,巧合的是,那里没有互联网。①

　　社交媒体(萨科的推特)让陌生人突然出现在同一个地方(推特),以便在同一时间段(11 个小时的飞行)内进行同样的活动(网喷)。换句话说,萨科的推文创造了一个快闪族,这群人以在网上攻击别人为乐,因此这个快闪族是网喷快闪族。这个快闪族把喷子们变成了义务治安员,也把推特变成了一个公开处决犯人的平台。快闪族本应在 2011 年作为一种时尚而消失,但我们可以看到,2013 年不仅出现了一场快闪,而且是世界上规模最大的快闪之一。然而,参与者可能不会承认这种羞辱运动是一场快闪,就像他们不会承认羞辱萨科是一种网喷形式一样。相反,他们可能会说,一方面,这不是一场表演,而是一次正义的行动,另一方面,这不是出于快乐而攻击某人,而是因为这是她应得的。

　　朗森希望我们面对的,正是这种正当理由,这种认为羞辱运动的快闪网喷是一种当之无愧的正义之举的理由。正是出于这一原因,朗森把萨科和那些同样在网上被嘲笑的人视为受害者,迫使我们质疑惩罚是否真正符合罪行,并最终质疑是否真正存在一种罪行。朗森将这些现代社交媒体的羞辱运动比作过去时代的公开羞辱惩罚,而这种惩罚——比如被锁在足枷中,在城镇广场上被鞭打——在 19 世纪中期的美国和英国就已经被取缔。

　　正如朗森所解释的那样,他原本认为这种羞辱做法之所以会

---

① 　Ronson, *Publicly Shamed*, 70.

结束,是因为工业化侵蚀了羞辱所必需的地理定位,从小城镇转向大城市削弱了羞辱的力量,因为每个人都变成了人群中的另一张脸。然而,他的研究显示,羞辱之所以被停止是因为它太强大了。朗森甚至发现,早在 1787 年,医生兼开国元勋本杰明·拉什(Benjamin Rush)就有反对公开羞辱的观点,他认为公开羞辱仪式会导致"极大的残忍",因为"人群中善意的那些往往会做得太过分"。①

　　人们认为他们在公开羞辱中做着什么,有多少人参与了公开羞辱,以及人们究竟有多愿意参与公开羞辱,这些问题之间的关联导致这样一个问题,即对任何特定的社交媒体羞辱运动来说,是否有什么特别的东西可以把它们与过去的公开羞辱仪式区分开来。从尼采的角度来看,这个问题特别重要,因为正如第五章所讨论的那样,尼采认为残忍对待他人,特别是在残忍中发现快乐,是人性的一部分,而不仅仅是网络的一部分。

　　反对萨科的羞辱运动似乎只是尼采所谓我们参与一个残忍的节日这种"人性的,太人性的"欲望的最新例子。事实上,尼采甚至认为不是节日导致了残忍,而是残忍导致了这个节日。② 换句话说,不同于这样的假设,即社交媒体提供了羞辱运动的必要条件——如匿名性和即时通告——尼采可以被视为在暗示,我们对羞辱运动的渴望,我们对残忍的渴望,才是创建像社交媒体这样的节日的一个必要条件。

　　尼采在这里可以帮助我们理解社交媒体的一个核心悖论,即社交媒体会让我们成为一场羞辱运动的受害者,可能会破坏我们的生活,但我们仍然继续使用社交媒体。如果我们使用社交媒体的主要动机是为了社交,与他人交流,与他人交朋友,那么我们似乎早就认识到社交媒体的有毒性和可爆性,并寻求更安全的手段

---

①　Ronson, *Publicly Shamed*, 54.

②　Nietzsche, *Genealogy*, 67.

来实现这一目的。然而,如果我们使用社交媒体的主要动机并不是为了社交,而是为了残忍,为了羞辱他人,为了嘲弄他人,那么我们继续使用社交媒体就更有意义了。

此外,尼采甚至可以被视为指出了这样一种可能性,即刺激我们使用社交媒体的这两个潜在的最终目标——为了社交或为了残忍——并不需要相互排斥。因为,如果残忍是欢乐的,如果我们可能出于对残忍之乐的共同渴望,那么很有可能不是社会为残忍创造条件,而是残忍为社会创造条件。换句话说,网喷可以让人们聚在一起。网喷可能不是制造分裂的,而是有凝聚力的。网喷会导致暴民,这在现代相当于愤怒的、挥舞着干草叉的暴民,但是,对于暴民来说,网喷可能会导致同志之爱、友谊甚至可能是一种共同体感。

惠特尼·菲利普斯(Whitney Phillips)在她对网喷亚文化的人种志研究中发现了网喷增加凝聚力的这一方面的证据。尽管正如这个委婉语所暗示的那样,许多人倾向于认为喷子是孤独者,喜欢从父母地下室的黑暗阴影中匿名攻击陌生人,但菲利普斯发现喷子们能够且确实可以形成共同体。根据菲利普斯的说法,喷子们可以被"组织"起来,通过搞笑的网名"标示自己",这样他们就可以找到彼此,从而实际上通过"与其他有个人资料的喷子交朋友""形成了一个反社交网络"。①

正如菲利普斯所指出的那样,在社交媒体上瞎喷——不像在评论区或红迪论坛上的瞎喷——要求人们得有个人资料,即使是假的,仅仅为了网喷而编造出来的,仍然给每个喷子一个足够稳定的在线身份,可以形成关系。菲利普斯写道:

---

① Whitney Phillips, "LOLing at Tragedy: Facebook Trolls, Memorial Pages and Resistance to Grief Online", *First Monday* 16, no. 12 (December 5, 2011): 2, a-vailable at: http://firstmonday.org/ojs/index.php/fm/article/view/ 3168/3115.

从一开始,脸书喷子就是基于脸书程序员建立的惯例被预测的;正是通过对这些协议——这些协议不仅鼓励而且制造用户的敌意——的采用,网喷才成为一种基本的社交活动。这与大多数论坛上的瞎喷有很大的不同,也与在/b/网上的瞎喷明显不同,因为在这些情境中的瞎喷几乎总是盲目而匿名的。喷子们可能会在一个特定的突袭中一起工作,但他们很少停留足够长的时间来建立社交关系,当然也没有一个持久的在线身份,以获得特定的成功。[……]的确,鉴于希望在个人资料被删除后还能保持社区关系,为了贡献和受益于这个新兴的网喷经济,脸书上的喷子们倾向于相同姓氏的网喷名字,这样复活账户会有更宽松的时间发现喷子朋友,并被喷子朋友发现。①

不同于网喷可以通过发现人们对残忍的共同兴趣而将人们聚在一起,像脸书这样的社交媒体网站在将喷子们聚在一起方面发挥了重要的中介作用。脸书不仅帮助喷子们通过创造稳定的身份而找到彼此,还帮助喷子们通过创建页面和组织为网喷寻找目标,这些组织所谓的纯洁性往往会激怒和激励喷子们。

178

正如菲利普斯所明确指出的那样,喷子们认为自己不是虐待狂,而是讽刺家,他们的手段可能残忍,但他们的目的却被认为是正义的,这揭示了他们发动攻击的所谓纯粹意图的不纯粹性。菲利普斯关注的是"安息喷子"(RIP trolls),他们攻击作为哀悼网站建立的脸书纪念页面。这种网喷亚文化不仅分享技巧(例如,吸引用户去纪念页面,然后将其从一个致力于哀悼的页面变成一个致力于愚弄的页面)和策略(例如,在纪念页面上发布表情包,嘲讽被哀悼个人的死亡),还分享一个代码(例如,只攻击由陌生人

---

① Phillips,"LOLing",2.

创建的公共纪念页面,而不是由死者的家庭成员创建的私人纪念页面)。

共享的技巧和策略帮助喷子们相互确认彼此,共享的代码有助于将喷子们联系在一起。有一个共同的使命证明网喷是正当的,允许由参与羞辱运动的喷子组成的快闪族在一场圣战中把自己变成武士,同时把社交媒体变成一个必须清除异教徒的圣地。当然,分享技巧、策略和正义感并不是喷子所独有的,因为由于牧群网络,这正日益成为社交媒体用户的普遍特征。或者,换句话说——回到我之前所说的社交媒体已经成为快闪族的说法——喷子和非喷子之间的界限,社交媒体滥用者和社交媒体使用者之间的界限,正变得越来越模糊,如果这样的界限存在的话。菲利普斯所研究的那类喷子可能占据了社交媒体用户光谱的一个极端,但既然是一个光谱,说明喷子们只是程度上不同,而不是种类上不同。

认为社交媒体上的每个人某种程度上都是一个喷子,一方面似乎是一种使网喷行为正常化的概括,另一方面似乎是一种否认真正的行动主义的概括。然而,关于第一项指控,程度上的差异应该被认真对待,这既表明了网喷的多样性,也表明了从看似无辜者滑到义愤填膺者是多么容易。关于第二项指控,正是网络行动主义的义愤填膺,说明了我们所做事情的危险的盲目性,就好像只有他们才可能是喷子似的。

179　　“喷子”这个委婉语不仅暗示了一种神秘的造物躲在阴影中攻击无辜陌生人的行为,而且还将行动者与行动区分开来,从而给人一种错误印象,即喷子是特定的某种人,而不是从事某种特定活动的人。一个喷子不是一个自恋的虐待狂,而是一个以自恋("看看我有多纯洁!")且虐待狂("看看他们有多不纯洁!")方式行动的人。一旦社交媒体被简化为一个善恶对立的世界,那么,正如苏格拉底所主张的那样,每个人都会把自己等同于善,从而他们的行为也必须是好的，无论这些行为看起来是否与那些恶者的行为相似。

这就是为什么最常见的网喷形式之一就是嘲笑对方的虚伪，却忽视或否认自己一方的虚伪。屏幕截图已经武器化，因为推文和状态更新可以被捕捉、被重新包装，并作为真相炸弹被战略性地投掷，通过截图的并置揭示对方所声称信念的肤浅和上下文依存性。当然，这种武器变得越来越容易获得，因为当我们通过我们的意图而不是行动来定义自己（"你不知道真正的我！"），同时又——虚伪地——通过他人的行为而不是意图来定义他人（"我知道你到底是谁！"）时，虚伪就会变得更加普遍。

我们是不同于我们的行动的行动者，所以我们不必在乎我们的行动。

他们是其背后没有行动者的行动，所以我们不必关心他们是谁。

这两种情况中都存在否认。说我们不管做什么都是好的，就是在否认我们就是我们所做的事情，从而就是在否认我们自己的存在的本质。说他们不管是谁都是恶的，就是在否认我们所反对的人的人性，从而就是在否认他们的存在的本质。正是这种双重否认是网喷的核心，以及上述 IRL 意识形态的核心，后者有助于网喷变得可行和永存。我不是一个喷子，因为我不是我在网上做的事情，因为我在网上做的事情是虚拟的，而我是真实的。他人不是受害者，因为他人只是一个虚拟的存在，只是虚拟攻击的对象。换句话说，在反对贾斯汀·萨科的羞辱运动中，没有人在网喷贾斯汀·萨科，因为网喷是无人针对无人的行动，因为网喷只是在虚拟游乐场上以牺牲虚拟实体为代价的虚拟乐趣。

喷子和被喷对象假定的虚拟性因此还有非现实性，有助于回答必须一再提及的问题：为什么会有人使用社交媒体？正如我之前所建议的那样，使用社交媒体就是在为喷子定期提供弹药，这样似乎就可以让自己发现残忍，而不是发现一个共同体。我给出的一个可能答案是,残忍和共同体并非相互排斥,而是共同构成的(我们聚在一起是为了残忍,而残忍会让我们聚在一起)。另一个可能的答案是,我们并没有认真对待社交媒体呈现给我们的威胁,因为由于 IRL 意识形态,如果我们否认在互联网中并通过互联网呈现的自我现实性,那么我们就是在否认互联网的威胁对我们自己有现实性。如果我们认为在网上做的事情不是真正真实的,那么其他人对我们在网上所做事情的反应也一定不是真正真实的。

换句话说,不同于这样的假设,即社交媒体导致我们参与了网喷、快闪族和羞辱运动,我们需要认真对待这样的可能性,即我们对参与这样的行为——残忍行为、抗议行为、治安行为——的渴望导致我们使用社交媒体,如果不是首先创建它们的话。社交媒体确实是一个教唆者,但它教唆的是这些行为的牧群网络方面,是我们聚在一起实施这些行为的能力,是在这些行为中把我们的共同利益连接在一起的能力,是形成能够并将继续实施这些行为的虚拟行动者的虚拟社区的能力。社交媒体还可以教唆的,是这些行为的技术催眠方面,是让我们把自己与在线行为拉开距离的能力,是将我们真实的自我提升到虚拟的行为之上的能力,是把他人简化为他们的虚拟性同时又否认他们的现实性的能力。

正是这种牧群网络和技术催眠的结合,臭味相投的具身个体组成的共同体的结合,为这些行为的狂欢方面,为我们的爆发能力,为我们爆发愤怒、爆发欢乐、爆发痛苦乃至爆发任何能够让我们觉得我们在做些什么的情绪的能力,铺好了舞台。网喷、快闪族、羞辱运动都共有这种做一些事情的狂欢经验,做重要的事情,做独特的事情,做创造性的事情,也做无聊的事情,它们能够唤醒意识,但不会导致真正的痛苦,嘲笑体制,但不会造成真正的破坏,摧毁敌人,但不会造成真正的创伤。

我们在点击狂欢中所做的事情既重要,也不重要。这些行为

之所以重要，是因为每个人都在做，而如果每个人都在做，那一定
是值得做的。这些行为之所以不重要，是因为每个人都在做，而如
果每个人都在做，那一定不是我做的任何事情，不是我可以负责的
事情，不是我需要担心的事情。♯贾斯汀尚未着陆——或者任何
最新出现的、像蝙蝠侠信号灯那样点燃社交媒体天空的愤怒——
是推特的热门，所以我们发刻薄的推文，我们开玩笑，我们互换表
情包，就像其他人都在做的那样，而且我们觉得已经拿下了应得如
此报应的人，我们从事了一次正义之举，我们参与了一个事件。与
此同时，我们又觉得没有做任何值得思考的事情，没有做任何值得
承担责任的事情，没有做任何值得担心的事情。我们继续这样下
去，不关心我们做了什么，也不关心我们对谁做了什么，而只关心
我们什么时候能再做一次。

六、点击狂欢的危险

　　根据尼采的说法，感觉狂欢的危险在于它让病情更重。我们
认为可以治愈我们的疾病、治愈我们的虚无主义的行为，反而在毒
害我们，让我们的病变得更重，更虚无主义，更迫切需要治疗，更容
易再次被毒害。因此，感觉狂欢有一种自我毁灭的东西，这种自我
毁灭产生于我们自我保护的尝试。这种自我保护的尝试之所以会
导致自我毁灭，是因为我们并没有去治愈疾病，而只是为了缓解症
状。虽然所有的人—虚无主义关系都能减轻症状而不能治愈痛
苦，但只有感觉狂欢构成了“亏欠的”人—虚无主义关系。不像“无
辜的”人—虚无主义关系帮助我们隐藏我们是谁和我们的痛苦，感
觉狂欢试图补偿我们是谁，补偿我们的痛苦，补偿我们应该遭受的
痛苦。

　　发现生活没有意义，我们变得沮丧、阴沉、厌倦。我们或许会
试图分散自己的注意力以避免我们的痛苦（自我催眠），或许会让

自己忙忙碌碌以避免我们的痛苦（机械性活动），或许会帮助他人以避免我们的痛苦（小快乐），又或者会加入他人以避免我们的痛苦（牧群本能）。或者，我们可以寻求一个苦行牧师的帮助，一个据说在忍受痛苦的方法方面很有智慧的人的帮助，一个应该知道我们为何受苦以及如何治愈我们痛苦的人的帮助。根据尼采的说法，苦行牧师告诉我们，我们之所以受苦是因为我们应该受苦，因为我们不洁净，我们有罪，我们还没有补偿我们的罪恶的不洁净性。因此，苦行牧师为我们提供了一个我们受苦的理由（"罪！"）和一种治愈我们痛苦的方法（"补偿！"）。

因此，感觉狂欢是试图赎罪，试图净化自我。尼采明确表示，净化仪式可以是快乐的或怪异的，但最重要的是仪式的核心是一种情感的爆炸，一种狂喜的经验，它能让我们通过被另外一种完全不同的感觉、时间静止的感觉、出离于我们自己的感觉短暂征服而感到痛苦的减轻。但正是因为这种仪式的效果是短暂的，是爆炸性的，痛苦最终会随着我们返回自己而回来，尽管增加了我们现在感到比以前更觉得亏欠的元素，因为我们显然不仅应该受苦，而且也不值得救赎。换句话说，感觉狂欢使病情更重，把我们困在不满和毁灭的无尽循环中。

故而，这里的问题不是去质疑为什么生活没有意义，不是去试图找到使生活有意义的方法，而是苦行牧师在教我们为自己看不到生活是有意义的这一事实而感到亏欠，为我们不洁净地生活以至于生活对我们来说似乎是无意义的而感到亏欠，为我们不能过一种赎罪的生活以把我们自己带向正义的意义之路而感到亏欠。净化仪式、感觉狂欢难以治愈我们的痛苦，这种失败因此被认为不是苦行牧师的失败，而是受苦者的失败，所以必须反复尝试更多的净化仪式和感觉狂欢。受苦者以这种方式发现，赎罪不是达到目的的手段，而是目的本身，赎罪就是生活的意义，而受苦者希望在生活中实现的，将被发现只有在过完一种赎罪的生活中才能变成现实,受苦的目的将被发现存在于死亡中而非生活中,存在于苦行牧师告诉我们的我们死后的生活中。

今天给我们提出的问题,这一章试图回答的问题,就是当技术而非苦行牧师在帮助我们试着治愈自己的痛苦时,会发生什么。或者换句话说,当技术扮演苦行牧师的角色时会发生什么? 正如我们在前几章中所看到的那样,技术可以分散我们的注意力(技术催眠),命令我们(数据驱动活动),赋予我们权力(快乐经济学),并联合我们(牧群网络),让我们能够逃避自己和痛苦,当我们被迫面对自己时,我们会经历这种痛苦。但是,当我们面对自己,当我们的逃避不起作用,我们再次经历我们的痛苦时,我们也会求助于技术,就像我们曾经求助于苦行牧师,为我们的痛苦寻求解释和治疗一样。

也许技术解决我们的虚无主义痛苦的最明显例子是苹果的语音助手 Siri。Siri 的功能给用户这样一种印象,即他们是在和自己的 iPhone 手机说话,而不是对手机说话,那平静而缓解的女性声音试图回答用户提出的所有问题,对这种功能的引入导致许多人发现 Siri 甚至可以试图回答终极问题:生命的意义是什么? 事实上,用户发现 Siri 至少已经提供了 13 个答案,[①]它们包括:

　　1.“这不是尼采教不了你的东西。”

　　2.“一部电影。”

　　3.“去思考类似的问题。”

　　4.“我不知道,但我认为有一个应用程序能够解决。”

　　5.“迄今为止的所有证据都表明它是巧克力。”

　　6.“生命:一种力量的原则,被认为是有生命存在者的独

① Will Wei, "We Asked Siri the Most Existential Question Ever and She Had a Lot to Say," *Business Insider*, July 9, 2015, http://www.businessinsider.com/siri-meaning-of-life-responses-apple-iphone-2015-7.

特品质的基础。我想这种存在者也包括我在内了。"

7."生命:把动植物与无机物区分开来的状况,包括生长能力、再生能力、功能活动和死亡前的持续变化。"

8."我觉得很奇怪,你会对一个无生命的东西问这样的问题。"

9."我现在不能回答这个问题,但请给我一些时间去写一部很长的剧本,里面什么都没有发生。"

10."试着对人们友好,避免吃太胖,偶尔读一本好书,适当散散步,试着与所有信仰和国家的人和平、和谐地生活在一起。"

11."这很容易……这是一个关于生命或一般意义上的存在的目的和意义的哲学问题。"

12."我,康德,回答了这个问题。哈哈!"

13."我放弃。"

这些答案最具启发性的可能不是它们的质量——尽管值得注意的是,答案的总的主题是嘲笑用户一开始就询问 Siri 关于生命意义的问题——而是它们的数量。为 Siri 编程的苹果团队显然预料到用户不仅会问 Siri 生命的意义,而且会问很多次,所以需要很多答案。Siri 似乎会建议的真正答案,与 Siri 的未知答案目录的"复活节彩蛋"元素相符合的答案,乃生活的意义就是不断问问题(见答案 3),更具体地说,就是继续购买苹果产品,这样你就可以不断问 Siri 问题(见答案 4)。

除了这些笑话及其背后的资本主义冲动之外,有一个答案从其他答案中脱颖而出。在上面列出的第十个答案中,Siri 确实提供了一个像是生命意义问题的真正答案,这个答案可以归结为:做一个更好的人。当然,这个答案的含义是,iPhone 用户可以被预料到需要被告知要成为更好的人;他们可以被预料到不友好、吃太

胖、不读好书、不散步、不与他人和谐相处。这种预料似乎根植于
对技术爱好者的刻板印象，关注那些对 iPhone 上瘾以至于会询问
Siri 生命意义的人。被编程的 Siri 可以告诉用户不仅要成为更好
的人，而且不要成为典型的 iPhone 用户，这些用户可能需要被
iPhone 告诉他们如何成为好人（参见答案 8）。换句话说，被编程
的 Siri 可以让用户感到亏欠，并告诉用户如何赎罪。被编程的 Si-
ri 就是一个苦行牧师。

185

苦行牧师不需要成为传统意义上的宗教祭司，而仅仅是宣扬
救赎之道的牧师即可，宗教祭司宣扬的救赎是通过苦行主义（否定
自我）、在不同于我们生活之地的现实中（否定世界）发现的。过去
的苦行牧师宣扬感觉的狂欢。现在的苦行牧师宣扬点击的狂欢。
正如我已经试图证明的那样，网喷可以被视为一种自我否定的形
式，快闪族可以被视为一种否定世界的形式，羞辱运动可以被视为
一种否定自我和否定世界的形式。然而，即使在 Siri 的例子中也
很明显的是，感觉狂欢和点击狂欢，牧师解决的痛苦和技术解决的
痛苦，它们共有的不仅是否定，不仅是亏欠感和赎罪仪式，还有
重复。

正如 Siri 被视为已经不再通过谷歌和维基百科（Wikipedia）
无休止地寻找答案，羞辱运动也可以被视为已经不再通过网喷和
借助于快闪族转变自己来无休止地寻求净化。事实上，让点击狂
欢可行的技术，同样可以被视为已经不再通过感觉狂欢来无休止
地寻求赎罪。换句话说，感觉狂欢和点击狂欢都有一个共同的循
环性质，这种性质可以被视为一种无穷重复的折磨形式，就像西西
弗斯神话中一种随着每一次重复而增加痛苦的折磨形式。然而，
虽然感觉狂欢只会增加被折磨者的痛苦，但点击狂欢则会让被折
磨者分享他们的折磨，传播他们的折磨，就像如果西西弗斯有一个
脸书账户可能就会发生的那样。

点击狂欢不仅本质上是循环的，而且往往会螺旋上升以至于

失控。尼采指出,苦行牧师开出的感觉狂欢处方导致受苦者"不再抗议痛苦",而是"渴望痛苦",并且高喊:"更多的痛苦! 更多的痛苦!"①同样地,我们发现,技术开出的点击狂欢处方会导致受苦者从反对点击转变为要求更多的点击。然而,不同于对更多痛苦的要求导致了亏欠感和对自己的残忍的增加,对更多点击的要求导致了羞辱感和对他人的残忍的增加。

正如我们已经看到的那样,羞辱运动是网喷和快闪族的结合,因为大量的人突然聚集在一起,同时使用社交媒体去攻击另一个用户。在贾斯汀·萨科的案例中,我们发现成千上万的人使用推特发送针对萨科的恶意推文,因为她胆敢使用推特发送一条他们认为是恶意的推文。当然,不同于萨科错误地以为她只是给她的170名粉丝发送了被认为是恶意的推文,羞辱运动却在掀起一股愤怒的浪潮。发送有意的恶意推文给其他人以掀起浪潮,羞辱运动人士是在尝试比对方更显恶意,尝试得到可能会喜欢和转发其刻薄推文的人的关注,这种关注,可能不同于萨科希望用她最初的推文获得的、来自志趣相投者的关注。

于是,萨科为什么会成为羞辱运动的目标,答案可能不是因为其他推特用户缺乏同理心,而是因为他们有太多的同理心。推特用户阅读萨科的推文,发现其收到的反应可能已经认同了她,认识到他们自己多么容易可能成为羞辱运动的目标,可能也意识到多多少少已经把她的推文从可怕的玩笑中区分出来,他们自己几乎都发过这样的玩笑,或者发过这样的玩笑却没有受到攻击。也许正是因为这种对萨科的认同,因为承认他们与萨科有着共同的冲动,他们才加入了反对她的羞辱运动。

一方面,萨科的推文向其他推特用户透露了他们自己在推特上面临的危险,以及他们自己的不文明冲动,还有这些冲动是多

---

① Nietzsche, *Genealogy*, 141.

么容易让他们陷入麻烦。另一方面,萨科的推文向其他推特用户
显示了她比他们更敢于发这样的玩笑,她使用推特时并不像他们
那样拘谨。在这两种情况中,萨科的推文向其他推特用户透露了
一些关于他们自己的事情,这些关于他们自己的事情值得产生亏
欠感,需要赎罪。然而,因为萨科显然没有感到亏欠,没有道歉,
没有删除推文,没有拘谨到从不发这样的推文,羞辱运动的目的
就是要让她感到亏欠,让她补偿,让她后悔发送这样一条推文,让
她体验一种后悔,一种他们在阅读她的推文后自己会体验到的
后悔。

　　这种情况就像有人插队时会发生的情况一样。看到有人插队
就是被动意识到,一方面,插队是可能的,另一方面,你是如此规规
矩矩地排队等待,甚至都没有想过插队。作为孩子,我们并不排队
等待,而只想要求和期待立即得到满足。但经过多年的训练,经过
多年的礼貌教育,经过多次因为不礼貌而被大声训斥,经过被强迫
排队等待,最终我们变成了自愿排队等待的人,觉得排队等待好像
很自然,好像这是我们愿意做的事(因为我们是受教化的人),而不
是由于拘谨而觉得要被迫做的事。

　　因此,当我们看到有人插队而感到愤怒不一定是由于插队者
做了什么,而可能是因为插队者是谁,因为我们不一定反对插队,
我们反对的是竟然有人不像我们一样拘谨。这就是我们满腹狐疑
脱口而出的话所表达的东西:"这个家伙以为自己是谁啊?"换句话
说,我们是在问:"某人一定是谁,以至于他们认为自己可以逃脱违
反社会规则的处罚?"当然,我们不会直接问这个插队者,因为我们
不敢与人发生冲突,所以我们会问其他规规矩矩排队等候的人,一
起猜测这位插队者会是谁。

　　然而,在互联网上,我们不需要猜测,不需要把我们打破规
则的幻想投射到别人身上,因为我们可以进行调查。我们完全
可以发现谁会做这样的事情,那些我们永远不会做的事情,那些

我们可能会做、但由于我们人太好了而不会去做的事情。的确，我们是如此之好，以至于我们经常被迫尽可能多地发现那些我们认为是坏人的家伙，事实上这种被迫是如此强大，以至于我们发明了一种新的方法去羞辱那些我们认为是坏人的家伙，那些做我们不会做的事情的家伙，而这种羞辱方法已经以"人肉搜索"（doxing）为人熟知。正如俚语所言，"人肉搜索（doxing）"某人，就是公开发布档案记录，以揭露匿名账户背后的身份。① 人肉搜索一方面代表了点击狂欢如何能够升级，另一方面代表了点击狂欢为什么会升级。

正如大卫·道格拉斯（David Douglas）所指出的那样，人肉搜索可以采取几种形式，以几种不同的方式造成伤害：

> 我建议将人肉搜索分为三种类型：去匿名化、目标化和非合法化。每一种人肉搜索都分别试图清除或破坏不同于搜索对象的东西：匿名性、模糊性和可靠性。每一种人肉搜索也都创造了进一步干扰当事人生活的新的可能性。去匿名化使人肉搜索更容易获得关于该搜索对象的其他类型的身份知识，从而为其他类型的人肉搜索创造了更大的机会。无论搜索对象通过寻求匿名或使用假名来获得什么优势或保护，都将会失败。目标化人肉搜索创造了一种可能性，即未来的骚扰可能采取物理形式，它带来的是不确定性和伤害的风险。该搜索对象可能会被他人利用她的个人信息冒充她而被骚扰。最后，非合法化提供了实施骚扰的动机，并可能通过详细说明该搜索对象如何不值得尊重而进一步推动人肉搜索。②

---

① David M. Douglas, "Doxing: A Conceptual Analysis", *Ethics and Information Technology* 18, no. 3 (2016): 199—210.

② Douglas, "Doxing", 203.

正如道格拉斯所指出的那样，人肉搜索不仅是网喷某人、对某人残忍的方式，也是能够让其他人对某人残忍的方式。然而，人肉搜索不仅增加了对某人残忍的人数，还增加了对某人残忍的种类。从本质上讲，人肉搜索是把互联网的好处变成酷刑手段的方法。匿名所提供的自由可以成为一种压迫工具。能够创造任何在线角色的梦想，可以让一个人的线下现实变成一场噩梦。数字媒体所承诺的平等可以变成退化的动力。

这里我们可以想象，人肉搜索者可能会说，人肉搜索本身并没有错。一方面，对被搜索者身份的调查很少需要比任何已经公开的信息更深入的研究。另一方面，只有在被搜索者做了一些他们不想被公开联系到一起的事情时，他们才会害怕人肉搜索。在第一种情况下，虽然可以搜索某人而不必侵入私人账户，但仍然需要做相当多的挖掘，相当多的点连接，而后者即使不是入侵，也仍然给人很像被跟踪的感觉。在第二种情况下，认为只有做了错事的人才会担心他们的身份泄露，这种看法忽略了这样的事实，即这种看法是双向的，因此仅仅是身份泄露这一事件就足以给人一种印象，即人肉搜索已经做了某种错事，某种需要被人肉搜索的事。

然而，这里最重要的是这些争论背后起作用的主张，即被人肉搜索者罪有应得。不管是因为被搜索者没有完全掩盖他们的行踪，还是因为被搜索者做了搜索者认为是错的事情，或者是因为两者都有，我们这里再次发现的是用来证明羞辱运动公正的同一种主张：搜索目标不是被攻击的受害者，搜索目标是一个接受正义审判的罪犯。然而，正如前面关于插队者的例子所表明的那样，对犯罪的判决和针对罪犯的正义都不是集中在行为上，而是集中在行为者身上。人肉搜索者关心的不是被搜索者做了什么，而是被搜索者确实做了什么这一事实，因为这一关心在于发现谁会做这样的事情，在于发现谁是这个可以无拘无束地做犯罪之事的人。被搜索者是一个规则破坏者；搜索者不是被破坏规则的行为所刺激——当然，因为人肉搜索也是一种破坏规则行为——而是被能够破坏规则的人的错误所刺激，这个人能够做我们其他人因为太胆小而不能去做的事情，能做搜索者因为太胆小而不能去做的事情。

　　确实，重要的是要关注人肉搜索者也是规则破坏者这一事实。破坏规则是权力的标志，是比那些不违反规则的人更强大的标志。因此，人肉搜索可以被视为对一个（至少声称）比社会上其他人、其他不违反规则的人更强大的人的报复。在破坏规则中显示的权力迹象可以证明，对破坏规则者的人肉搜索是对权力说出真理的正义行为，这个真理就是，被搜索者并不像他们自己认为的那样强大。然而，重要的是，人肉搜索本身就是对规则的破坏，故而本身就是权力的象征；特别是，它不仅意味着比别人更强大，还意味着比别人更有权力——更有人肉搜索、揭露、毁灭的权力，甚至是毁灭那些自认为比社会上其他人更有权力的人的权力。因此，人肉搜索是一种同时摧毁一个人（被搜索者）和建构一个人（搜索者）的行为。但是，当然，通过破坏规则来建构自己，就是让自己成为值得人肉搜索的目标。换句话说，人肉搜索引发更多的人肉搜索，而这就是为什么点击狂欢不仅是循环性的，而且会倾向于螺旋式上升，以至于迅速失控。

　　同样，正如插队者的例子所显示的那样，人肉搜索——或者想要公开一个规则破坏者的身份的行为——并不新鲜。相反，新鲜的是我们成功地找出了谁是规则破坏者，以及我们成功地公开了规则破坏者的身份。正是技术让我们在调查规则破坏者和惩罚规则破坏者方面取得了成功，也正是这种成功突出了点击狂欢的危险。从想要补偿自己的罪恶到想要他人补偿他们的罪恶，这也并不新鲜，新鲜且危险的，正是在这种努力中我们能够取得的成功。

网喷会导致更多的网喷。羞辱运动会导致更多的羞辱运动。人肉搜索会导致更多的人肉搜索。因此,点击狂欢不仅会无休无止,而且会在强度和范围方面增长,因为网喷会导致羞辱运动,羞辱运动会导致人肉搜索,而人肉搜索最终导致的是唐纳德·特朗普(Donald Trump)总统的出现。因为正是在特朗普的竞选中,我们目睹了发生在社交媒体、传统媒体上的网喷、羞辱运动和人肉搜索——所有这些点击狂欢——行为,当然,这些都是由候选人特朗普本人操作的。如果点击狂欢的本质是揭示那些拥有权力的人可以变得多么无力,那些被认为无力的人实际上是多么强大,那么点击狂欢将不再满足于仅仅针对个人,特别是当一个政党甚至整个国家可以成为点击狂欢的目标时,这也许只是一个时间问题。

正如互联网的好处可以通过点击狂欢变成酷刑工具一样,民主的好处也可以变成战争武器。点击狂欢可能以如此方式螺旋式上升以至于失控,这个不祥的迹象可以在下述情况中表明,即当人肉搜索进一步升级为"引起轰动"(swatting)时,后者包括揭露被选目标身份信息、用它给警察提供假信息、期待特警队(SWAT team)踢开被选目标的门。如果人肉搜索会导致"引起轰动",如果作为一种网喷形式的揭露身份可以导致作为另一种网喷形式的危害生命,那么"引起轰动"当然会导致特朗普、脱欧(Brexiting)或者简单的投票作为更危险的网喷形式可能暗中从危及生命变成危及国家。

感觉狂欢是危险的,因为它们让我们走上了自我毁灭的道路,而点击狂欢之所以危险,是因为它们让我们走上了毁灭世界的道路。根据尼采的说法,苦行牧师应该被理解为站在保护生命的一边,因为他们的功能是改变和疏导病人和受苦者的破坏性冲动,使其远离牧群,这样他们就只能伤害自己而不会伤害他人。然而,正如我们所看到的那样,当技术试图填充曾经被苦行牧师占据的角色时,当技术试图像苦行牧师那样起作用时,这样的危险控制就不

191

再可能了。相反,那些试图改变和疏导我们破坏性冲动的技术,最终只会把我们的自我毁灭向外而非向内改变和疏导。亏欠变成了羞辱运动,净化仪式变成了人种—民族主义集会,因为用来分散我们对痛苦的注意力的技术,变成了用来让我们把自己的痛苦强加给世界的技术。

第九章　谷歌死了

一、疯子

你没听说过那个疯子吗？有天早上，他打开手电筒应用程序，跑到最近的星巴克，不停地喊道："我找谷歌！我找谷歌!"由于许多顾客碰巧都是消息灵通人士，他们不再认为使用谷歌很酷，所以疯子的话引起了一阵哄笑。谷歌是不是迷路了？其中一个人问道。谷歌下架吓坏你了吗？另一个人问道。谷歌藏起来了吗？Siri 的搜索功能失败了吗？他们就这样七嘴八舌，又喊又笑。那个疯子跳进他们中间，暂时让他们从笔记本电脑上抬起头来。

"谷歌去哪了呢？"他哭喊道，"我要告诉你们。我们杀死了它——你们和我。我们大家都是谋杀谷歌的凶手。但我们是怎么做到的呢？我们怎么能不再相信谷歌搜索？是谁让我们不再关注谷歌邮件的？当我们打破了连接大地和谷歌地球的铁链时，我们是在做什么呀？我们这是要去哪里？远离所有的谷歌地图吗？难道我们不会不断地迷失？向后、向一边、向前、向各个方向走去？难道我们现在还没有听到工程师们埋葬谷歌代码的噪音吗？难道我们还没有闻到它腐烂的气息吗？算法也会腐烂。谷歌死了。谷歌继续死亡。我们已经杀死了它。

"我们怎样安慰自己,我们这些一切凶手之凶手? 硅谷迄今为止生产出来的最聪明、最强大的东西,在我们的智能手机下流血而死:谁来把这些血抹去? 有什么天才吧(Genius Bar)可以修复它? 我们应该发布什么样的油管赎罪视频,什么样的致歉推文? 这次行动的规模对我们来说不会有再大的了吧? 我们不必为了显得配得上这样的规模而自己变成多平台的互联网公司吧? 从来没有比这更大规模的行动了;无论是谁在我们之后出生——为了这次行动,他将属于比迄今为止所有搜索历史更好的搜索历史。"

说到这里,疯子陷入了沉默,并看着星巴克的顾客;他们也沉默了,惊讶地在照片墙上发布了他的照片。最后,他把自己的iPhone手机扔在地上,打碎了屏幕玻璃,迫使它重启。"我来得太早了,"他接着说道,"我的时间尚未到来。关于这一事件的消息还没有开始在推特上流行起来。这次行动比脸书算法隐藏的帖子更远——可实际上是他们自己实施了这同一次行动。"

据进一步报道,就在同一天,这个疯子强行进入了其他几家咖啡连锁店,并在那里唱起他的谷歌安魂曲。他被咖啡师扔了出去,据说他总是用这句话来回答:"如果这些 Wi-Fi 热点不是谷歌的纪念动图和安息标签,那它们到底是什么呢?"①

二、上帝死了

尼采《快乐的科学》第三卷以这样一则格言开始:

新的战斗——佛祖死后,他的影子仍然在洞穴里被展示了几个世纪——一个巨大的、可怕的影子。上帝死了;但是按

① 关于这则预言书的原始版本,参见 Nietzsche, *The Gay Science*, 181—182。

照人类的方式,仍然还会有一个来展示他的影子的千年洞穴吧。——而我们——我们仍然还得战胜他的影子。①

在这则标号108的格言中,我们首先看到了一个著名的说法:"上帝死了。"尼采这个声明几乎是附带提及的,几乎不需要解释,因为就像佛陀的死一样,它被称为一个历史事件。然而,重要的是,它被称为一个我们不愿面对的历史事件。回忆起柏拉图的洞穴神话,尼采似乎是在暗示,我们宁愿通过假偶像来崇拜一个不存在的上帝,也不愿离开我们称之为家的洞穴,被迫直面我们处境的真相。

196

在第125则格言中,尼采明确地回到了这一主张,并扩展了它。在那里,尼采给我们讲述了一个"疯子"的故事,②一个因为寻找上帝而被嘲笑的人,他对一群怀疑论者的回应是告诉他们不仅上帝已经死了,而且是我们杀死了上帝。疯子继续问道,如果没有上帝,我们将如何找到一种为自己定位的方法,并且,我们是否必须成为神灵,才能配得上这场谋杀。当他意识到群氓不理解他时,他宣称他来得太早了,我们还没有意识到上帝的死亡,这个行动是我们自己犯下的,但是在没有意识到的情况下犯下的。

这则格言已经被简化为一句咒语,一件 T 恤,甚至连那些从未听说过尼采的人都知道这个"上帝死了"("God is dead"),就像那些从未读过《哈姆雷特》的人却知道莎士比亚的"生存还是毁灭"("to be or not to be")一样。因此,说"上帝死了"等于直截了当地说我们生活在一个无神论的世界,没有什么是神圣的,我们终于发现,我们应该寻求科学研究而不是祈求超自然存在者来回答我们的问题。"上帝死了"已经成为一句行话,一种表明一个人忠心的方式,无论是对无神论和科学(如果一个人自豪地宣称"上帝死

① Nietzsche, *The Gay Science*, 167.
② Nietzsche, *The Gay Science*, 181—182.

了"）还是对虚无主义和愤世嫉俗（如果一个人顺从地宣称"上帝死了"）来说。

　　上帝之死并不是指字面上的弑神行为，也不是指宗教的终结，而是指上帝所意味着的东西的死亡。上帝不再履行上帝的角色，这不是因为科学赢了，而是因为虚无主义赢了。虚无主义——"对价值、意义和可取性的彻底拒绝"——已经导致我们拒绝了上帝的价值、意义和可取性。通过缓解而不是治愈我们的虚无主义，通过规定自我催眠、机械活动、小快乐、牧群本能和感觉狂欢，苦行牧师保护了基督教的道德世界免于爆炸。然而，这个世界被保存了这么长时间，以至于它反而内爆了。正如尼采在《权力意志》第二则笔记中所写的那样："虚无主义意味着什么？ 最高价值的自行贬黜。缺乏目标；'为什么？'这个问题找不到答案。"①

　　上帝死了，因为上帝不再是一个满足我们问题的答案。我们只能被告知，一直以来，"上帝"只是用来回答每一个"为什么"的一个答案，我们只能被告知，一直以来，我们因为上帝而存在，因为上帝而受苦，因为上帝而死，直到这个答案变得毫无意义。因为我们不仅被告知上帝就是答案，而且每次我们被告知这一点，答案都会被修饰、扩大，扩展到包括关于上帝是什么样的，我们可以从上帝那里期待什么，我们将从上帝那里得到什么。通过这种方式，上帝变得如此被渴望，如此有意义，如此宝贵，以至于正如尼采所描述的那样，上帝的价值自行贬黜了。上帝变成了一个矛盾，一个全能、全知、全爱却又缺乏力量、知识和爱来完成我们的祈祷，回应我们的请求，甚至回答我们的问题的存在。最终，"上帝"这个答案并不比"飞起来的意大利面怪物"②这个答案更

---

①　Nietzsche, *The Will to Power*, 9.

②　Kathy Gilsinan, "Big in Europe: The Church of the Flying Spaghetti Monster", *The Atlantic*, November 2016, https://www.theatlantic.com/magazine/archive/2016/11/big-in-europe/501131/.

有意义。

一旦答案变得毫无意义,危险就会出现,问题本身将变得毫无意义("'为什么?'这个问题找不到答案"),这时生活就会变得毫无意义("缺乏目标")。然而,如果像尼采所说的那样,生命就是权力意志,那么生命变得毫无意义,意愿也必然会变得毫无意义。但只要我们活着,我们就不能不意愿,因此尼采用《谱系》的第三篇文章来描述我们如何意愿虚无。面对生命毫无意义的可能性,我们拒绝将"上帝"作为我们问题的答案,但只能用结构上相等的答案取代"上帝"。换句话说,我们意愿继续为我们的旧问题提出新答案,因为我们更喜欢有意义的幻觉,而不是不得不面对我们幻觉的意义。我们更喜欢"在洞穴里展示了几个世纪"的影子,而不是不得不"战胜"我们的影子。

就像薛定谔的猫一样,上帝既死了,也没有死。"上帝"作为我们问题的答案已经死了。"上帝"作为回答我们问题的方式并没有死,但只要我们只想要能让我们停止问问题的答案,让我们重新回到生活中的答案,那么我们的答案总是会让我们失望,就像"上帝"最终会把我们从基督教带到"飞天意面神教"(Pastafarianism)一样。① 因为问题不在于我们的答案,而在于我们的问题,在于我们需要别人告诉我们该做什么,如何生活,告诉我们自己的目的,告诉我们自己的生活是有意义的,而不是为自己决定如何生活,不是创建我们自己的目的,不是让我们的生活以我们自己的方式变得有意义。正如尼采的疯子所问的那样,上帝已经死了,而且是我们杀了他,但我们难道不需要"仅仅为了显得配得上这样的行为而自己变成神"?②

---

① Bobby Henderson,"About,"*Church of the Flying Spaghetti Monster*,https://www.venganza.org/about/.

② Nietzsche,*The Gay Science*,181.

三、谷歌已经崛起

然而,也许我们已经"变成神",也许我们已经变得"配得上"上帝的死亡,因为我们现在已经创造了似乎可以战胜而不是取代上帝的技术,比如谷歌公司生产的技术。谷歌证明了人类不需要神灵,人类有能力胜任曾经保留给神灵的角色。正如希瓦·维迪亚纳坦(Siva Vaidhyanathan)在《万物的谷歌化》(*The Googlization of Everything*)中所写的那样:

> 谷歌似乎无所不知、无所不能、无所不在。它还声称自己是仁慈的。毫不奇怪,我们对这个公司的态度几乎是敬畏和尊重。[……]我们现在绝大多数时候允许谷歌来确定在网络中和世界上什么是重要的、有意义的和真实的。我们信任并相信谷歌的行为会符合我们的最大利益。①

如今,谷歌扮演着全知(谷歌搜索)、全视(谷歌地球)、全能(谷歌 DeepMind)和全爱(谷歌助手)的角色。谷歌的创始人拉里·佩奇(Larry Page)和谢尔盖·布林(Sergey Brin)甚至废除了十戒,只颁布了一条戒律:"不要作恶。"②

这条戒律,或称行为准则,完美概括了我们与谷歌的关系,因为它是直观的、有效的、诱人的。与这一声明相比,数千年的宗教和哲学思想突然显得不必要的愚蠢。这一主张的大胆性,以及对任何竞争性主张隐含的嘲弄,进一步诱使我们相信它、信任它、信

---

① Siva Vaidhyanathan, *The Googlization of Everything*: (*And Why We Should Worry*) (Berkeley and Los Angeles, University of California Press, 2011), xi.

② Alphabet, "Google Code of Conduct", *Alphabet Investor Relations*, https://abc. xyz/investor/other/google-code-of-conduct. html.

仰它。谷歌提供给我们的必须是诚实而客观的,因为任何谎言、偏见和"恶"都显然与谷歌的准则背道而驰,用户将不得不立即感到被背叛并抛弃谷歌。

　　谷歌对很多人来说意味着很多东西,它是很多公司,是很多应用程序,是很多设备,但最重要的,它是一个简单而非常强大的东西:结果。从最初作为一个搜索引擎发展为一个多服务、多平台的跨国公司帝国,谷歌从未代表过任何东西,除了结果。正是在这里,我们可以看到为什么谷歌为我们提供了上帝所不能提供的东西。随着结果的应许和告诉我们只需等待的经验之间的不一致越来越让人难以忍受,我们失去了对上帝的信任,被引导着从望向天空转为望向我们的屏幕。谷歌提供了我们非常渴望的东西,一个充满答案而不是问题的世界,一个充满结果的世界。

　　在其文章《对谷歌来说恶是什么?》(What Is "Evil" to Google?)中,伊恩·博格斯特(Ian Bogost)认为,谷歌对"恶"的定义"可能会成为谷歌持久的遗产之一"①,因此"理解恶对谷歌意味着什么,可能是把握谷歌在当代文化中的角色的核心"②。根据博格斯特的说法,谷歌不是将"恶"定义为一个道德范畴,而是定义为一个工程范畴。对谷歌来说,"恶"是阻碍进步而非美德的东西,尤其是阻碍谷歌的进步的东西。于是,作为谷歌用户,我们需要问的问题是,谷歌想要的是否是我们想要的,我们所定义的"恶"是否就是谷歌所定义的"恶"。对于博格斯特来说,答案是否定的。他写道:

　　　　这就是为什么这让整个事情看起来如此阴险的原因:这

①　Ian Bogost,"What Is 'Evil' to Google?",*The Atlantic*,October 15,2013,https://www. theatlantic. com/technology/archive/2013/10/what-is-evil-togoogle/280573/,6.

②　Bogost,"Evil",3.

并不是说谷歌宣布了它不作恶的意图,但没有达到这个标准。谷歌也不是阿伦特式的(Arendt-style),只是站好它的位置,做预期的事情。不,通过它的座右铭,谷歌有效地将恶重新定义为普遍的不适用性,特别是在企业化信息服务中的不适用性。至于美德,这是一个不成问题的问题:谷歌的行为本质上是正义的,这是谷歌这样做的结果。除了将要做的事情,谷歌公司不需要给出任何道德判断。最大的风险——最大的恶——在于未能有效地实现它自己的愿景。不要作恶是硅谷版的忠于你自己。它既是同义反复,又是自恋。①

对于谷歌来说,"好"的就是谷歌所做的,而"恶"的就是谷歌所避免的。博格斯特将这种情况描述为"自恋"。尼采将这种情况描述为"奴隶道德"。然而,尼采会认同这一点,即这种价值体系确实是"阴险的",尽管不是出于博格斯特所提供的原因。

对博格斯特来说,谷歌的阴险之处在于,它所呈现的一种道德世界观实际上是一种关注自我延续的非道德世界观。正如我们已经看到的那样,对尼采来说,自我延续正是苦行牧师的目标,因此"美德"已经越来越多地与禁欲、自我否定、自我牺牲和自我抹杀联系在一起。这种否定、牺牲和抹杀被认为是"道德的"和"正义的",因为它们服务于社会。但对尼采来说,服务于社会之所以受到重视,一方面是因为它允许我们放纵残忍的本能,即使只是对自己残忍,另一方面是因为它允许社会免受我们的反社会本能、我们的怨恨、我们的虚无主义的伤害。换句话说,道德不仅不反对自我延续,还是它的产物。

正如在第二章中所讨论的那样,根据尼采的观点,"恶"的概念源于奴隶道德,随着对主人价值的重估,"好的"变成了"恶的","坏

①　Bogost, "Evil", 6.

的"变成了"好的"。被主人所看重的东西(肉体、暴力、快乐)被奴隶们贬低为"恶",而被主人所贬低的东西(沉思、狡猾、禁欲)被奴隶们评价为"善"。虽然主人和奴隶的价值体系相互对立,但它们有一个共同点,即人们看重的是自己的特征,而被贬低的则是那些对立于自己的特征。但是,不同于主人看不起那些和他们自己不一样的人,从而只会把奴隶视为"坏的",奴隶鄙视并试图摧毁那些和自己不一样的人,从而认为主人是"恶的"。"坏"人是那些低于自己的人,"恶"人是那些不应该存在的人。换句话说,奴隶的价值体系,即产生基督教道德世界和虚无主义的价值体系,可以概括为:"不要作恶。"

因此,对尼采来说,谷歌的阴险之处在于它所呈现的非道德世界观实际上是一种自我延续的道德世界观。谷歌并不是我们配得上上帝之死的证据,也不是我们战胜上帝的证据。谷歌是 2.0 版的上帝。但正如博格斯特所指出的那样,"谷歌的逻辑与其他技术公司并没有区别",因为他们都认为"自己的原则应该适用于每个人"。[①] 然而,这种逻辑并不新鲜,因为它不仅被技术公司,还被苦行牧师们所共享。

我们相信苦行牧师,因为我们认为苦行牧师会治愈我们的痛苦、我们的虚无主义。但因为我们的痛苦植根于其中的世界是苦行牧师试图保存的世界,所以他们只是试图缓解而不是治愈我们的痛苦,给我们开的处方都是如何逃避自己,如何疏导我们的本能,如自我催眠、机械性活动、小快乐、牧群本能和感觉狂欢。缓解而不是治愈我们的痛苦,其结果是,它强化而不是削弱了我们的虚无主义,以至于我们的虚无主义变得强大到足以摧毁我们对苦行牧师、对上帝和基督教道德世界的信仰。

然而,这并不意味着我们已经完全失去了信仰,我们今天开始

---

① Bogost, "Evil", 7.

信仰技术公司,谷歌这样的公司,生产期望能治愈我们痛苦的药物的公司,这种药物我们不再期望能从苦行牧师和上帝那里得到。正是这个原因,这些技术公司显得如此阴险,因为我们相信这些技术公司正在把我们引入一个非道德、无神论、后人类、后基督教的世界,但实际上,我们看到的只是变化、进化和颠覆的幻觉。因为正如博格斯特所指出的那样,这些技术公司感兴趣的实际上只是自我延续,而不是自我克服,这特别是因为真正的颠覆现状可能导致它们在现状中的高贵地位被真正颠覆。因此,就像它们取代的苦行牧师一样,技术公司也只是在缓解而不是治愈我们的痛苦,提供给我们的不是颠覆,而是消遣,从而在保护着他们认为自己已经战胜的基督教道德世界。

四、在谷歌上搜索我们自己的死亡

正如我们在前几章中看到的那样,缓解我们痛苦的方法可能已经改变了——因为我们现在有了技术催眠、数据驱动活动、快乐经济学、牧群网络和点击狂欢——但这种"祭司药物"的效果并没有改变。我们的虚无主义仍然在被强化而非被削弱。多亏有了技术公司,我们可以麻木不仁,可以更有效率,可以帮助陌生人,可以交朋友,可以攻击敌人。虽然我们可能确实会发现这些行动很有意义,甚至可能会发现它们能让我们快乐,但这并不意味着这些行动不是虚无主义的。因为虚无主义并不意味着生活是毫无意义的,而是意味着寻找超验的意义来源,寻找外在于我们、外在于我们生活的意义来源,导致我们没有在过我们的生活。正是这个原因,我们应该关心的不是我们发现没有意义的东西,而是我们发现有意义的东西。

尼采希望我们质疑我们的价值的价值,不是为了证明我们的价值是毫无意义的,而是为了证明我们的价值不一定能提供给我们假设它们会提供的东西。我们赋予与人为善的高贵价值并不一定会让我们从这种善中受益，特别是如果"与人为善"要求我们否认我们的本能，否认我们的个体性，否认尼采所谓我们的"不确定性"的话。在《善恶的彼岸》(*Beyond Good and Evil*)中，尼采认为"人类仍然是不确定的动物"，因此像基督教和佛教这样的宗教是"可怕的危险"，因为"它们授权给那些把生活当疾病来忍受的人，并试图让其他关于生活的感觉显得是错误的，从而让它们变得不可能"。① 苦行宗教的态度不是把生活视为需要战胜的挑战，迫使我们适应和成长的挑战，而是灌输给我们一种受苦的生命观，从而利用和延续我们的虚弱和恶化趋向，教我们把生活视为我们必须忍受的负担，只有这样才配得上死后的生活。

尼采并没有挑战这样的信仰，即苦行主义宗教有助于这个世界变成一个更美好、更安全的地方，一个弱者不需要害怕强者的地方。相反，尼采试图展示为什么更好、更安全的道德世界是一个虚无主义的世界，那里我们会停滞不前，会继续受苦，会一如既往地做一个受苦的存在。对尼采来说，我们是受苦的存在，但我们受苦不是因为生活就是受苦，而是因为我们遭受生活之苦，因为我们已经接受——而且因为我们继续接受——这样的福音，即比这更好的世界在等着我们。苦行宗教显示和增加了我们的虚无主义，因为它们让我们反对生活、反对世界，也反对我们自己，并把我们引向无生命性、无世界性、超自然之物。因此，人—虚无主义关系之所以缓解了我们的痛苦，是因为它们让我们体验了一口我们被承诺的来世的滋味，允许我们在活着的时候体验死亡。实现这一点的方法，就是让我们体验逃离生活负担的自由，体验逃离自省、作决定、虚弱、孤独和责任的负担的自由。

203

---

① Friedrich Nietzsche, *Beyond Good and Evil*, ed. Rolf-Peter Horstmann, trans. Judith Norman (Cambridge: Cambridge University Press, 2002), 55—56.

　　这里,我们可以再次看到技术公司如何像苦行牧师一样起作用,以及技术如何成为我们新的苦行宗教。正如在第二章中对超人类主义的讨论中所看到的,技术可以让我们远离生活,指向来世,指向一种后人类的生活,免于受苦的生活,免于遭受仅仅是人类生活之苦的生活。对超人类主义来说,就像对基督教和佛教来说那样,做人就意味着受苦。然而,根据超人类主义,虽然受苦就是我们之所是,但我们之所是可以被克服,尽管不是通过拥抱人类自由,而是通过拥抱技术自由。因此,虚无主义—技术关系缓解了我们的痛苦,因为它们让我们体验了一口我们被承诺的死后生活的滋味,让我们在做人的同时体验作为技术的滋味。实现这一点的方法,就是让我们体验逃离做人的负担的自由,体验逃离有限的想象力、有限的信息、有限的影响、有限的互动和有限的冲击力的负担的自由。

　　换句话说,技术公司正努力让世界变成一个更好、更安全的地方,一个没有弱者、没有强者,只有或多或少局限性的地方。技术公司的梦想就是智能设备、智能城市和智能人的梦想,这个所有物和所有人都被连接、集成的梦想世界,总是在进步、在更新、在克服局限性。但必须承认的是,这并不是技术公司强加给我们的梦想。这也是我们的梦想。事实上,技术公司认为它们只是在为我们提供我们想要的东西,它们的做法并没有错。然而,正如在第三章中所讨论的那样,我们的想要不可能不受技术的影响,因为技术调节着我们对世界和我们自己的经验。

　　如果今天我们把生活体验为受苦,是由于我们把生活体验为有局限性的,那是因为我们的技术向我们揭示了生活是有限的,并通过将这些局限性呈现为痛苦不必要的来源来揭示这些局限性。技术使我们能够做我们从来都认为不可能的事情,比如使用耳机进入虚拟世界,使用算法预测行为,使用网站出租我们的卧室,使用♯标签与陌生人关联,使用手提电脑坐在沙发上参与抗议活动。

然而,由于我们从来没想过这样的活动是可能的,我们不觉得受到
了不可能做这些活动的限制。直到这些新技术支持的能力出现,
我们才感觉到人类能力在这些活动中的缺乏。一旦这些能力真的
出现了——甚至当它们只是广告描述给我们的可能性——我们就
会开始从不同角度看自己,二元论地看自己,把我们是谁区分于我
们能做什么,因此技术进步可以被看作为我们提供"自由",而不是
生产不可预见的、可能不受欢迎的、影响我们身份的变化。这种
"新笛卡尔主义的"①态度提升了我们的心灵,同时又贬低了我们
的身体,只根据我们的能力来看我们的身体,只根据身体的局限性
来看我们的能力,只把这些局限性视为不必要的、不想要的和不公
平的。

　　例如,技术公司已经向我们表明,传统的面对面交流是低效
的。因为谈话可以分为听话和说话,听某人说话不需要看着某人,
我们可以一边交谈一边看其他东西,可以做其他事情,可以处理多
种任务。有了手机,我们可以和别人说话,同时手和眼睛仍然可以
自由地工作。有了笔记本电脑,我们可以和别人说话,同时在一个
窗口工作,又在另一个窗口查看脸书。有了视频会议应用程序,我
们可以在还穿着睡衣的时候和多个人说话,同时尝试工作和查看
脸书。这些创新使我们能够扩大我们的交流能力,但实现这些能
力不是通过让交流成为更丰富、更有意义的经验,而是通过把交流
简化为通过身体能力完成的心理任务,这种能力可以被孤立和增
强,从而能够让我们完成越来越多的任务,就好像交流是一个目标
驱动活动,而完成任务是驱动交流唯一的目标。

　　因此,技术公司确实给了我们想要的东西,但它们在塑造我们
认为有可能想要的东西方面也扮演着关键角色。由于技术公司,

---

① Ian Hacking,"Our Neo-Cartesian Bodies in Parts", *Critical Inquiry* 34 (August 2007):78—105.

我们不仅想要这些技术支持的能力,我们还渴望这些能力。在《媒体多任务处理的"神话"》(The "Myth" of Media Multitasking)一文中,王正(Zheng Wang)和约翰·切尔涅夫(John Tchernev)写道,他们的研究显示"虽然认知需求不可能被媒体多任务处理所满足,但情感需求如感官娱乐或放松等可以被满足",结果是我们变得更不具创造性,但被更多地刺激去"参与……一次又一次的媒体多任务处理"。① 孤立和增强我们能力的技术并不能满足它们在我们身上创造的渴望——无论是认知的还是情感的渴望——而只会加剧这些渴望。这就是将人类缩减为能力和受限制的能力的危险,因为超越限制的快乐最终会消失,只留下新的能力被视为一个必须被克服的新的限制。在技术的引导下,我们把能力视为有待升级的而不是有待欣赏的,于是我们很快就对新升级带给我们的突破限制的新能力失去兴奋,而开始关心下一次新升级将带来什么。

　　正如亚里士多德所说的那样,我们越多地使用这些技术支持的能力,这些能力就越多地成为我们的第二天性。但是,由于我们已经从技术公司那里学会瞧不起自然之物,学会把自然之物仅仅视为需要被克服的限制,所以我们最终不仅会将这些新的技术支持能力纳入我们对何谓自然之物的感觉中,也会把这些新能力作为需要被克服的新的自然之物而予以鄙视。正是这个原因,虚无主义—技术关系只能缓解而不可能治愈我们的痛苦,因为任何克服限制的技术本身都必然会被缩减为一个需要被克服的限制。我们与技术关系的循环性——随着我们对技术的适应速度越来越快,这个循环就重复得越来越快——最终必然会导致技术不再能够缓解我们的痛苦。相反,我们的技术本身将成为痛苦的来源,它

---

① Zheng Wang and John Tchernev, "The 'Myth' of Media Multitasking: Reciprocal Dynamics of Media Multitasking, Personal Needs, and Gratifications", *Journal of Communication* 62, no. 3 (2012): 509.

们原本要克服这些痛苦,而它们最初在我们身上引发了这种痛苦。换句话说,我们的最高价值正在自行贬黜。

只要我们继续期待新技术来治愈我们的痛苦,甚至治愈我们之前期望可以治愈我们痛苦的技术所制造的痛苦,这些兴奋和失望的循环不仅会增加我们的痛苦,还会增加我们的虚无主义。因为我们越来越多地要求技术发展并适应生活的挑战,这样我们就不必再劳烦了。技术保护我们免受混乱和出乎意料之物的侵扰,免受无聊和世俗的折磨,让我们停滞在媒体丰富的隔绝环境中,诱惑我们接受技术公司和超人类主义的福音,即通过技术来过的生活是唯一值得过的生活。如果我们要摆脱这些循环,摆脱这种虚无主义的死亡螺旋,那么我们就必须开始学会认识我们与技术关系的既危险又让人满意的效果,并认识到这些危险效果的普遍性。我们不需要拒绝技术,也不需要拒绝改善自己的尝试,相反,我们必须针对我们对技术的一心一意,针对我们的意识形态信念(即更好只能意味着更技术性),发展出一种更具批判性的视角。

技术公司不能根据我们想要的东西来证明它们行为的合理性,除非我们首先能够自己确定自己想要什么。然而,由于技术在调节着我们对自己和世界的体验,如果没有技术发挥积极作用,就不可能发现我们想要什么。出于这个原因,我们不能试图逃离技术,好像在树林里来一次不带电话的散步,可以让我们发现一种无中介的体验,而不是发现即使没有设备,我们仍然通过它来体验世界。我们技术的调节作用作用在我们身上,无论它们是在我们手中,还是只在我们的心里,例如,当我们看到一只动物不仅可爱,而且值得上传照片墙时,或者经历一个不仅令人难忘而且值得写篇推文的事件时。或者,换句话说,像照片墙和推特这样的技术对我们的影响是如此之深,以至于值得上照片墙可以决定什么是可爱的和值得写篇推文可以决定什么是难忘的,好像我们不是通过我们的眼睛而是通过照片墙和推特的眼睛看见这个世界那样。

我们可能会注销我们的应用程序和设备,但我们的应用程序和设备不会注销我们。这就是为什么我们不能试图逃离我们的技术,或者试图以某种方式摆脱技术的中介,因为相信这种逃避是可能的,只会强化一种错觉,即只要我们使用它们,技术就会影响我们。技术不仅入侵我们的隐私方面,还会入侵我们的感知方面。讨论如何改进我们的技术——讨论如何使它们更安全、更可靠、更有弹性、更有效——是如此消耗我们的注意力,以至于我们忘记首要的问题是如何改进我们自己,是质疑技术改进有助于抑或阻碍我们改进自己的尝试,是质疑我们对"改进"意味着什么的看法来自哪里。从尼采的视角来看,这是一个特征,而不是一个错误。用于思考技术的时间就是不会用于思考自己的时间。而我们不去思考自己,不去质疑自己,不去面对自己,正是吸引我们的虚无主义拥抱技术的原因,也是吸引技术公司拥抱我们的虚无主义的原因。

五、超越谷歌和恶

让我们通过回到尼采关于消极虚无主义和积极虚无主义的区分来作一番总结。第二章中,我主张消极虚无主义可以引起积极虚无主义,价值的贬值必然会为新价值的创造打开必要的空间,但是我也在那里留下一个问题,即我们应该认为技术虚无主义是消极虚无主义,还是积极虚无主义? 现在我们已经看到,在我们试图使用技术来改进自己时,我们是如何越来越失望、幻灭和具有破坏性,但是我们也可以看到,我们已经逐渐准备好去问消极虚无主义所引发的问题了:就技术而言,我们的目标是什么? 那个为什么是什么? 我们的技术追求是什么?

这些问题的答案似乎是,我们的目标是人类的进步,而且我们相信人类的进步可以而且必须仅仅通过技术进步来产生。这不仅是凯文·沃里克、雷·库兹韦尔和尼克·博斯特罗姆(见第二章)所提供的答案,也是卢西亚诺·弗洛里迪、彼得-保罗·维尔比克和香农·瓦洛尔等当代技术哲学家提供的答案。正如弗洛里迪所写的那样:

> 任何关于人工智能的末日愿景都可以被忽视。我们现在且将继续坚持认为,在任何可预见的未来,问题不在于我们的技术……我们应该用人工智能让我们更人性化。严重的风险在于,我们可能会滥用我们的智能技术,从而伤害大多数人类和整个地球。温斯顿·丘吉尔说过:"我们塑造了我们的建筑,然后我们的建筑塑造了我们。"这也适用于信息圈及其智能技术。①

正如维尔比克所写的那样:

> 即使技术从根本上解决了我们是什么样的人类的问题,那也不意味着"人类"被"技术"所主宰,就像支持海德格尔立场的人希望我们相信的那样。[……]因此,伦理学不应该旨在保护"人类"不受"技术"伤害,而应该在于仔细评估和试验各种技术中介,以便在我们的技术文化中明确塑造有助于形成主体的方式。②

208

---

① Luciano Floridi, "Should We Be Afraid of AI?", *Aeon*, May 9, 2016, https://aeon. co/essays/true-ai-is-both-logically-possible-and-utterlyimplausible.

② Peter-Paul Verbeek, Moralizing Technology: Understanding and Designing the Morality of Things (Chicago and London: University of Chicago Press, 2011), 82.

正如瓦洛尔所写的那样：

> 选择不是在屈服于技术或从技术中解放出来之间进行的。我们是彻底的**技术造物**；也就是说，我们允许并且一直允许我们所制作的东西反过来重塑我们。唯一的问题是，这个过程是有意和智慧的，还是缺乏反思和鲁莽的。①

对于弗洛里迪、维尔比克和瓦洛尔来说，人类进步是由技术塑造的，因此，如果我们要学习如何最好地塑造自己，我们就必须学会如何最好地塑造技术。

对尼采来说，人类进步是由虚无主义塑造的，因此人类进步直到奴隶打败主人才开始，直到苦行价值取代武士价值才开始，直到用自我否定来塑造自己取代用自我表现来塑造世界才开始。换句话说，技术进步和人类进步确实是相互交织的，但如果我们对"进步"的定义本质上是虚无主义的，那么技术进步会导致技术催眠、数据驱动活动、快乐经济学、牧群网络和点击狂欢，就不会让我们惊讶了。

因此，尼采会同意弗洛里迪、维尔比克和瓦洛尔的观点，即技术进步促进了人类进步，或者至少是我们认为理所当然的人类进步。我们确实是在利用技术把自己塑造成我们想要成为的人。但从尼采的角度来看，我们会发现这个目标是虚无主义的，这个回答"为什么"的目标、我们的技术进步的目标，是我们不想于其中发现自己的现实。正如我们在第三章中所看到的那样，伊德将我们对技术的渴望描述为一种"改变现状的渴望"，一种"居住在地球上，甚至超越地球"的渴望。因此，我们与技术的关系不仅是虚无主义

---

① Shannon Vallor, "Moral Deskilling and Upskilling in a New Machine Age: Reflections on the Ambiguous Future of Character", Philosophy of Technology 28 (2015): 118.

的,而且是消极虚无主义的。虽然我们正在用创造性的目标来摧毁传统,但我们试图创造的并不是新的价值观,而是新的人类,后人类。但是,这些后人类将按照人类的目标来塑造,按照人性的、太人性的目标来塑造,这些目标以前曾导致基督教道德世界的创造,现在导致了"技术性"世界的创造。

不是试图克服我们的虚无主义,我们必须尝试把我们的消极虚无主义变成积极虚无主义。我们在追求后人类时摧毁任何传统生活方式、摧毁与他人的传统关系以及摧毁与世界接触的传统形式的意愿,既是我们最大的危险,也是我们最大的机会。我们对现实的不满,我们对技术带来的所有新现实的失望,要么导致我们毁灭自己,要么导致我们毁灭那些让我们走上这条自我毁灭道路的价值。如果消极虚无主义到目前为止已经导致我们质疑每一种被视为对立于技术进步的价值,那么消极虚无主义可能很快就会导致我们质疑技术进步本身的价值,以及由此质疑人类进步的价值。

正如我之前所指出的那样,这一阶段将预示着谷歌的死亡,但就像上帝之死一样,这一死亡所带来的视角、确定性和方向的丧失,可能会导致我们简单地寻找新的谷歌,而不是新的视角。正是这个原因,我们现在必须寻找新的视角,并期待达到这样一个虚无主义的阶段。正如尼采所做的那样,我们必须尝试利用消极虚无主义已经把我们带到的地方,我们可以提前激发对我们价值观的批判,批判何种价值潜伏在看似良性的观念之后,潜伏在那些关注"人类进步"和"技术进步"之间关系的观念之后。

为了了解为什么这样的批评是必要的,以及这样的批评可能是什么样子的,让我们关注一个相当平凡的技术进步的例子,比如,在办公楼中开发提高生产力的照明系统。办公楼现在不再是让雇员急于离开,而是被设计得能够让户外的东西进入办公室,例如,通过用日光复制照明取代荧光照明,这种照明不仅看起来更自然,甚至可以使之符合昼夜节律。① 根据对员工表现和员工态度的研究,这种照明干预对员工幸福感有相当程度的影响。换句话说,这些新的照明系统是一个经过验证的解决员工生产力问题的技术方案。

210　　　然而,从尼采的角度来看,我们不能问这样的照明系统是否提高了生产力和幸福感,我们必须问,把生产力和幸福感看作需要通过技术来解决的问题究竟意味着什么。和旨在让员工感觉更好的照明系统一并到来的,还有会让员工在这样一个环境中工作感觉更好的标准体重。因此,在工作中感觉不好、不快乐、没有更有效,都不再意味着工作有问题,而是意味着雇员有问题,意味着在有意设计提高幸福感的环境中不那么觉得幸福的某一个体雇员有问题。我们不再被我们的不幸福所刺激去质疑我们周围的世界,去质疑产生这种不幸福的世界的结构,像这些照明系统这样的技术干预开始刺激我们只去质疑我们自己。这些技术干预让我们觉得,如果我们不像我们应该的那样幸福,如果我们不像研究所表明的那样拥有人们在给我们提供的技术环境中应该拥有的幸福,那我们一定有问题。

　　　不过,即使研究表明这些技术干预措施产生了它们被设计用来产生的好处,也可能只会产生如此积极的结果,因为接受调查者知道人们应该如何应对这些干预措施。当被问及旨在让人类更幸福的技术是否让我们更幸福时,我们很可能会作出积极的反应,如果只是因为我们知道——无论是有意识还是无意识地知道——被视为不幸福有被视为非人性的风险。因此,如果我们只根据生产力和幸福这样的指标评估技术创新,我们不仅会忽视这样的技术创新如何影响我们对自己身份和人性的理解,我们还会忽视技术

---

① Molly Greenberg, "Flick of a Switch: How Lighting Affects Productivity and Mood", *Business*, February 22, 2017, https://www.business.com/articles/flick-of-a-switch-how-lighting-affects-productivity-and-mood/.

创新甚至如何影响我们的价值评估的可信度。

　　一个关于技术的批判性的尼采式视角,可以帮助我们认识到我们如何虚无主义地使用技术,比如,当我们用技术试图让人们在特定的环境中更幸福,而不是质疑人们为什么会在这样的环境中不幸福时。一个关于技术的批判性的尼采式视角,也可以帮助我们认识到我们如何虚无主义地评价技术,比如,当我们理所当然地认为做人意味着什么时,理所当然地认为我们不需要质疑人类进步和技术进步之间的关系时。

211

　　消极虚无主义让我们在技术中看到了一种成为更好的人类的途径,这种更好的人类更有生产力,而且——或者至少应该——在有生产力的同时会更幸福。但消极虚无主义也让我们在技术中看到了一种成为病情更重的人类的途径,这种病情更重的人类被困在一个无尽的循环中,永远不会满足于我们在多大程度上已经变得“更好”。换句话说,消极虚无主义正引导我们走向积极虚无主义,让我们能够质疑我们是否知道“更好”意味着什么;质疑我们是否知道这样的更好是在服务于什么目的;质疑我们试图变得更好是否只是为了变得更好,只是为了变得不同,只是为了不是我们之所是;质疑我们对后人类的追求是否导致我们冒变成非人类的风险,因为我们想要成为任何东西而不仅仅是人类的虚无主义渴望。正是通过探索这些问题,我们可以为了创造而毁灭,为了新价值、新目标、关于人类进步和技术进步之间关系的新视角的创造而毁灭。

212

参考文献

Adorno，Theodor. "How to Look at Television." In The Culture Industry，edited by J. M. Bernstein，158—177. London and New York：Routledge Classics，2001.

Alleyne，Richard. "YouTube：Overnight Success Has Sparked a Backlash." Telegraph，July 31，2008. Accessed August 13，2017. http://www. telegraph. co. uk/news/uknews/2480280/ YouTube-Overnight-success-has-sparked-a-backlash. html.

Alphabet. "Google Code of Conduct." Alphabet Investor Relations. Accessed October 24，2017. https://abc. xyz/investor/other/google-code-of-conduct. html.

Anders，Günther. "The World as Phantom and as Matrix." Dissent 3，no. 1 (Winter 1956)：14—24.

Aristotle. Nicomachean Ethics. Edited by Roger Crisp. Cambridge：Cambridge University Press，2000.

Aydin，Ciano. "The Posthuman as Hollow Idol：A Nietzschean Critique of Human Enhancement." Journal of Medicine and Philosophy 42，iss. 3 (June 1，2017)：304—27.

Ayers J. W.，E. C. Leas，M. Dredze，J. Allem，J. G. Grabowski，and L. Hill. "Pokémon GO— A New Distraction for Drivers and Pedestrians." JAMA Internal Medicine 176，no. 12 (December 1，2016)：1865—1866.

Babich, Babette. "Ex aliquo nihil: Nietzsche on Science, Anarchy, and Democratic Nihilism." American Catholic Philosophical Quarterly 84, no. 2 (2010): 231—56.

——The Hallelujah Effect: Philosophical Reflections on Music, Performance Practice, and Technology. Farnham: Ashgate, 2013.

——"Nietzsche's Post-Human Imperative: On the 'All-too-Human' Dream of Transhumanism." In Nietzsche and Transhumanism: Precursor or Enemy?, edited by Yunus Tuncel, 101—32. Cambridge: Cambridge Scholars Publishing, 2017.

——"On Schrödinger and Nietzsche: Eternal Return and the Moment." In Antonio T. de Nicolas: Poet of Eternal Return, edited by Christopher Key Chapple, 157—206. Ahmedabad, India: Sriyogi Publications & Nalanda International, 2014.

Bauman, Zygmunt. Liquid Modernity. Cambridge: Polity Press, 2000.

BBC News. "Google Buys YouTube for $1.65bn." BBC News, October 10, 2006. Accessed August 13, 2017. http://news.bbc.co.uk/1/hi/business/6034577.stm.

Biegler, Paul. "Tech Support: How Our Phones Could Save Our Lives by Detecting Mood Shifts." Sunday Morning Herald, November 12, 2017. Accessed November 13, 2017. http://www.smh.com.au/technology/innovation/tech-support-how-our-phones-could-saveour-lives-by-detecting-mood-shifts-20171106-gzfrg5.html.

bigkif. "Ivan Sutherland : Sketchpad Demo (1/2)." YouTube. Published on November 17, 2007. Accessed August 20, 2017. https://www.youtube.com/watch?v=USyoT_Ha_bA.

Bignell, Paul. "Happy 30th Birthday Emoticon! ;-)" Independent, September 8, 2012. Accessed April 4, 2017. http://www.independent.co.uk/life-style/gadgets-and-tech/news/ happy-30th-birthday-emoticon-8120158.html.

Blagdon, Jeff. "How Emoji Conquered the World." The Verge, March 4, 2013. Accessed April 4, 2017. http://www.theverge.com/2013/3/4/

3966140/how-emoji-conquered-theworld.

Bogost, Ian. "What Is 'Evil' to Google" The Atlantic, October 15, 2013. Accessed October 20, 2017. https://www. theatlantic. com/technology/ archive/2013/10/what-is-evil-to-google/ 280573/.

Bostrom, Nick. "In Defense of Posthuman Dignity." Bioethics 19, no. 3 (2005): 202—214.

Bowerman, Mary. "Driver Slams into Baltimore Cop Car While Playing Pokemon Go. " USA Today, July 20, 2016. Accessed February 8, 2017. http://www. usatoday. com/story/news/ nation-now/2016/07/20/driver-slams-into-baltimore-cop-car-while-playing-pokemon-goaccident/87333892/.

Buckels, Erin E. , Paul D. Trapnell, and Delroy L. Paulhus. "Trolls Just Want to Have Fun. " Personality and Individual Differences 67 (September 2014): 97—102. Burnham, Douglas. The Nietzsche Dictionary. London and New York: Bloomsbury, 2015.

Burrell, Jenna. "How the Machine 'Thinks': Understanding Opacity in Machine Learning Algorithms. " Big Data & Society 3, iss. 1 (January-June 2016): 1—12.

Caldwell, Don. "Occupy Wall Street. " Know Your Meme, September 8, 2011. Accessed June 3, 2017. http://knowyourmeme. com/memes/events/occupy-wall-street.

Cicero. On the Good Life. Translated by Michael Grant. London: Penguin Books, 1971.

Clarke, Kristen. "Does Airbnb Enable Racism?" New York Times, August 23, 2016. Accessed February 24, 2017. https://www. nytimes. com/ 2016/08/23/opinion/how-airbnb-can-fightracial-discrimination. html.

Crystal, Bonnie, and Jeffrey Keating. The World of CB Radio. Summertown, NY: Book Publishing Company, 1987.

Deloitte. "70 Percent of US Consumers Binge Watch TV, Bingers Average Five Episodes per Sitting. " Deloitte Press Releases, March 23, 2016. Accessed August 20, 2017. https:// www2. deloitte. com/us/en/pages/

about-deloitte/articles/press-releases/digital-democracysurvey-tenth-edi-
tion. html.

Dent, Steve. "The Roomba 960 Is iRobot's Cheaper App-Driven Robot Vacu-
um. " engadget, August 4, 2016. Accessed November 1, 2016. https://
www. engadget. com/2016/08/04/ irobots-roomba-960-is-its-cheaper-
app-driven-robot-vacuum/.

Douglas, David M. "Doxing: A Conceptual Analysis. " Ethics and Informa-
tion Technology 18, no. 3 (2016): 199—210.

Dvorak, John C. "Chat Rooms Are Dead! Long Live the Chat Room!" PC-
Mag, December 11, 2007. Accessed March 28, 2017. http://www. pc-
mag. com/article2/0,2817,2231493,00. asp.

Economist, The. "The Rise of the Sharing Economy. " The Economist,
March 9, 2013. Accessed February 22, 2017. http://www. economist.
com/news/leaders/21573104-interneteverything-hire-rise-sharing-econo-
my.

Edelman, Benjamin, Michael Luca, and Dan Svirsky. "Racial Discrimination
in the Sharing Economy: Evidence from a Field Experiment. " American
Economic Journal: Applied Economics (forthcoming). Available online:
http://www. benedelman. org/publications/ airbnb-guest-discrimination-
2016-09-16. pdf.

Edgar, James. "'Captain Cyborg': The Man Behind the Controversial Turing
Test Claims," Telegraph. June 10, 2014. Accessed February 17, 2018.
http://www. telegraph. co. uk/news/ science/science-news/10888828/
Captain-Cyborg-the-man-behind-the-controversialTuring-Test-claims. ht-
ml.

Eldrick, Ted. "I Love Lucy. " Director's Guild of America Quarterly, July
2003. Accessed August 13, 2017. https://www. dga. org/Craft/DGAQ/
All-Articles/0307-July-2003/I-LoveLucy. aspx.

Ellul, Jacques. The Technological Society. Translated by John Wilkinson.
New York: Vintage Books, 1963.

Evans, Vyvyan. "Beyond Words: How Language-like Is Emoji?" OUPblog,

April 16, 2016. Accessed April 8, 2017. https://blog. oup. com/2016/ 04/how-language-like-is-emoji/.

Federal Trade Commission. "Data Brokers: A Call for Transparency and Accountability. " Federal Trade Commission, May 2014. Accessed February 9, 2017. https://www. ftc. gov/ system/files/documents/reports/data-brokers-call-transparency-accountability-reportfederal-trade-commission-may-2014/140527databrokerreport. pdf.

Feron, James. "Problems Plague Citizens Band Radio. " New York Times, April 2, 1974. Accessed March 28, 2017. http://www. nytimes. com/ 1974/04/02/archives/problemsplague-citizens-band-radio-violations-abound. html.

Finley, Klint. "A Brief History of the End of the Comments. " Wired, October 8, 2015. Accessed May 9, 2017. https://www. wired. com/2015/ 10/brief-history-of-the-demise-ofthe-comments-timeline/.

Fitbit. "How Does My Fitbit Device Count Steps?" Fitbit Help. Accessed February 6, 2017. https://help. fitbit. com/articles/en_US/Help_article/1143.

Floridi, Luciano. "Should We Be Afraid of AI?" Aeon, May 9, 2016. Accessed September 22, 2017. https://aeon. co/essays/true-ai-is-both-logically-possible-and-utterly-implausible.

Fuller, Steve. "We May Look Crazy to Them, But They Look Like Zombies to Us: Transhumanism as a Political Challenge. " Institute for Ethics and Emerging Technologies, September 8, 2015. Accessed October 3, 2016. https://ieet. org/index. php/IEET2/more/ fuller20150909.

Gardiner, Becky, Mahana Mansfield, Ian Anderson, Josh Holder, Daan Louter, and Monica Ulmanu. "The Dark Side of Guardian Comments. " Guardian, April 12, 2016. Accessed May 12, 2017. https://www. theguardian. com/ technology/2016/apr/12/the-dark-side-ofguardian-comments.

Gertz, Nolen. "Autonomy Online: Jacques Ellul and the Facebook Emotional Manipulation Study. " Research Ethics 12, no. 1 (2016): 55—61.

——The Philosophy of War and Exile. Basingstoke: Palgrave Macmillan,

2014. Gilsinan, Kathy. "Big in Europe: The Church of the Flying Spaghetti Monster." The Atlantic, November 2016. Accessed October 22, 2017. https://www. theatlantic. com/magazine/ archive/2016/11/big-in-europe/501131/.

Goodrow, Cristos. "You Know What's Cool? A Billion Hours." YouTube Official Blog, February 27, 2017. Accessed August 14, 2017. https:// youtube. googleblog. com/2017/02/youknow-whats-cool-billion-hours. html.

Graham, Jefferson. "YouTube Keeps Video Makers Rolling in Dough." USA Today, December 16, 2009. Accessed August 12, 2017. https://usatoday30. usatoday. com/tech/news/ 2009-12-16-youtube16_CV_N. htm.
Greenberg, Molly. "Flick of a Switch: How Lighting Affects Productivity and Mood." Business, February 22, 2017. Accessed December 19, 2017. https://www. business. com/ articles/flick-of-a-switch-how-lighting-affects-productivity-and-mood/.

Grossman, Lev. "2045: The Year Man Becomes Immortal." TIME, February 10, 2011. Accessed February 17, 2018. http://content. time. com/ time/magazine/article/ 0,9171,2048299,00. html.

Hacking, Ian. "Our Neo-Cartesian Bodies in Parts." Critical Inquiry 34 (August 2007): 78—105.

Hall, Melinda. The Bioethics of Enhancement: Transhumanism, Disability, and Biopolitics. Lanham, MD: Lexington Books, 2017.

Harwell, Drew. "Online Dating's Age Wars: Inside Tinder and eHarmony's Fight for Our Love Lives." Washington Post, April 6, 2015. Accessed March 3, 2017. https://www. washingtonpost. com/news/business/ wp/2015/04/06/online-datings-age-wars-inside-tinderand-eharmonys-fight-for-our-love-lives/.

Heidegger, Martin. Being and Time. Translated by John Macquarrie and Edward Robinson. New York: Harper & Row, 1962.
——The Essence of Human Freedom: An Introduction to Philosophy. Translated by Ted Sadler. London and New York: Continuum, 2002.

—— "Letter on 'Humanism'." In Pathmarks, edited by William McNeill, translated by Frank A. Capuzzi, 239—76. Cambridge: Cambridge University Press, 1998.

——"The Question Concerning Technology." In The Question Concerning Technology and Other Essays, translated by William Lovitt, 3—35. New York: Harper & Row, 1977.

—— "The Word of Nietzsche: 'God is Dead'." In The Question Concerning Technology and Other Essays, translated by William Lovitt, 53—112. New York: Harper & Row, 1977.

Henderson, Bobby. "About." Church of the Flying Spaghetti Monster. Accessed October 22, 2017. https://www. venganza. org/about/.

Hill, Kashmir. "Facebook Manipulated 689,003 Users' Emotions for Science." Forbes, June 28, 2014. Accessed April 11, 2017. https://www. forbes. com/sites/kashmirhill/2014/06/28/ facebook-manipulated-689003-users-emotions-for-science/.

Holsendolph, Ernest. "Fading CB Craze Signals End to Licensing." New York Times, April 28, 1983. Accessed March 26, 2017. http://www. nytimes. com/1983/04/28/us/fading-cbcraze-signals-end-to-licensing. html.

Ihde, Don. Technics and Praxis. Dordrecht: D. Reidel, 1979.

——Technology and the Lifeworld. Bloomington and Indianapolis: Indiana University Press, 1990. IMDb. "Schizopolis (1996) Quotes."

IMDb. Accessed February 14, 2017. http://www. imdb. com/title/tt0117561/quotes? ref_ = tt_ql_trv_4.

Kelly, Heather. "Apple Replaces the Pistol Emoji with a Water Gun." CNN, August 2, 2016. Accessed April 8, 2017. http://money. cnn. com/2016/08/01/technology/apple-pistol-emoji/.

Koblin, John. "Netflix Studied Your Binge-Watching Habit. That Didn't Take Long." New York Times, June 8, 2016. Accessed August 20, 2017. https://www. nytimes. com/2016/06/ 09/business/media/netflix-studied-your-binge-watching-habit-it-didnt-take-long. html.

Kooragayala, Shiva, and Tanaya Srini. "Pokémon GO Is Changing How Cities Use Public Space, But Could It Be More Inclusive?" Urban Wire, August 1, 2016. Accessed August 26, 2017. http://www. urban. org/urban-wire/pokemon-go-changing-how-cities-use-publicspace-could-it-be-more-inclusive.

Kramer, Adam D. I. , Jamie E. Guillory, and Jeffrey T. Hancock. "Experimental Evidence of Massive-Scale Emotional Contagion through Social Networks." PNAS 111, no. 24 (2014): 8788—8790.

Kriss, Sam. "Emojis Are the Most Advanced Form of Literature Known to Man." Vice, November 18, 2015. Accessed April 6, 2017. https://www. vice. com/en_dk/article/samkriss-laughing-and-crying.

LaFrance, Adrienne. "Not Even the People Who Write Algorithms Really Know How They Work." The Atlantic, September 18, 2015. Accessed February 15, 2017. https://www. theatlantic. com/technology/archive/2015/09/not-even-the-people-who-write-algorithmsreally-know-how-they-work/406099/.

——— "Why Can't Americans Find Out What Big Data Knows About Them?" The Atlantic, May 28, 2014. Accessed February 9, 2017. https://www. theatlantic. com/technology/ archive/2014/05/why-americans-cant-find-out-what-big-data-knows-about-them/371758/.

Lee, Stephanie M. "How Many People Actually Use Their Fitbits?" BuzzFeed News, May 9, 2015. Accessed February 7, 2017. https://www. buzzfeed. com/stephaniemlee/how-manypeople-actually-use-their-fitbits.

Luckerson, Victor. "Here's How Facebook's News Feed Actually Works." TIME, July 9, 2015. Accessed February 9, 2017. http://time. com/collection-post/3950525/facebooknews-feed-algorithm/.

Luminoso. "Emoji Are More Common than Hyphens. Is Your Software Ready?" Luminoso Blog, September 4, 2013. Accessed April 8, 2017. https://blog. luminoso. com/2013/09/04/ emoji-are-more-common-than-hyphens/.

Marx, Karl. "Alienated Labor." In Karl Marx: Selected Writings, edited by

Lawrence H. Simon, 58—67. Indianapolis: Hackett, 1994.

——"The Communist Manifesto." In Karl Marx: Selected Writings, edited by Lawrence H. Simon, 157—86. Indianapolis: Hackett, 1994.

Matofska, Benita. "The Secret of the Sharing Economy." TEDxFrankfurt, November 29, 2016. Accessed February 26, 2017. Available at: https://www. youtube. com/watch? v = - uv3JwpHjrw.

McDowell, Edwin. "C. B. Radio Industry Is More in Tune After 2 Years of Static." New York Times, April 17, 1978. Accessed March 27, 2017. http://www. nytimes. com/1978/04/17/ archives/cb-radio-industry-is-more-in-tune-after-2-years-of-static-added. html.

Miller, Ryan W. "Teens Used Pokémon Go App to Lure Robbery Victims, Police Say." USA Today, July 11, 2016. Accessed February 8, 2017. http://www. usatoday. com/story/tech/ 2016/07/10/four-suspects-arrested-string-pokemon-go-related-armed-robberies/ 86922474/.

Mooney, Chris. "Internet Trolls Really Are Horrible People." Slate, February 14, 2014. Accessed May 16, 2017. http://www. slate. com/articles/health_and_science/climate_desk/ 2014/02/internet_troll_personality_study_machiavellianism_narcissism_psychopathy. html.

Mufson, Beckett. "Author Translates All of 'Alice in Wonderland' into Emojis." Vice, January 2, 2015. Accessed April 8, 2017. https://creators. vice. com/en_uk/article/author-translatesall-of-alice-in-wonderland-into-emojis.

Netflix. "How Does Netflix Work?" Netflix Help Center. Accessed February 9, 2017. https:// help. netflix. com/en/node/412.

Nietzsche, Friedrich. Beyond Good and Evil. Edited by Rolf-Peter Horstmann. Translated by Judith Norman. Cambridge: Cambridge University Press, 2002.

——The Gay Science. Translated by Walter Kaufmann. New York: Random House, 1974.

——On the Genealogy of Morality. Translated by Carol Diethe. Cambridge: Cambridge University Press, 1994.

—— On the Genealogy of Morals and Ecce Homo. Translated by Walter Kaufmann. New York: Vintage Books, 1989.

——Twilight of the Idols. Translated by Duncan Large. Oxford: Oxford University Press, 1998.

——The Will to Power. Translated by Walter Kaufmann and R. J. Hollingdale. New York: Vintage Books, 1967.

Niven, Larry. "Flash Crowd." In Three Trips in Time and Space: Original Novellas of Science Fiction, edited by Robert Silverberg, 1—64. New York: Hawthorn Books, 1973.

Olson, Dan. "Vlogs and the Hyperreal." Folding Ideas, July 6, 2016. Accessed August 19, 2017. https://www. youtube. com/watch? v = GSnktB2N2sQ. Oxford Dictionaries. "Word of the Year 2015."

Oxford Dictionaries Blog. Accessed April 7, 2017. http://blog. oxforddictionaries. com/2015/11/word-of-the-year-2015-emoji/.

Pasquale, Frank. The Black Box Society: The Secret Algorithms that Control Money and Information. Cambridge, MA: Harvard University Press, 2015.

——"Digital Star Chamber." Aeon, August 18, 2015. Accessed February 10, 2017. https:/ /aeon. co/essays/judge-jury-and-executioner-the-unaccountable-algorithm.

Pew Research Center. "The Future of World Religions: Population Growth Projections, 2010—2050."

Pew Research Center, April 2, 2015. Accessed April 10, 2017. http:// www. pewforum. org/2015/04/02/religious-projections-2010-2050/.

Phillips, Whitney. "LOLing at Tragedy: Facebook Trolls, Memorial Pages and Resistance to Grief Online." First Monday 16, no. 12 (December 5, 2011). Accessed August 1, 2017. Available at: http://firstmonday. org/ojs/index. php/fm/article/view/3168/3115.

Pinsker, Joe. "How to Succeed in Crowdfunding: Be Thin, White, and Attractive." The Atlantic, August 3, 2015. Accessed February 26, 2017. https://www. theatlantic. com/ business/archive/2015/08/crowdfunding-success-kickstarter-kiva-succeed/400232/.

Plato. Republic. Translated by G. M. A. Grube. Indianapolis: Hackett, 1992.

Plautz, Jason. "The Changing Definition of 'Flash Mob'." Mental Floss, August 22, 2011. Accessed June 1, 2017. http://mentalfloss. com/article/28578/changing-definition-flashmob.

Plotz, David. "My Fake Facebook Birthdays." Slate, August 2, 2011. Accessed April 19, 2017. http://www. slate. com/articles/technology/technology/2011/08/my_fake_facebook_ birthdays. html.

Pokémon Company, The. "Pokémon GO Safety Tips." Pokémon GO. Accessed February 7, 2017. http://www. pokemongo. com/en-us/news/pokemon-go-safety-tips.

Purvis, Jeanette. "Finding Love in a Hopeless Place: Why Tinder Is So 'Evilly Satisfying'." Salon, February 12, 2017. Accessed February 20, 2017. http://www. salon. com/2017/02/12/ finding-love-in-a-hopeless-place-why-tinder-is-so-evilly-satisfying/.

Raffoul, François. The Origins of Responsibility. Bloomington and Indianapolis: Indiana University Press, 2010.

Richter, Felix. "The Fastest-Growing App Categories in 2015." Statista, January 22, 2016. Accessed April 1, 2017. https://www. statista. com/chart/4267/fastest-growing-appcategories-in-2015/.

Ronson, Jon. So You've Been Publicly Shamed. New York: Riverhead Books, 2016.

Roose, Kevin. "'Netflix and Chill': The Complete History of a Viral Sex Catchphrase." Splinter, August 27, 2015. Accessed August 19, 2017. http://splinternews. com/netflix-and-chillthe-complete-history-of-a-viral-sex-1793850444.

Rosenberger, Robert, and Peter-Paul Verbeek. "A Field Guide to Postphenomenology." In Postphenomenological Investigations: Essays on Human-Technology Relations, edited by Robert Rosenberger and Peter-Paul Verbeek, 9—41. London: Lexington Books, 2015.

Ryckaert, Vic. "Sex Offender Caught Playing Pokémon Go with Teen." USA

Today，July 14，2016. Accessed February 8，2017. http：//www. usato-day. com/story/news/nation-now/2016/ 07/14/indiana-sex-offender-caught-playing-pokemon-go-teen/87083504/.

Sanchez，Ray. "Occupy Wall Street：5 Years Later." CNN，September 16，2016. Accessed June 4，2017. http：//edition. cnn. com/2016/09/16/us/occupy-wall-street-protestmovements/index. html.

Sartre，Jean-Paul. Being and Nothingness. Translated by Hazel Barnes. New York：Washington Square Press，1992.

——"The Humanism of Existentialism." In Essays in Existentialism，edited by Wade Baskin，31—62. New York：Citadel Press，1965.

Schneier，Matthew. "The Post-Binge-Watching Blues：A Malady of Our Times." New York Times，December 6，2015. Accessed August 20，2017. https：//www. nytimes. com/2015/12/ 06/fashion/post-binge-watching-blues. html.

Small，Alonzo. "Pokémon Go Player Assaulted，Robbed in Dover." USA To-day，July 20，2016. Accessed February 8，2017. http：//www. usato-day. com/story/news/crime/2016/07/19/ pokemon-go-player-assaulted-robbed-dover/87304022/.

Sommer，Andreas Urs. "Nihilism and Skepticism in Nietzsche." In A Com-panion to Nietzsche，edited by Keith Ansell-Pearson，250—69. Oxford：Blackwell，2006.

Spinello，Richard A. "Privacy and Social Networking Technology." Interna-tional Review of Information Ethics 16（12/2011）：41—46. Statista. "Fitbit—Statistics & Facts."

Statista. Accessed February 7，2017. https：//www. statista. com/topics/2595/fitbit/.

——"Leading Reasons for Using Emojis According to U. S. Internet Users as of August 2015." Statista. Accessed April 1，2017. https：//www. statista. com/statistics/476354/ reasons-usage-emojis-internet-users-us/.

—— "Most Famous Social Network Sites Worldwide as of September 2017，Ranked by Number of Active Users（in Millions）." Statista. Accessed

August 13，2017. https：//www. statista. com/statistics/272014/global-social-networks-ranked-by-number-of-users/.

——"Negative Effects of Binge Viewing TV Shows According to TiVo Subscribers in the United States as of March 2015. " Statista. Accessed August 20，2017. https：//www. statista. com/statistics/448177/tv-show-binging-negative-effects-usa/.

——"Number of Monthly Active Facebook Users Worldwide as of 3rd Quarter 2017 (in Millions). " Statista. Accessed April 9，2017. https：//www. statista. com/statistics/264810/ number-of-monthly-active-facebook-users-worldwide/.

——"Reasons for Binge Viewing TV Shows among TV Viewers in the United States as of September 2017. " Statista. Accessed 20 August 2017. https：//www. statista. com/statistics/ 620114/tv-show-binging-reactions-usa/.

Steinicke，Frank. Being Really Virtual：Immersive Natives and the Future of Virtual Reality. Cham，Switzerland：Springer International，2016.

Sterling，Bruce. "Augmented Reality：'The Ultimate Display' by Ivan Sutherland，1965. " Wired，citing the Proceedings of IFIP Congress，1965：506—8，available online at：https：//www. wired. com/2009/09/augmented-reality-the-ultimate-display-by-ivan-sutherland- 1965/.

Sternbergh，Adam. "Smile，You're Speaking Emoji. " New York Magazine，November 16，2014. Accessed April 4，2017. http：//nymag. com/daily/intelligencer/2014/11/emojis-rapidevolution. html.

Sunstein，Cass. Republic. com 2. 0. Princeton，NJ：Princeton University Press，2007.

Sydell，Laura. "How Twitter's Trending Topics Algorithm Picks Its Topics. " NPR，December 7，2011. Accessed April 25，2017. http：//www. npr. org/2011/12/07/143013503/howtwitters-trending-algorithm-picks-its-topics.

Symonds，John Addington. "Twenty-three Sonnets from Michael Angelo. " Contemporary Review 20 (1872)：505—15. Trend Watching. "5 Consumer Trends for 2017. "

Trend Watching. Accessed January 15, 2017. http://trendwatching. com/ trends/5-trends-for-2017/.

Tufekci, Zeynep, and Christopher Wilson. "Social Media and the Decision to Participate in Political Protest: Observations from Tahrir Square. " Journal of Communication 62 (2012): 363—79.

Tuncel, Yunus, editor. Nietzsche and Transhumanism: Precursor or Enemy? Cambridge: Cambridge Scholars Publishing, 2017.

TV Tropes. "Red Shirt. " TV Tropes. Accessed August 14, 2017. http:// tvtropes. org/pmwiki/ pmwiki. php/Main/RedShirt.

Tyson, Gareth, Vasile C. Perta, Hamed Haddadi, and Michael C. Seto. "A First Look at User Activity on Tinder. " arXiv, July 7, 2016. https:// arxiv. org/pdf/1607. 01952v1. pdf.

Vaidhyanathan, Siva. The Googlization of Everything: (And Why We Should Worry). Berkeley and Los Angeles, University of California Press, 2011.

Vallor, Shannon. "Moral Deskilling and Upskilling in a New Machine Age: Reflections on the Ambiguous Future of Character. " Philosophy of Technology 28, no. 1 (2015): 107—24.

Verbeek, Peter-Paul. Moralizing Technology: Understanding and Designing the Morality of Things. Chicago and London: University of Chicago Press, 2011.

——What Things Do. Translated by Robert P. Crease. University Park: Pennsylvania State University Press, 2005.

Wang, Zheng, and John Tchernev. "The 'Myth' of Media Multitasking: Reciprocal Dynamics of Media Multitasking, Personal Needs, and Gratifications. " Journal of Communication 62, no. 3 (2012): 493—513.

Warzel, Charlie. "How Ferguson Exposed Facebook's Breaking News Problem. " BuzzFeed, August 19, 2014. Accessed April 19, 2017. https:// www. buzzfeed. com/charliewarzel/inferguson-facebook-cant-deliver-on-its-promise-to-deliver.

Wasik, Bill. And Then There's This: How Stories Live and Die in Viral Culture. New York: Viking Penguin, 2009.

——"The Experiments." And Then There's This. Accessed May 24, 2017. http://www. andthentheresthis. net/mob. html.

——"'Flash Robs': Trying to Stop a Meme Gone Wrong.' Wired, November 23, 2011. Accessed June 1, 2017. https://www. wired. com/2011/11/flash-robs/all/1.

Wei, Will. "We Asked Siri the Most Existential Question Ever and She Had a Lot to Say." Business Insider, July 9, 2015. Accessed August 1, 2017. http://www. businessinsider. com/ siri-meaning-of-life-responses-apple-iphone-2015—7.

White, Gillian B. "Uber and Lyft Are Failing Black Riders." The Atlantic, October 31, 2016. Accessed February 26, 2017. https://www. theatlantic. com/business/archive/2016/10/uber-lyft-and-the-false-promise-of-fair-rides/506000/.

Wilkinson College. "America's Top Fears 2016." Chapman University Blog, October 11, 2016. Accessed May 5, 2017. https://blogs. chapman. edu/wilkinson/2016/10/11/americastop-fears-2016/. YouTube. "Advertiser-Friendly Content Guidelines."

YouTube Help. Accessed August 18, 2017. https://support. google. com/youtube/answer/6162278? hl = en&ref_topic = 1121317.

——"History of Monetization at YouTube." YouTube 5 Year Anniversary Press Site. Accessed August 14, 2017. https://sites. google. com/a/pressatgoogle. com/youtube5year/ home/history-of-monetization-at-youtube.

Zoia, Christopher. "This Guy Makes Millions Playing Video Games on YouTube." The Atlantic, March 14, 2014. Accessed August 15, 2017. https://www. theatlantic. com/business/ archive/2014/03/this-guy-makes-millions-playing-video-games-on-youtube/284402/.

Zuckerberg, Mark. "We Just Passed an Important Milestone." Facebook, August 27, 2015. Accessed April 9, 2017. https://www. facebook. com/zuck/posts/10102329188394581.

索　引

图书在版编目(CIP)数据

虚无主义与技术/(荷)诺伦·格尔茨著;张红军译.
--上海:华东师范大学出版社,2024
ISBN 978-7-5760-4855-1

Ⅰ.①虚… Ⅱ.①诺…②张… Ⅲ.①虚无主义—研
究 Ⅳ.①B089

中国国家版本馆 CIP 数据核字(2024)第 069012 号

华东师范大学出版社六点分社

虚无主义与技术

著　　者　(荷)诺伦·格尔茨
译　　者　张红军
责任编辑　徐海晴
责任校对　高建红
封面设计　夏艺堂
出版发行　华东师范大学出版社
社　　址　上海市中山北路 3663 号　邮编　200062
网　　址　www.ecnupress.com.cn
电　　话　021-60821666　行政传真　021-62572105
客服电话　021-62865537
门市(邮购)电话　021-62869887
地　　址　上海市中山北路 3663 号华东师范大学校内先锋路口
网　　店　http://hdsdcbs.tmall.com
印　刷　者　上海盛隆印务有限公司
开　　本　890×1240　1/32
印　　张　8.5
字　　数　200 千字
版　　次　2024 年 6 月第 1 版
印　　次　2024 年 6 月第 1 次
书　　号　ISBN 978-7-5760-4855-1
定　　价　69.00 元
出　版　人　王　焰